ホーンブック

行 政 法

安達和志・嘉藤　亮
木藤　茂・友岡史仁
福永　実・三浦大介
著

北樹出版

【執筆者・担当一覧】 （五十音順）

安達和志
（あだちかずし）　神奈川大学大学院法務研究科教授　第1章、第2章、第5章ポ・2節Ⅰ

嘉藤　亮
（かとうりょう）　神奈川大学法学部教授　第5章2節Ⅱ・Ⅲ

木藤　茂
（きふじしげる）　獨協大学法学部教授　第3章

友岡史仁
（ともおかふみと）　日本大学法学部教授　第4章1節4・2節、第5章1節

福永　実
（ふくながみのる）　広島大学大学院法務研究科教授　第4章1節5・6、第5章3・4節

三浦大介
（みうらだいすけ）　神奈川大学法学部教授　第4章1節1〜3・3節、第5章2節Ⅳ・Ⅴ

はしがき

　この本は、行政法を初めて学ぶ人々に向けて、基本的内容をできるだけ平易に説明することにより、コンパクトに行政法の全体像が理解できるよう工夫した入門的教科書である。行政法は、個別法が多く中身も複雑であるため、とかく学習が難しいと思われがちである。教科書は数多く出版されているが、厚手の書物では読み通すのも容易でなく、なかなか頭に入らないとの声も少なくない。そこで本書では分量を極力抑え、繰り返し通読することで行政法の全体が概観できるようにし、適宜コラムを設けてより深く学びたい方々への配慮も行った。読者の皆さんには、コラムを飛ばして本文だけ読み進んでいただいても構わない体裁になっている。

　この本の前身にあたる『ホーンブック新行政法』（椎名慎太郎・村上順・安達和志・交告尚史著）は2002年に刊行され改訂を重ねてきたが、2016年度から全部改正した新しい行政不服審査法が施行されるのを機に、目次編成、執筆陣のリニューアルを図り、書名も改めることとした。この書名は、1990年に出版された同名の『ホーンブック行政法』（兼子仁・椎名慎太郎・礒野弥生・村上順著）の原点に立ち返りつつ、現時点で大学の学部や公務員研修等で学ぶ人々に接している各執筆者の現場体験をリアルにふまえ、より分かりやすい入門書を世に問うことを意図している。

　本書の企画立案については、前著の執筆に関わった安達と三浦（2006年の改訂版から参加）が数回の協議を行い、日ごろ教育の場や研究会等を通じて親しく接し、コミュニケーションがとれる気鋭の若手・中堅研究者に執筆の協力を仰ぐこととした。別記の執筆分担で、各自がそれぞれに主たる文責を負いつつ必要な調整を行っているが、読者の皆さんのご指摘をふまえて今後さらなる改善を図っていきたいと考えている。

　本書の出版を強く勧められ、遅々とした進捗にも辛抱強く対応していただいた北樹出版編集部の古屋幾子さんに謝意を表したい。

　　2016年3月7日

執筆者を代表して　安達和志　三浦大介

目　　次

第1章　行政法の基本原理 ―――――――――――――――2

第1節　民主国家における責任行政の原理 ……………………………… 2

　　1　法律による行政　(2)

　　2　直接民主制的な行政参加　(3)

第2節　司法国家的な法治行政の原理 …………………………………… 5

第3節　生存権保障のための積極行政の原理 …………………………… 6

　　1　自由権・財産権尊重型の近代行政　(6)

　　2　生存権重視型の現代行政　(6)

第4節　地方分権と住民自治の原理 ……………………………………… 8

　　1　地方自治の憲法的保障　(8)

　　2　住民自治と団体自治　(8)

第2章　行政法の体系 ―――――――――――――――10

第1節　行政法と六法・現代諸法 ………………………………………… 10

　　1　六法と行政法　(10)

　　　　（1）近代法としての六法／（2）現代法としての行政に関わる法

　　2　現代諸法と行政法　(12)

第2節　行政法の存在形態 ………………………………………………… 14

　　1　行政法規　(14)

　　　　（1）議会立法と行政立法／（2）国の法令と自治体の例規

　　2　行政内規　(15)

　　　　（1）訓令・通達／（2）要綱

　　3　不文法と条理解釈　(17)

　　　　（1）慣習法／（2）判例法／（3）条理法と条理解釈

目　次　　v

第3節　行政法の制度とその編成 ……………………………………………… 19

　　1　行政組織法　(19)

　　2　行政作用法　(20)

　　3　行政執行法　(21)

　　4　行政救済法　(21)

第4節　行政作用のしくみ ……………………………………………………… 22

　　1　権力的行政作用の手続的流れ　(23)

　　2　非権力的行政作用の種別と特色——給付と誘導のしくみ　(24)

　　3　行政主体に共通する一般法原則　(25)

第3章　行政組織法　　　　　　　　　　　　　　　　　　　　　——26

第1節　行政主体と行政機関 ……………………………………………………… 26

　　1　行政活動の担い手　(26)

　　2　「行政主体」　(28)

　　　　（1）行政主体／（2）行政客体——私人・国民・市民・住民／

　　　　（3）行政主体および行政客体をめぐる行政法学の視点

　　3　2つの「行政機関」概念　(29)

　　　　（1）作用法的行政機関概念／（2）事務配分的行政機関概念／

　　　　（3）2つの「行政機関」概念相互の関係

第2節　国と自治体の行政組織 …………………………………………………… 41

　　1　国の行政組織　(41)

　　　　（1）内閣／（2）内閣府と各省

　　2　自治体の行政組織　(45)

　　　　（1）自治体の法的位置づけとその事務／（2）自治体の行政組織

第4章　行政活動の法的規律　　　　　　　　　　　　　　　　　　——49

第1節　行政活動の諸形態 ………………………………………………………… 49

vi　目　次

　　1　行政計画と行政立法・行政内規——方針・基準設定行為　(49)

　　　　(1)　現代行政における方針・基準設定の意義／

　　　　(2)　行政計画／(3)　行政立法・行政内規

　　2　行政処分　(61)

　　　　(1)　行政処分とは何か／(2)　行政の過程における行政処分の意義／

　　　　(3)　行政処分の特殊な効力／(4)　行政処分の種類／

　　　　(5)　行政処分の附款／(6)　行政処分の瑕疵／

　　　　(7)　行政処分の取消し・撤回／(8)　行政処分の発効

　　3　行政指導　(88)

　　　　(1)　行政指導の定義、性質、種類／(2)　行政指導と法の拘束／

　　　　(3)　行政指導の限界／(4)　行政指導をめぐる紛争処理手続

　　4　行政上の契約　(93)

　　　　(1)　役務の提供義務を課す契約／(2)　公害防止協定／

　　　　(3)　調達契約／(4)　民間委託（アウトソーシング）

　　5　行政調査　(97)

　　　　(1)　行政調査の手続的規制／(2)　行政調査の実体的規制／

　　　　(3)　行政調査の争い方

　　6　即時強制　(99)

　第2節　行政上の手続的規律 ……………………………………………… 101

　　1　手続的規律の沿革と意義　(101)

　　　　(1)　国家のあり方と手続的規律の保障／(2)　意義／

　　　　(3)　機能／(4)　手続的規律から見た行政手続法の位置づけ／

　　　　(5)　行政手続における事前と事後の関係性

　　2　処分に関する事前手続　(106)

　　　　(1)　申請に対する処分／(2)　不利益処分

　　3　届　出　(113)

　　4　行政指導　(114)

　　　　(1)　手続的統制を要する理由／

目　次　　vii

　　　　　（2）行政指導の規定に関する行政手続法の性質／

　　　　　（3）抗告訴訟との関係／（4）行政手続法が定める諸原則／

　　　　　（5）行政指導指針／（6）救済手続について

　　5　意見公募手続等　（119）

　　　　　（1）行政立法手続として／（2）意見公募手続等の概要

　　6　自治体における行政手続条例　（120）

　　　　　（1）独自の課題として／（2）自治体の独自手続について

　第3節　行政の実効性確保 ……………………………………………… 121

　　1　「行政の実効性確保」の意義　（121）

　　2　行政上の強制執行　（122）

　　　　　（1）代執行／（2）強制徴収／（3）直接強制／（4）執行罰

　　3　その他の義務履行確保の手段　（128）

　　4　行政罰　（129）

　　5　行政上の義務履行確保と司法権　（131）

　第5章　行政救済法　　　　　　　　　　　　　　　　　　　　　133

　第1節　行政不服申立て ………………………………………………… 133

　　1　不服申立ての意義　（133）

　　　　　（1）狭義の不服申立て（法的拘束力をもつ紛争解決）／

　　　　　（2）広義の不服申立て（事実上の紛争解決）

　　2　行政不服審査法の重要ポイント　（135）

　　　　　（1）対審的構造／（2）職権主義／

　　　　　（3）特別法としての行政不服申立て

　　3　行政不服審査法（新行服法）の骨子　（137）

　　　　　（1）目的／（2）審理の対象／（3）不服申立ての種類／

　　　　　（4）不服申立てができる者（不服申立適格）／

　　　　　（5）審理員制度

　　4　行政不服審査法における審査請求・審理手続　（142）

viii　目　次

（1）請求手続／（2）審理手続の原則／
（3）行政不服審査会への諮問／（4）教示制度／
（5）裁決の種類と効力／（6）自治体との関係

第2節　行政事件訴訟 ……………………………………………………… 153

　Ⅰ　概　説 ……………………………………………………………… 153

　　1　行政訴訟制度の沿革と意義　（153）

　　2　行政事件訴訟の類型　（155）

　Ⅱ　抗告訴訟 …………………………………………………………… 157

　　1　抗告訴訟の全体像　（157）

　　2　取消訴訟　（158）

　　　（1）取消訴訟の特色／（2）訴訟要件／（3）取消訴訟の審理／
　　　（4）取消訴訟の判決／（5）仮の救済－執行停止

　　3　処分が無効である場合の争い方——無効等確認訴訟　（183）

　　4　不作為の違法確認訴訟　（186）

　　5　義務付け訴訟　（188）

　　　（1）義務付けの訴えの概要／（2）申請型義務付け訴訟／
　　　（3）非申請型義務付け訴訟／（4）仮の義務付け

　　6　差止訴訟　（195）

　　　（1）差止めの訴えとは／（2）訴訟要件と本案勝訴要件／
　　　（3）仮の差止め

　Ⅲ　当事者訴訟 ………………………………………………………… 197

　　1　概　要　（197）

　　2　形式的当事者訴訟　（198）

　　3　実質的当事者訴訟　（199）

　Ⅳ　民衆訴訟 …………………………………………………………… 201

　Ⅴ　機関訴訟 …………………………………………………………… 202

第3節　国家賠償 …………………………………………………………… 202

　　1　国家賠償法1条　（202）

目　次　ix

（1）国賠法1条責任の本質／（2）「国又は公共団体」の「公務員」／
（3）「公権力の行使」／（4）「その職務を行うについて」／
（5）「違法に」／（6）「故意又は過失によって」／
（7）不作為の賠償責任／（8）反射的利益論（保護範囲論）

2　国家賠償法2条　（216）

（1）「公の営造物」／（2）「設置又は管理に瑕疵があつた」

3　賠償責任者　（223）

第4節　損失補償 ……………………………………………………………… 224

1　損失補償の概念　（224）

2　損失補償の要否　（225）

（1）損失補償の要否の個別基準／（2）総合的な評価

3　損失補償の内容　（229）

（1）「正当な補償」の意義／（2）権利対価補償以外の補償の内容／
（3）公用制限の損失補償

4　国家補償の谷間　（233）

参考文献 ……………………………………………………………………………… 235

┌─── コラム目次 ───┐

1　「法律の留保」って何？　（4）
2　条例と法律の関係　（9）
3　公法と私法の区別　（13）
4　行政の定義（22）
5　行政機関相互の関係　（31）
6　無効な行政処分と取り消しうべき行政処分の争訟手段　（83）
7　違法性の承継　（84）
8　瑕疵の治癒、違法行為の転換　（84）
9　情報通信技術を用いた行政手続の一般法（104）
10　行政指導を分類する意義（115）
11　準司法手続・行政審判手続（136）
12　国の機関は不服申立適格を有するか（141）
13　小田急高架化訴訟（173）
14　鞆の浦埋め立て架橋訴訟（196）
15　自然公物の自由使用と国家賠償（220）

x

凡　　例

【法令略語一覧】

エネ基	エネルギー基本法	省庁改革基	中央省庁等改革基本法
海岸	海岸法	消防	消防法
会計	会計法	食品衛生	食品衛生法
介保	介護保険法	所税	所得税法
河	河川法	森林基	森林・林業基本法
海洋基	海洋基本法	水道	水道法
企業合理化	企業合理化法	生活保護	生活保護法
給与負担	市町村立学校職員給与負担法	政策評価	行政機関が行う政策の評価に
行組	国家行政組織法		関する法律
行訴	行政事件訴訟法	税通	国税通則法
行手	行政手続法	税犯	国税犯則取締法
行手オンライン	行政手続オンライン化法	総務省設置	総務省設置法
行服	行政不服審査法	大気汚染	大気汚染防止法
金商	金融商品取引法	宅建業	宅地建物取引業法
刑	刑法	代執	行政代執行法
警察	警察法	地税	地方税法
警職	警察官職務執行法	電気	電気事業法
憲	日本国憲法	電波	電波法
建基	建築基準法	道	道路法
公害紛争	公害紛争処理法	道交	道路交通法
公文書管理	公文書等の管理に関する法律	都園	都市公園法
小売特措	小売商業調整特別措置法	都計	都市計画法
厚労省設置	厚生労働省設置法	土地利用調整	鉱業等に係る土地利用の調整手
国財	国有財産法		続等に関する法律
国賠	国家賠償法	特許	特許法
国公	国家公務員法	内	内閣法
国税	国税徴収法	内閣府	内閣府設置法
国土利用	国土利用計画法	成田新	成田国際空港の安全確保に関す
裁	裁判所法		る緊急措置法
自然環境	自然環境保全法	入管	出入国管理及び難民認定法
自然公園	自然公園法	廃棄物	廃棄物の処理及び清掃に関する
自治	地方自治法		法律
児童虐待	児童虐待の防止等に関する法律	民	民法
児扶手	児童扶養手当法	民訴	民事訴訟法
児福	児童福祉法	リサイクル	包装容器に係る分別収集及び再
収用	土地収用法		商品化の促進に関する法律
情報公開	行政機関の保有する情報の公開		
	に関する法律		

[条文番号略記]

1条2項3号　　1②Ⅲ

凡　例　xi

【判例略語一覧】

最判	最高裁判所判決	刑集〔巻号頁〕	最高裁判所刑事判例集
最大判	最高裁判所大法廷判決	民集〔巻号頁〕	最高裁判所民事判例集
高判	高等裁判所判決	民録〔輯頁〕	大審院民事判決録
地判	地方裁判所判決	裁集民〔号頁〕	最高裁判所裁判集民事
…決	……決定	行集〔巻号頁〕	行政事件裁判例集
		判時〔号頁〕	判例時報
		判タ〔号頁〕	判例タイムズ
		判自〔号頁〕	判例地方自治
		LEX/DB	TKC 法律情報データベース
		訟月〔巻号頁〕	訟務月報

ホーンブック　行　政　法

第1章

行政法の基本原理

この章のポイント

　行政法の制度的しくみや具体的な行政の諸活動をめぐる法問題を考える場合には、その前提として、行政法を支えている基本的な原理が何かということをしっかり押さえておくことが肝要である。この点、実は今の日本の行政法の基本にある原理が何かについては、必ずしも学説上十分に確定しているとまではいえないように思われる。ただ、行政法は憲法原理を行政面で具体化する法であると見ることができるから、まずもって現行の法体系の大もとにある日本国憲法が、行政権のあり方・位置づけに関してどのように定めているかを理解することが重要であろう。さらに、憲法の制定時から時間がたって社会状況も大きく変化し、今日の国民・住民生活がますます行政に深く依存するようになっている現実を考えると、21世紀を迎えた現代の行政権が果たすべき役割・責任という視点も欠くことができないといえる。

　そこで、行政法を学ぶ入口にあたる本章では、前者の日本国憲法が定める行政権のあり方・位置づけをベースにしつつ、後者の現代の行政権が果たすべき役割・責任という視点をそこに加味して、今の日本の行政法を支える基本原理を説明していくこととしたい。

第1節　民主国家における責任行政の原理

1　法律による行政

　現行憲法は、国政は主権者である「国民の厳粛な信託によるもの」であるとして国民主権の原理を宣明し（前文、憲1）、これに基づく国の政治・行政システムとして議会制民主主義の制度を定めている。その際、国の行政府の長である内閣総理大臣が国会議員の中から国会により選出される議院内閣制がとられ（憲67①）、国の行政は、直接的には国民を代表する国会に対して責任を負うこととなっている（憲66③）。そこで、行政権の行使に対する議会的統制という観点から、行政が国会の制定した法律に従って行われなければならないという

「法律による行政」が、民主国家においてはまずもって原理的に重要であることは疑いえない。

このことは同時に、戦前の明治憲法下の行政が主権者である天皇に対してのみ責任を負い、国民（臣民）には責任を負わない"無責任行政"であったのに対して、現行憲法下の行政権のあり方が、真に国民に責任を負い、したがって国民が常にその責任を問いうる「責任行政」に原理的に転換したことを意味する。そこで、こうした観点から民主国家における責任行政のしくみを考えた場合、それがもっぱら議会制民主主義どまりでよいかどうかが問題となろう。議会民主制的な行政責任の下では、行政は、あくまでも議会を通して国民に間接的に責任を負うのにとどまるからである。

2 直接民主制的な行政参加

現代の社会状況にあっては、個別の政策・行政的課題に関して国民各層の利害が相当に複雑多様化し、議会に民意を適正に反映させることが困難になっていることは否定できない。また、行政の政策的判断事項や専門技術性の増大は、必然的に行政裁量の範囲の拡大をもたらしており、国民の権利義務に関わる重要な基準が行政立法や通達で定められることも多くなっている。そうした行政の政策的・専門技術的な裁量を議会立法によって統制するのは至難であることから、このような肥大化した行政を統制する議会制民主主義の機能に制度的な限界があることは明らかであろう。

そこで、その限界を補完して行政に対するより有効な規律を実現し、行政の民主的公正さを確保するためには、こうした間接民主主義のしくみだけでなく、国民が行政の判断・決定過程（行政立法の制定、行政計画の策定、行政処分の決定など）に直接に参加し、批判・監視する機会を保障することが必要不可欠である。関係国民の参加による事前の十分な利害調整という手続を経た行政決定であることが、国民の権利・法益を予防的に保護するために、そしてその決定内容の適正さを裏づける手立てとしても大事なのである。いわゆる"開かれた行政"という言葉が意味する法的要素のひとつは、こうした「公正・透明な手続による行政」にあると見られる。かくして民主国家における責任行政の現代的な意

4　　第1章　行政法の基本原理

コラム1　「法律の留保」って何？

　「法律による行政」の原理は、もともと立憲君主制下にあった19世紀のドイツ行政法に由来する理論であるが、その一内容として「法律の留保」の原則が論じられてきた。法律の留保とは、文字どおりには法律の枠内にとどめおくという意味で、どのような行政活動について国民代表議会が定める法律の根拠が必要か（反面でどのような行政活動には法律の根拠を要しないか）ということを問題にするものである。かつての立憲君主制下では全能の君主の活動を制約する自由主義の思想に基づく原則であったが、今日の国民主権憲法下において行政に対する議会民主制的な規律のための法理という観点も加わって議論が展開されている。

　この原則の歴史的由来から、学説上は、国民の自由や財産権を制限する行政活動には法律または条例の根拠を要するという「侵害留保説」が長い間通説的な立場にあったが、今日では、許認可行政における申請諾否処分を含む権力的行政活動がそれにあたるとする「権力留保説」や、基本的な政策・計画、重要な非権力的給付行政その他の重要な行政事項が議会権限に属するとする「重要事項留保説」も相当に有力である。なお、内閣法11条「政令には、法律の委任がなければ、義務を課し、又は権利を制限する規定を設けること

ができない」、地方自治法14条2項「地方公共団体は、義務を課し、又は権利を制限するには、法令に特別の定めがある場合を除くほか、条例によらなければならない」などの法律規定があるが、これらが侵害留保説を前提にしたものか、法律の留保の確認規定にとどまるものかは定かでない。

　また、法律・条例の根拠という場合、どのような種類の法律・条例のことかという点には注意を要する。一般に行政権の活動に関しては、行政機関が所掌する事務の組織法上の根拠を定める組織規範（総務省設置4など）と、当該行政機関が行使できる権限の作用法上の根拠を定める授権規範（大気汚染14①など）との区別がある。前者が行政の活動全般にあてはまるのに対して、行政機関がもつ権限の具体的内容（要件と効果）を定めているのは後者であるので、法律の留保にいう「法律」（条例を含む）とは後者の作用法上の根拠を指す。この点、例えば地方教育行政の組織及び運営に関する法律23条は、「教育委員会の職務権限」という見出しのもとにその管理・執行する教育に関する事務を各号に列挙しているが、この（所掌事務のリストと見られる）規定を根拠に教育委員会が所管の公立学校に対して具体的な指揮命令権限を行使できるかが、重要な解釈問題となっている。

義は、「参加民主主義」（直接民主制的な国民参加）の要素を適切に組み入れた行政体制においてこそ、行政が国民に対して真に責任を果たしうるということにあると考えられる。

　そして、国民主権の憲法原理の観点からこのような参加民主主義が実質的に意味をもつものとなるために必要なのが、「行政情報の公開原則」である。"情報なければ参加なし"という言葉があるように、行政が作成・取得し保有している情報をできるだけ公開することが国民の行政参加を保障する基本条件であろう。また、近年の立法の中には、その目的・理念として政府の「説明責務」（説明責任）を掲げるものが増えている（情報公開1や各地の情報公開条例のほか、省庁改

革基4Ⅶ、政策評価1、公文書管理1など）。この説明責任（アカウンタビリティ）という観念は、国民主権国家において主権者である国民の信託を受けた政府は、自らの諸活動の目的・効果等を国民に対して説明・弁明しなければならず、その応答責任を政府が果たすことにより、国政に対する国民の的確な監視・参加が可能となり、主権者としての責任ある意思形成が促進されるという考え方に基づくものである。

第2節　司法国家的な法治行政の原理

　明治憲法下の行政裁判所は、一般行政権との人的・組織的な分離が不十分で、出訴できる事項も狭く限定されていたため、実質的には行政の内部的監督を主とした自己裁判のしくみにほかならなかった。現行憲法は、行政機関が終審裁判を行うような特別裁判所の設置を禁止し、行政事件の裁判も司法権に属する裁判所が一元的に管轄することとした（憲76）。これは、行政がその適法性について独立第三者的な司法による審査を受ける「司法国家」の体制であり、国民にとっては、そのような「裁判を受ける権利」（憲32）が保障されることを意味する。

　そこで、今日の行政は、その行動準則を定める議会立法に従うだけでなく、司法が裁判を経て宣告する判決にも服さなければならないことになる。この場合、司法審査の基準として関係法律の規定とその解釈が重要であることはいうまでもないが、行政の活動は、こうした成文法の定めのほか、条文の体裁を成していない不文の法（慣習法、判例法、条理法）にも拘束されている。この点、従来の判例には法律規定の存否とその文理解釈（語句の文字どおりの意味に基づく解釈）を過度に重んじる傾向が見られるが、このような制定法準拠主義は、行政の適法性審査基準をことさらに限定することによって、国民の権利・法益の救済に関する司法権の役割を低下させるおそれがあるといえよう。

　かくして、行政は、議会立法の規律に形式的に従ってさえいれば、それ以外は法的に自由であるというわけではなく、司法が、立法の不備を法解釈によって補いつつ、現に行われるべき法として認めた規律にも服さなければならない

ということに、現行憲法下の「法治行政」の実質的な意義があると見られる。この意味で、行政法においては、とりわけ司法判例による行政規律的な法理の形成が重視されることとなる（行政処分の公正手続も、このような判例法理の蓄積を経て行政手続法に立法化された）。

第3節　生存権保障のための積極行政の原理

1　自由権・財産権尊重型の近代行政

　現行憲法は、基本的人権の保障原理を定める人権憲法でもあり、「生命、自由及び幸福追求に対する国民の権利については、……立法その他の国政の上で、最大の尊重を必要とする」（憲13）とされている。その場合、ひと口に人権といっても、その成立の生い立ちや内容・性質に違いがあることに注意する必要がある。人権保障の世界史的発展をたどると、自由権と財産権は18世紀末以降の欧米諸国において市民革命を通じて獲得された近代的人権（19世紀的人権）である。近代国家の時代には、市民社会への国家権力の過剰な介入を抑制しようとする自由主義の観念の下で、行政権の役割は、社会の秩序を維持するために必要最小限の規制・取締りにとどまるべきだとする「消極行政」の考え方が強かった。国家による権力行使はいわば必要悪とみなされたのであり、自由権や財産権を制限するにはあらかじめ国民代表議会の承認（法律の根拠）を要するという法治主義の理念も、こうした考え方とつながっている。これに対して、人々の生存・生活の保持は、自由権・財産権を保障された国民自らの努力と責任で確保すべきものとされ（生活自己責任の原則）、もっぱら社会秩序や治安の維持という観点から救貧行政が行われるにとどまった。

2　生存権重視型の現代行政

　20世紀に入ってから諸国の憲法に明記されるようになった生存権は、資本主義の発達に伴う社会的不平等の拡大（労働者、失業者、貧民の増加）などを背景に、人が人間らしく生きるという最も基礎的な人権として成立したものである。歴史的には後から登場した人権でありながら、自由権・財産権に優先して確保さ

れることが必要な現代的人権（20世紀的人権）として位置づけられる。この生存権は、国家の積極的な関わりによって初めて保障される人権という性質をもっている。そこで、生存権の積極的実現・擁護を任務とする現代国家では、そのための行政権の働きが大いに必要とされる。現行憲法が定める「健康で文化的な最低限度の生活を営む権利」（憲25）の保障は、生活保護などの社会保障をはじめとして、生活必需的なエネルギーの供給や教育・文化施設の適正配置といった生活条件整備行政の面でまず求められることになる。しかし、そこにとどまるわけではなく、企業活動がしばしばもたらす公害・環境破壊や消費者被害に対しては、地域住民・消費者の集団的生活利益を保護するために企業規制行政の積極的展開が期待されている。その場合、近代国家の消極行政の原理では企業の営業の自由や財産権に対する制限はできるだけ抑制的でなければならないことになるが、現代国家における経済的自由権や財産権はもはや最優先の人権とはいえず、生命・健康の安全をはじめ国民の生存権との調整が必須となっている。この意味で、現代の企業規制行政の主要な特徴は、規制対象である企業に課される法的不利益が、反対利害関係にある地域住民・消費者等にとっては法的利益をもたらすという規制の二重効果性（二重効果的規制行政）にあると見られる。

　今日においても、思想・表現などの精神的自由権や人身・プライバシーなどの人格的自由権に関わる領域では依然として近代以来の消極行政の考え方が妥当する。それと同時に、生存権と経済的自由権・財産権との調整が多分に問題となる現代行政の活動の基本的考え方として、生存権保障目的の「積極行政」が原理的に要請されるというべきであろう。

	明治憲法	日本国憲法	行政法の基本原理
主権	天　皇	国　民	民主国家における責任行政
人権	（自由権・財産権）	自由権・財産権 生存権	精神・人格的自由権に関する消極行政 生存権保障のための積極行政
裁判	行政の自己裁判	司法権の独立	司法国家的な法治行政
統治	中央集権	地方分権・自治	住民自治的な自治体行政

図1−1　憲法原理の変革と行政法

8　第1章　行政法の基本原理

第4節　地方分権と住民自治の原理

1　地方自治の憲法的保障

　日本国憲法は、「地方自治」に関して一章を設け、「地方公共団体の組織及び運営に関する事項は、地方自治の本旨に基いて、法律でこれを定める」(憲92)と規定している。ここにいう「地方自治の本旨」が何を指すかはひとまずおいて、ここで重要なのは地方公共団体の組織・運営事項に関して国の法律がいかように定めてもよいというのでなく、「地方自治の本旨」に反する法律の規定は違憲無効になるということである。その意味で、「地方自治の本旨」は、法律をも拘束するものとして、憲法が直接に保障する地方自治の根本原理であるといえる。また、「地方公共団体に関する法令の規定は、地方自治の本旨に基づいて、……これを解釈し、及び運用するようにしなければならない」(自治2⑫)とされているように、国の法令を解釈する場合においても、中央省庁の行政解釈が当然に優先されるわけではなく、地方公共団体の「地方自治の本旨」に則した自主的法令解釈の余地が多分にあることに注意する必要がある。

2　住民自治と団体自治

　「地方自治の本旨」とは何かについては諸説があるが、少なくとも「住民自治」の側面と「団体自治」の側面とが保障されていなければならないという理解が今日の通説となっている。①「住民自治」とは、政治行政が住民一人ひとりの主体的・直接的な参加のもとにその意思に従って行われるという対内的自治を意味し、そこでは直接民主主義的な住民参加の保障が重要となる(首長公選制、直接請求権など)。②「団体自治」とは、地方公共「団体」が国から独立した政治行政主体として、それぞれの地域的事情に即して自主的な判断のもとに国とは違う施策を行うことができる対外的自治のことである。住民自治をふまえた政治行政を行うには、何よりも国に対する自主性が不可欠であり、自治立法権(条例制定権)、自治行政権とその裏づけとなる自治財政権(自主課税権など)が十分に認められなくてはならない。こうして民主的国家体制の一環として地

第 4 節　地方分権と住民自治の原理　　9

・・• コラム2 　　条例と法律の関係 •・・・・・・・・・・・・・・・・・・・・・

　自治体の議会立法である「条例」の制定権は、憲法94条により自治立法権として保障されている。条例が制定できる範囲に関しては、第一に、規定事項は「地域における事務」その他の自治体の処理する事務（自治事務と法定受託事務）に広くわたるが（自治14①・2②）、その効力が及ぶのは原則として当該自治体の地域に限られる（属地的効力）。第二に、規定内容は「法律の範囲内」（憲94）ないし「法令に違反しない限り」（自治14①）のものとされる。ただし、この定めから法律が条例に当然に優越するというわけにはいかない。憲法が地方自治を直接に保障している趣旨から見て、法律が「地方自治の本旨」（憲92）に反する場合は、むしろ法律の方が違憲無効になるはずであり、自治体に関わる法令の規定は、「地方自治の本旨に基づいて」制定され、かつ解釈・運用されなければならないからである（自治2⑪・⑫）。

　上記の点から、条例で規制しようとする領域に関して現に法律による一定の規制が存在する場合に、条例制定の可否が問題になる。1960年代頃までは、国の法律が先占していると解すべき事項は、法律の明示の委任によらなければ条例を制定しえないという「法律先占」論が支配的であった。しかし、1970年代以降、公害防止条例などをめぐってその過度の法律優先主義が批判され、判例もこの考え方を否定するに至っている。

　徳島市公安条例事件の最高裁大法廷判決（最大判昭50.9.10刑集29・8・489）は、条例と国の法令との関係につき、対象事項と規定文言のみでなく、両者の趣旨、目的、内容および効果をも比較対照すべきものとしている。そして、①条例が別目的の規律を意図するものであり、その適用によって法令の目的と効果を阻害することがないとき、②同一目的であっても、法令が必ずしも全国一律に同一内容の規制を施す趣旨でなく、地方の実情に応じて別段の規制を施すことを容認する趣旨と解されるときは、条例が法令に違反する問題は生じえないと説示した。これを受けて、今日の学説では、人身の自由に対する制約など、法律が全国一律に最大限の規制を定める趣旨（規制限度法律）であると解される場合は、これを超える条例の規定は違法となるが、規制需要に地域差があるため法律が全国的な規制の最低基準を定めるにとどめ、各地方の実情に応じたそれ以上の規制を容認する趣旨（最低規制基準法律）であると解される場合は、同一対象について規制を強化する〝上のせ条例〟や別対象を規制する〝横出し条例〟も、それが規制の現実的必要性に照らして合理的な範囲であるかぎり適法とする見方が一般的である。

方自治を保障した現行憲法下の地方公共団体は、自生的な民間団体とも異なる独立の地域統治主体にほかならず、正式な法律用語の「地方公共団体」よりは、今日の社会で一般的に普及している名称である「自治体」と呼ぶ方がその実質に見合っているといえよう。

10

第2章

行政法の体系

この章のポイント

　民法や刑法にはそれぞれの基本となる事項を定めた同じ名前の法典がある。これに対して行政法には、各種の行政を束ねる「行政法」という名前の法典はないので、その全体像や他の法分野との関係が少々分かりづらい。そこで、行政法の制度的しくみや行政の諸活動についての話を始める前に、本章では、行政法とは何を対象とするどんな法分野かということを、これまで伝統的に法律学の中心をなしてきた六法との関係や現代的に生成しつつある新しい法分野との関係から、大まかにイメージしてもらうこととしたい（第1節）。併せて、行政を現実に規律する法の存在形態にどんなものがあるか、ということに注意を払うことも重要である（第2節）。

　また、第3章以下で具体的な行政法の制度的しくみの話に入る前段として、現行の行政法上の諸制度とその編成の全体像をあらかじめ頭に入れておくとともに（第3節）、行政作用のしくみの概要をその法的性質に即して整理しておくことが有益であろう（第4節）。

第1節　行政法と六法・現代諸法

1　六法と行政法

（1）近代法としての六法

　数多くの法律の条文を収録した法令集が「○○六法」という名前で市販されているが、六法とは、もともと近代社会の基礎をなす6つの法典のことを主に意味している。19世紀の西欧で市民革命を通じて近代国家が成立したときに、国家・社会の一般ルールとして整えられるようになった6つの法典が、今日でも社会生活の基本的な枠組みを形づくっていると考えられてきたのである。その6つの法典とは憲法、民法、刑法、商法、民事訴訟法、刑事訴訟法であるが、国の最高法規である憲法の下で、他の5つの法典はその規律の対象や性質から

次のように分類される。

(1) **民事法と刑事法**　　今日の市民生活は、基本的に自由で対等な個人相互間の取引・交渉によって営まれており、このような民事法の分野における主要な法律が民法、商法、民事訴訟法である。他方、社会の秩序を乱す犯罪に対して国家刑罰権を行使するルールを定める刑事法の分野での主要な法律が、刑法と刑事訴訟法である。

(2) **権利義務の内容と手続**　　法律学の世界では、社会における人と人との間を権利と義務の関係（法律関係）として説明するのが普通である。法律の中には、この権利義務の内容を主に定めているもの（実体法）と、権利義務を具体的に確定・実現させる方法・手続を主に定めているもの（手続法）とがある。前者に属するのが民事法分野では民法とその特別法にあたる商法であり、刑事法分野では刑法である。例えば、民法は人はどんな場合に他人に対し損害賠償の義務を負うかを規定し（民415・709など）、刑法は人がどんな行為をすると犯罪として処罰されるかを規定している（罪刑法定主義）。それに対して、後者に属するのが民事訴訟法と刑事訴訟法で、これらは裁判を通じた権利や義務の実現に関する紛争解決の手続法にほかならない。

（2）現代法としての行政に関わる法

　法令集としての「六法」には、上で述べた6つの法典とその特別法以外にも何百という数の法律が掲載されており、さらに現在施行されている法律は2000件近くある。それらの内容は実に多種多様であるが、程度の差はあってもその大部分に、多少とも国や自治体の行政に関わる事がらが定められているといってよい。20世紀に入って次第に重きをなしてきた行政権の役割と責任に照応して、行政の活動を規律する法規が数多く制定されるようになり、とりわけ20世紀半ば以降（第二次世界大戦後）の現代社会では、近代六法以来の伝統的な民事法・刑事法の分野と並んで、行政に関わる各種の法（行政関係法）が独自の現代法分野を形成していると見ることができる。

12　第2章　行政法の体系

2　現代諸法と行政法

　現代の社会生活においては、人々が行政の活動と接する場面は日常的に見られる。市役所での住民登録、所得税・住民税や固定資産税などの税金の納付、自動車の運転免許や海外旅行のためのパスポートの取得、社会福祉サービスや年金の受給といった形で、行政との関わりは生活のほとんど全般にわたっている。そのため、国や自治体の行政のあり方が人々の一生に多大な影響をもたらすようになっているといえる。

　ところで、そうした行政の活動を規律する法のすべてが「行政法」であろうか。そうだとすれば、行政法の対象は相当に厖大なものとなる。実際には、国や自治体も物品購入などの財産取引、経済的事業経営などを行っており、これらについては、対等な当事者である個人対個人の関係を規律する一般法としての「民法」が多くベースとなっている。他方で、行政の活動が行われる対象を区分し、行政法総論（一般論）の延長上で、それぞれの分野における行政法制の具体的内容を「行政法各論」（経済行政法、教育行政法など）として捉える見方がかつての主流であった。しかし、多種多様な住民生活分野で展開されている行政活動の具体的あり方、行政責任の内容、人々がもつ権利・法益などについて、今日では、各分野ごとに独特の法原理や制度的しくみとそこに特有な人権・権利が生成してきており、すでに多くの分野で公法・行政法と私法・民法の区別を超えた独自の新たな法領域を成していると見られる。このような「現代諸法」（特殊法ともいう）として、租税法、財政法、経済法、消費者法、土地法、環境法、医事法、社会保障法、教育法、情報法などが挙げられよう。

　これに対し、民・刑事法と区別される行政一般に特有な法としての「行政法」の主たる対象は、まさに各行政分野を通じて行政全体に共通する一般的な法原理と制度的しくみにほかならない。そしてこの点では、現行法制上、行政活動の多くにほぼ共通に適用される法律の代表例として、行政救済3法（行政不服審査法・行政事件訴訟法の行政争訟2法と国家賠償法）のほか、行政代執行法、行政手続法、行政機関情報公開法などが挙げられる。こうして見ると、行政法とは、行政の権限と責任、国民・住民の権利義務などの内容を定める法（実体法）を一部含みつつも、大部分は、行政と国民・住民との間の権利義務等の内容を

第 1 節　行政法と六法・現代諸法　　13

•••• コラム3　　公法と私法の区別••••

　行政の活動の中には、財産取引や経済的事業のように民法がそのベースとして適用されるものがある。したがって、現実に行政活動を規律している法のすべてが「行政法」であるというわけではない。そこで、私法・民法の適用が排除される行政特有の法としての公法・行政法とは何かということが古くから議論され、とりわけ明治憲法下の行政裁判所が適用する法規を判別する必要から、その区別の基準をめぐる学説の分かれが生じてきた。

　主要な学説として、①権力説（性質説）は、私法が、その性質として対等当事者間の権利義務関係を規律する法であるのに対し、公法は公権力の行使に伴う行政主体と国民との間の不対等な権力服従関係を規律する性質のものであるとする。②利益説（目的説）は、私法が私益の実現を目的とする法であるのに対し、公法は公益の実現を目的とするものであるとする。③主体説は、私法が国民（私人）相互の関係を規律する法であるのに対し、公法は国または公共団体が少なくとも一方の当事者である関係を規律する法であるとする。

　従来の伝統的な通説は、権力説と利益説を組み合わせ、私法の適用が全面的に排除される権力関係である「本来的な公法関係」を基調としつつ、「伝来的な公法関係」として道路・河川等の公物管理、公企業経営、公法契約などの「管理関係」があるとし、そこでは原則的に私法が適用されるが、公益保護の必要上、明文規定がなくても法律の趣旨解釈に基づき「公法」的特例が認められるとしてきた。こうした「公法関係」では、私法関係と

異なる実体法上の特質として、行政の本質的優越性や公益優先性が法解釈上からも認められなければならないとされる。

　これに対して、現行憲法下では、裁判所の組織が司法権に一元化され、行政事件に関しても通常の民事事件と同様に司法裁判所が裁判を行うこととなった。このため、公法と私法との区別は相対化し、これを実体法上の性質の相違から区別する実益はほとんどないとするのが今日の一般的見方である（租税法律関係における民法177条の適用を認めた判例として最判昭35.3.31民集14・4・663）。

　そこで、行政法は端的に行政に関わる特別法のすべてを対象とするものであって、それぞれの法律関係の性質は関係法規に則して個別的具体的に見定めればよいとする見解（行政特有法説）が多く主張されている。他方、こうした一種の新主体説に対しては、行政法の学問的な体系的法理を導出し難いとの批判もある。たしかに現行の司法国家体制の下でも、具体的事案が民事訴訟法を適用すべき事件か、行政事件訴訟法を適用すべき事件かという裁判種別・手続の適用区分の問題はなお残されているといえる。その点で、行政事件訴訟法に定められた行政処分とその通用性を認める取消訴訟の制度、さらに行政手続法における行政処分の公正・透明手続の制度に着目して、手続法的側面から権力関係の存在とそれを規律する法理が見出される点に「公法」としての主要な特質があるとする説（新権力説・手続的公法説）も有力である。

具体的に確定・実現させ、紛争を解決する手続的しくみを定める法（手続法）であることが分かる。

　ただ、行政法と現代諸法との間には、後者がその社会的現実の認識と最先端の法的課題への取組みを通して、前者に行政一般の法的規律のあり方を考える素材を有益かつ豊富に提供しているという関係があることにも、大いに注意する必要がある。以上の各法分野の関係を大まかに示したものが図2-1である。

14　第 2 章　行政法の体系

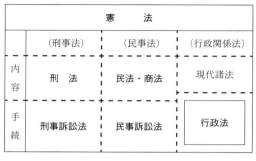

図 2 − 1　六法と行政関係法

第 2 節　行政法の存在形態

　行政の組織や活動を規律する法の形式・態様（法源）にも、実に様々なものがある。その存在形態の種別とそれに応じた働きを知ることが、行政を規律する現行法の法原理的な考え方や制度的しくみを理解するために重要だといえる。

1　行政法規

　国民・住民の権利義務に関わる定めを主とした「法規」は、国・自治体が対外的効力をもって国民・住民と行政を法的に拘束するルールである。行政に関する法規である行政法規は、その制定主体の別から次のように内訳される。

（1）議会立法と行政立法

　議会立法とは、選挙による国民・住民の代表で構成された立法機関である議会が行う立法で、行政の活動を民主的な規律のもとにおくという点で重要な働きがある。こうした議会立法として、憲法のほか、国会制定法である「法律」（憲41・59①）と自治体議会が制定する「条例」（憲94、自治14①・96①Ⅰ）がある。

　他方、議会立法の定めは一般的・抽象的な内容になりがちで、また社会の変化に対する機動性に欠ける面がある。そこで、議会立法のもとで、社会状況に対応した政策的または専門技術的判断が必要となることから、現行法制上、行

政機関にも一定の限度で法規をつくることが認められており、行政立法（行政機関立法）という。国の行政立法のことを「命令」（憲16・81・98①、行組12①など）と称することがあるが、これには、①内閣が定める○○法施行令などの「政令」（憲73Ⅵ）、②内閣府、各省の大臣が発する○○法施行規則などの「府令、省令」（内閣府7③、行組12①）、③各委員会および各庁長官が発する「規則」（行組13①）がある。また、自治体の行政立法は、長および各委員会が定める「規則」（自治15①・138の4②）である。

　議会立法が民主的手続のもとに公開の場で審議・制定されるのに対して、行政立法の制定にはこのような保障が欠けていたことから、後述（第4章第2節5）するように、行政立法の制定手続の公正・透明化が今日的に必要とされるようになっている。

（2）国の法令と自治体の例規

　国の立法権に基づき全国的に適用される法規（国家法規）として、法律と命令（政令、府令、省令など）とが「法令」と総称される。これに対して、自治体の立法である条例と規則は、当該自治体の区域内でだけ通用する法規（自治法規）である。ただし、条例には罰則を設けることができ（自治14③）、他の自治体の住民でもその自治体の区域内で違反行為をすれば処罰されるので、条例は、裁判所による罰則の適用を通じて国法としての効力をもつこととなる。「例規」という語は、もともとは戦前市町村の慣例による規範を意味していたようであるが、現行憲法下の自治立法権の保障に見合って、国の法令と対をなす自治体条例・規則の総称として使用するのが相応しい。自治体ごとに作成している例規集は、販路に乏しいためほとんど市販されていないが、最近ではインターネットで閲覧できるようになりつつある。

2　行政内規

　上述の行政立法は、正式の立法作用として国民・住民を拘束する法規の性質をもつことから、これまでの学説上の用語ではこれを"法規命令"（法規たる性質をもつ命令）と呼んできた。それに対して、行政組織の内部で上級行政機関が

16　第 2 章　行政法の体系

下級行政機関を拘束する定めを"行政規則"と称し、これは国民・住民の権利
義務を直接に左右するものではないとして前者と区別し、併せて広い意味での
行政立法と捉えてきた。しかし後者は、元来、民間の会社や団体にもある組織
体の内部規程にほかならないから、行政立法とは別だてに行政組織内で通用す
る一般ルールを指す言葉として、「行政内規」と呼ぶのが適切であろう。ただ、
行政内規の中にも、個別的な行政措置を行う際の裁量基準を示すものなど国
民・住民の生活に多分に関わりをもつ定めがあり、実質的に法規に近い性質を
もち、現実に法規的な役割を果たしていると見られるものも少なくない。そこ
で、今日では、行政内規についても、その内容に応じて公表・公開の可否や設
定手続への国民・住民参加の問題が論じられつつある。

（1）訓令・通達

国の各省大臣や自治体の長などが、その機関の所掌事務について所管の下級
機関や所属職員に対して発する指令で（行組14②、自治154）、条文の体裁をもつ
「○○規程」のような一般的定めの「訓令」のほか、文書形式による事務処理
に関する指示ないし指導としての「通達」がある。訓令が多くは行政組織内部
事項にとどまるのに対して、通達には、法令解釈や行政処分の裁量基準を示す
ものなど、国民・住民の権利義務に具体的・実質的な影響をもちうる例が少な
からず存在する。

（2）要　綱

行政内規の一種である「要綱」には、国民・住民生活に関わるものが多い。
内容に応じて、新たな施策・制度等を国民・住民参加で立案する"○○懇談
会"といった臨時的な会議の設置根拠を定める「組織要綱」、社会福祉的なサ
ービス給付や補助金の交付に関する「助成要綱」、規制的な行政指導の基準を
定める「指導要綱」に内訳される（非常設の臨時的な住民参加型合議体を要綱で設置
することについて、広島高裁岡山支判平21.6.4、東京高判平23.9.15などは地方自治法138条
の 4 第 3 項が定める附属機関条例主義に反し違法とするが、これは形式的・硬直的な解釈で
あり、こうした会議は住民自治の行政プロセスないし情報・政策立案への助言委託先と見る

べきだとして要綱設置を適法と解する有力学説が提唱されている）。とりわけ「指導要綱」は、近時の自治体で、宅地開発、中高層マンション建築等をめぐる住民紛争に際して業者指導の根拠として多用されるようになっているが、要綱は本来的に関係住民を拘束する法規ではないため、こうした自治体の"要綱行政"の法的限界や実効性の確保が問われている。

なお、行政措置を広く国民・住民に知らせる正式の公示形式が「告示」であり（行組14①）、国の場合は官報に、自治体の場合は公報や公式掲示板に掲載される。住民生活に関わる対外的な規程（自治16⑤）のほか、上述の要綱についても、住民の生活利益に関係の深い事がらを定める以上は、できるだけ告示にして公表する必要があろう。

		国 （国家法規）		自治体 （自治法規）	
行政法規	議会立法	法令	法　律	例規	条　例
	行政立法		政　令 府令・省令・規則		規　則
行政内規		訓令（規程） 通　達 要　綱 審査・処分基準			

図2−2　行政法規・行政内規の形式一覧

以上の行政法規と行政内規の形式を整理すると、図2−2のようになる。

3　不文法と条理解釈

行政の活動を規律するのは、正式の立法形式で定められた「成文法」（条文の体裁を成した法）だけではない。行政の適法性が訴訟で争われる場合、裁判所は、その紛争事案にあてはまる成文法の定めがないときには、社会的に妥当と考えられるルールを探索し、それを適用して審査を行う。条文の体裁をもたないこうした法を「不文法」といい、行政は、成文の法規のみならず、同じく現行法（現に行われるべき法）である不文の法にも従わなければならないのである。

（1）慣習法

関係者の間でそれに従うことが長い間の法的確信となっているルールで、地域的な慣習や行政運用上の慣行などが「慣習法」として成立していると見られ

18　第2章　行政法の体系

る場合がある。ただし、行政運用上長く続いてきた慣行の中には、社会の変化に応じて見直しが必要なものも少なくないと考えられるから、行政法上において慣習法の成立が認められる例はさほど多くない。

（2）判例法

わが国の判例は個別事案についての裁判所の判断であり、上級審の裁判所の判断がその事件に関して下級審を拘束するのを別として（裁4）、他の裁判所の判断を法的に拘束する公式の法源ではない。しかし、同種の事案について裁判所が同様の判決を積み重ねたり、下級審で裁判所ごとに判断が分かれた事案について最高裁判決が法的決着をつけたりすることによって、その判断が社会的に確定していくと、関係者の行動を実質的に規律する効果を生じることとなろう。また、社会的に注目される事件をめぐって裁判所が下した判断は、それがたとえ下級審の判決であっても、国民・住民の法意識を形成するうえで重要な意味をもつことがある。とりわけ最高裁の判決が示す法解釈は、その社会的影響力から、当該の個別事案の紛争解決を超えて一般的な通用性をもつ。こうした点から、行政を現実に規律する法の中で、行政「判例法」は枢要な位置を占めているということができる（国家賠償訴訟における行政の危険防止責任など）。

（3）条理法と条理解釈

係争の事案について、関係する成文法規も慣習法・判例法もない場合には、裁判所は、事物の性質に即してあるべきものと認められる法理を探求することになる。これが「条理法」で、行政に関わるものとしては、行政による平等取扱いの原則、行政に対する信頼保護（行政の公的見解表示に対する国民の信頼保護）の原則、規制行政における比例原則（規制目的と規制手段・程度の釣り合い）などが挙げられる。ただし、行政一般に共通の条理はさほど多くなく、主要には、各行政分野ごとに固有の条理が前述の現代諸法によって究明されるべきこととなる。

さらに、現行法における条理の解明は、成文法規の解釈にとっても重要な意義がある。法解釈の方法として、条文の文言どおりの国語的解釈である文理解

釈は、その条文の制定当時の立法者の考え方には沿うが（立法者意思尊重主義）、その後の社会状況の変化に対応しにくく硬直的になりがちな難点がある。そこで、現に生じている紛争解決のための法の正しい適用にあたっては、できるかぎり関係条文の対象である事物の性質に即した「条理解釈」に努めていくことが肝要なのである。

第3節　行政法の制度とその編成

　各行政分野を通じて行政一般にほぼ共通に認められる法制度と、それぞれについて定められている主要な現行法律を概観すると、対象・内容に応じて次のように整理することができる。

1　行政組織法

　行政権の主体である国や自治体の行政組織の構成は、明治憲法下では天皇の官制大権に属する事項として勅令によって決められていた。これに対し現行憲法は、行政組織の設置の根拠、編制の基準などは法律で定めることが国民主権の原理に適合するとの考え方から、行政組織法定主義の原則をとっている（憲41・73Ⅳ・92など）。ただし、自治体の行政組織については、地方自治の観点から、法律上の定めは全国的な統一が必須な事項にとどめ、条例に基づく自主組織権を十分に尊重する必要があるといえよう。

　主要な法律として、国の行政組織に関しては、内閣の組織・運営等につき内閣法、その下にある行政機関の組織の基準、行政機関の長の権限などにつき内閣府設置法、国家行政組織法があり、また、国の一般職職員の人事・給与・服務・身分保障等について定める国家公務員法（国公法）がある。他方、自治体の行政組織の基本をなす事項は大部分が地方自治法に定められており、自治体の一般職職員の人事・勤務条件・服務・身分保障等については、国家公務員法の内容とほぼ同趣旨の地方公務員法（地公法）がある。

20 第 2 章 行政法の体系

2 行政作用法

　現実に行われている行政の様々な活動を行政作用ということがあるが、現行の法律の中に、それらの行政作用につき、その法的性質等に対応して一般的・通則的なルールを定めるような法律（行政作用通則法）は存在しない。ただし、近年、行政の活動が国民・住民本位に行われるために必要な手立てとして、行政の判断・決定手続の公正・透明性を確保し、また行政情報に関する国民の手続的な権利・地位を保障しようとする次のような立法の動きが、民主的責任行政の原理の観点から注目される。

　行政処分に先立って相手方・利害関係人に主張・立証の機会を保障する事前手続に関しては、従来、法令の不備・不統一が多く見られ、その運営も形式に流れる傾向があった。また、わが国で多用される行政指導の不透明性が国内外で強く批判されてきた。1994（平成 6）年に施行された行政手続法は、行政処分・行政指導等に関し「行政運営における公正の確保と透明性の向上」（行手 1）をめざす画期的な立法であり、行政の判断・決定がされた後の裁判等による事後救済を中心としていた旧来の行政と国民との関係を変革していくために、ここに定められた公正・透明手続ルールを現実の行政運営に生かしていくことが重要である。ただし、同法は、全体としてはなお相手方個人の手続的な権利保障を主とするにとどまっている。2005（平成17）年改正により、国が行う行政立法の制定に際しての意見公募（パブリックコメント）手続が導入され、また、2014（平成26）年改正により、違法な企業活動などに対して相手方以外の第三者住民が行政処分や行政指導の権限発動を求める申出手続が新設されたが、利害関係が錯綜する計画策定等に求められているような、現代行政に特徴的な集団的利害調整のための国民参加手続の保障は今後の課題に残されている。

　次いで、2001（平成13）年に施行された行政機関情報公開法（行政機関の保有する情報の公開に関する法律）は、国の行政機関が作成・取得するなどして組織的に用いている行政文書（電磁的記録を含む）につき、請求に基づいて原則的に開示することを義務づけるものである。政府の公文書が十分に公開され、国民の監視と批判のもとにおかれることによって、初めて国民の行政参加も実質的な意義をもちうるようになるという点で、行政手続法に次ぐ同法の制定は、わが国

がようやく「公正で民主的な行政の推進」(情報公開1)へ向けての基本条件を整えたことを意味することになろう。

3　行政執行法

　法律に定められ、または行政処分により課された行政上の義務を国民が履行しない場合に、その履行を確保するしくみが必要となる。行政が自力でその内容を実現する「行政上の強制執行」として、行為の性質上、本来の義務者である本人に代わって他人がなすことのできる義務(代替的作為義務)については、行政代執行法が一般法として適用される。ただし、代執行は国民の自由権・財産権に対する制限の度合いが強い権力的手段であるため、その要件が厳しく限定されている。また、納税をはじめ、その他の一定の金銭納付義務(社会保険料、各種の賦課金など)についても、それぞれの根拠法律で「国税(地方税)滞納処分の例による」と定めることにより、国税徴収法・地方税法の関係規定を援用する形で「強制徴収」の制度がとられている。

　他方、個別の法律に規定された罰則(行政罰)は、義務違反に対する制裁を目的とするものであるが、行政執行という観点からは義務の履行を促す間接強制のしくみと見ることができる。

4　行政救済法

　行政活動に対する国民の権利・法益救済に関して一般的に適用される法律が、次の行政争訟2法と国家賠償法(併せて行政救済3法)である。

　行政処分その他の公権力の行使が違法または不当であると考える関係国民は、行政不服審査法(行服法)に基づいて行政庁に対し不服申立てをすることができる。同法は2014(平成26)年に公正性の向上や国民の救済手段の充実・拡大の観点から全部改正され、不服申立手続が最上級行政庁への審査請求に原則として一元化されたほか、審理員による審理手続や行政不服審査会等の第三者機関への諮問手続が導入されることとなった。また、行政処分その他の公権力の行使の違法を主張して、直接に裁判を提起することもできる(ただし、法律に不服申立前置の定めがある場合は、その裁決を経なければならない)。行政事件訴訟法(行

22 第2章 行政法の体系

•••• コラム4 行政の定義 ••••••••••••••••••••

「行政権は、内閣に属する」（憲65）という場合の行政権は、内閣およびその統轄の下にある国の行政機関等の権限の全体を形式的に意味し、そこには政・省令の制定権限（憲73Ⅵ）や行政審判・行政不服審査の権限（憲76②）も含まれる。このように国家作用を行う主体・組織の面から、実質的には立法作用・司法作用と見られるものを含めて、行政府の権限に属するすべての作用が「形式的意味の行政」と呼ばれる。

他方で、国家作用の目的・内容面から、立法作用・司法作用と区別される「実質的意味の行政」を定義することはなかなか難しい。現実に行われている行政活動は広範・多様で、しかも非常に動態的でもあり、その目的・内容を一律に定義づけるのは容易でないからである。そこで、立法が、国民の権利義務に関する一般抽象的な法を定立する作用、司法が、当事者間の紛争解決のために争訟手続を経て法を適用する作用とされるのに対し、行政の定義については学説の対立がある。

①積極説（目的実現説）によれば、司法は法の適用自体を直接の目的とする作用であるのに対し、行政は、法の執行によって国家目的ないし公益を実現する能動的作用とされる。

行政の特質をこのように積極的に定義づけることによって初めて、行政処分、行政強制、行政罰など行政上の諸概念とその特色を明確にでき、行政に対する司法権の限界を画することが可能になるというのである。

②消極説（控除説）は、行政を国家作用のうち立法と司法を除いた一切の作用と定義する。その論者からは、積極説では、公益目的を追求する行政の本質的な自律性が強調されがちで、行政権の範囲の拡張解釈や行政現実の正当化につながりやすいと批判されることになる。

近代国家が歴史的に形成される過程では、絶対王制の専制的権力から立法権、次いで司法権が分化していったこと、また多様な行政作用を広く法的規律の下におくという必要には見合った定義であることから、消極説が今日の多数説となっている。行政法の規律対象である行政の捉え方としては、端的に行政府の活動全体（形式的意味の行政）を対象としつつ、現行憲法下の行政の原理的性格をふまえながら、現代行政の特質に即した法的規律のあり方を考えていくことがより重要だといえよう。

•••

訴法）には、抗告訴訟（とりわけ取消訴訟）を中心に4つの訴訟類型とその手続が定められており、2004（平成16）年に同法の大幅な改正（抗告訴訟としての義務付け訴訟・差止訴訟の法定など）が行われ、行政に対する国民の裁判的救済の方法が拡充された。さらに、違法な行政活動によって受けた被害については、国家賠償法（国賠法）に基づき国や自治体に損害賠償を求めることができる。

第4節　行政作用のしくみ

行政の活動は多種多様であって、それらに共通する一般的・通則的なルールを定める統一法典（行政作用通則法）が存在しないことは、先に述べたとおりで

ある。また、行政の活動であっても、物品購入、土地の売買などの財産取引や経済的事業経営などは財産権の主体としての行政の活動であって、私法・民法上の規律に原則として服するものであることもすでに説明した。そこで、こうした財産権主体としての活動を除き、国や自治体が政治行政主体（統治主体）として一定の行政目的のために行う活動をその法的性質に即して整理すると、大まかに権力的行政作用と非権力的行政作用に区分することができる。

1　権力的行政作用の手続的流れ

　権力的行政作用とは、行政が行う作用のうち、特定の国民に一方的に義務を課したり、その権利を制限したりして何らかの不利益をもたらす決定、国民が営む事業等の一定の活動を申請に応じて許否判断する決定や、国民の財産等に対して直接的な実力行使をするような行為を指す。これらの権限の内容（その権限を発動するために必要な条件やその権限を発動した法効果）はそれぞれの根拠法規により定められるため様々であるが、行政手続法、行政不服審査法、行政事件訴訟法などの行政一般にほぼ共通に適用される主要な法律が、後に詳しく考察していくように「行政処分」という行為を中心に構成されていることから、権力的な行政権限が発動される事前・事後の手続の流れは、行政分野の違いを超えて概ね同様であることが注目される。

　すなわち権力的行政作用、とりわけ行政処分の発動について見てみると、議会立法による授権から始まり、細目的な行政立法の制定（行政機関内部での基準設定を含む）、行政調査、意見陳述（聴聞・弁明）手続などを経て、国民の権利・法益に直接具体的に関わる判断・決定が「行政処分」として行われ、場合によりさらに行政強制執行や損失補償が後続する。これらを違法・不当と考える国民の事後救済手続として行政争訟（行政不服申立て・行政事件訴訟）、国家賠償のしくみがある。また、これとは別に、相手方の義務履行を待っている余裕がなく人身保護等の必要がある場合などに行われる即時強制という手法もある（これらの一連の流れを図示すると、次の図2-3のようになる）。そこで、権力的行政作用に関しては、その権限行使の内容的適切さが主に各個別法の解釈問題になるのに対し、その流れの各段階に応じて、行政一般に共通する手続法的な規律のあ

り方がまずもって重視されることとなる。

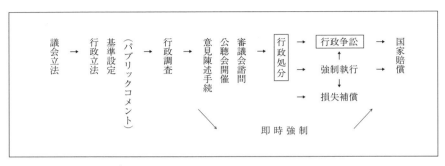

図2－3　権力的行政作用の手続的流れ（イメージ）

2　非権力的行政作用の種別と特色──給付と誘導のしくみ

　非権力的行政作用としては、まず物的・人的サービスや金銭の「給付」があり、生活保護等の社会保障給付、中小企業等への事業活動助成、公共施設の設営・提供などがその例である。これらの活動については、法律・条例という議会立法や規則等の行政立法のほか、予算措置を裏づけとした要綱等の行政内規を根拠として行われることも少なくない。また、補助金の交付や公共施設の利用などでは、当該申請・決定に「行政処分」の形式をとることが法定されている場合もある。

　次に、権力的な手段以外のやり方で一定の行政目的を実現する方法として、相手方国民の同意や協力を得て行う「誘導」がある。その主要なものに、相手方に対し一定の事がらをするように、またはしないように求める行政指導があり、宅地開発に対する業者指導等に取り組む自治体の要綱行政はその一場面である。また、相手方との合意に基づいて締結される行政上の契約・協定も非権力行政の代表的手法であり、工場等の立地自治体と企業との間で結ばれる公害防止協定や原子力安全協定の例がよく知られている（行政上の契約・協定の中には、その締結に「行政処分」の形式をとるものもある）。これらの手法については、それを行うために法律・条例の根拠が必要か否か、実効性を確保するための方策やその限界、訴訟的な救済の可能性などが問われる。なお、一定の事業に対する

補助金等の交付も、実質的に誘導的機能をもつことに注意する必要がある。

3　行政主体に共通する一般法原則

　権力的行政作用と非権力的行政作用の区別を超えて、行政作用を横断的に規律する一般的法原則が存在し、これは行政主体が行う活動であることにともなって共通に適用される、いわば行政主体固有の法理ということができる。

　行政主体に共通する一般法原則として法令や判例等で認められている主要なものに、まず「行政による平等取扱いの原則」がある。これは憲法上の平等原則（憲14）を裏づけとしつつ、給付行政や私経済行政などの場面で特に重んじられる。次に、「行政に対する信頼保護の原則」は、行政が行った公的見解の表示に対して国民の信頼を保護する条理法上の原則である。行政指導、行政計画等においてしばしば問題となることがあり、工場誘致政策変更事件の最高裁判決（最判昭56.1.27民集35・1・35）がこの原則の存在を明認している。また、先述したとおり、近年の行政機関情報公開法、公文書管理法などの新たな立法が、国民主権の理念（本書でいう民主的責任行政の原理）の観点から「行政の情報公開・説明責任原則」を謳っていることが注目される。

　これらの諸原則は個々の行政作用を規律する法理としてはやや一般的・抽象的な次元にとどまっているため、その実効性の程度は事案に応じて異なりうる。そこで、より具体的で実効性のある行政作用の内容面での規律に関しては、新たに生成している現代的な個別法分野（環境法、都市法、社会福祉法、医事法、教育法など）ごとに特有の法理を究明していくことが今日的に肝要だといえよう。

第3章

行政組織法

この章のポイント

　「日本と欧州連合（EU）は、○○に関する共同声明を発表した。」「東京都は、2020年の東京オリンピックの開催準備を進めるため、新たに準備局を設置した。」「□□県は、△△市との連携の強化に乗り出した。」

　これら3つの文は、いずれも、みなさんが日頃目にしたり聞いたりするニュースの見出しをイメージして書いたものだが、ほとんどの方は、特に違和感なく理解できたのではないかと思う。

　しかし、法学的な視点を意識してこれらの文を読み返してみると分かるのだが、そこではいくつかの基本的な認識が前提とされている。具体的には、日本がEUと共同声明を発表したというときに、みなさんはどのような場面を捉えることでそのように理解したのだろうか？　あるいは、都庁の建物の一室に看板を掲げれば、準備局を設置したということになるのだろうか？　さらに、□□県が△△市と連携するということは、そもそも誰が決めたことなのだろうか？

　本章では、（狭義の）行政組織法の中心テーマ、すなわち、様々な行政活動（行政作用）を担う立場にある「行政」について法学的な見地からより丁寧に把握をするための前提となる「行政主体」と「行政機関」という基礎的な概念を理解するとともに（第1節）、国や自治体による行政活動が実際にどのような組織の下で行われているのかを学ぶ（第2節）。

第1節　行政主体と行政機関

1　行政活動の担い手

　前章までで概観したように、国や自治体は、いくつかの「基本原理」の下で、実に様々な行政活動（行政作用）を行っている。それらの行政活動について、冒頭で例示した3つの文が示すような表現をしても、日常生活では何ら問題は生じないだろうし、その意味では決して間違っているわけでもない。しかし、法学的な見地からすると、このような"表面的な"理解だけでは必ずしも十分

ではない。

　冒頭に掲げた３つの文を例にとってその意味を考えてみることにしよう。

　最初の文では、実際に発表された共同声明の全文を新聞で目にしてそのように理解する方もいるだろうが、日本の首相ないし外務大臣がEUの代表と握手をしている映像を見て、なるほど、と思う方も少なくないだろう。このように書くとすでに気が付いた方もいるように、例えば日本とEUが共同声明を発表したという場合には、ひょっとすると無意識かもしれないものの、私たちは何らかの"媒介項"を通してそのように理解しているのである。

　なぜだろうか？　それは、EUといった多くの加盟国から成る連合体の場合はもとより、日本というひとつの国についても、現実には"目に見える存在"ではないからである。つまり、私たちは、日本という国を代表する立場にある内閣総理大臣ないし外務大臣が、日本という国のために活動を行い、その効果が日本という国に帰属することになる、と理解することで、日本がEUと共同声明を発表した、と認識していることになる。

　この文がイメージする場面は、「外交」という、行政活動の中ではやや特殊な分野のものかもしれない（したがって、行政法というよりは国際法で扱われる題材ともいえる）が、これまで確認してきたような理解の仕方は、基本的には、あらゆる行政活動の場面においても通用するものである。

　実際、２番目の文では、東京都が準備局を設置したというのは、法的には、東京都議会が東京都組織条例という"ルール"の一部を改正することを議決し、それが公報に掲載された上で、そこで働く公務員の人たちが役職に任命され、必要な予算の手当てがなされて、準備局という組織が活動を開始できる状態になることで、そのように理解されることになる。一方、３番目の文は、やや抽象的な表現なので具体的なケース次第ではあるものの、典型的なイメージを挙げれば、□□県の県知事が△△市の市長と会談する中で相互の連携の強化を提案した、といった場面を捉えて、そのように認識される方も多いだろう。

　このように、ひとくちに「国」や「自治体」が行政活動を行う、といっても、そのような"目に見えない存在"である国や自治体の背後なり前提には、内閣総理大臣や外務大臣のほかにも、準備局といった行政の「組織」、さらには、

28　第3章　行政組織法

□□県知事や△△市長のみならず彼らを支える数多くの公務員の「人」たちの存在がある、ということを意識する必要があることが理解できたのではないだろうか。

　以上見てきたような"行政活動の担い手"を説明する際の基礎的な概念として、行政法学では、「行政主体」と「行政機関」という用語が伝統的に用いられてきた。

2　「行政主体」

（1）行政主体

　「行政主体」とは、行政活動（行政作用）を行う独立の法人格をもつ法主体をいうものとされてきた。

　このように書くと何やら縁遠いものに聞こえるかもしれないが、典型的には、国や自治体（地方公共団体）をイメージすればよく（「一般行政主体」）、それらのほかにも、独立行政法人や国立大学法人、さらには特殊法人といったものの中にも行政主体性が認められるものがあると解されている（「特別行政主体」）。

（2）行政客体――私人・国民・市民・住民

　一方、この「行政主体」に対する概念として、伝統的には「行政客体」という用語が用いられてきた。行政客体とは、行政主体が行う行政活動の相手方となる法主体であり、具体的には、私たち私人あるいは国民ないし市民・住民を指すものとされたのである。

　しかし、近年では、「客体」というと、あくまでも「主体」に従うべき存在に過ぎない、といった印象を与えかねないこともあって、教科書などでは行政客体という概念が一般的に用いられることはほとんどなくなり、その代わりに、上で述べたような、私人、国民あるいは市民ないし住民といった表現が用いられるようになってきている。

第 1 節　行政主体と行政機関　　29

（3）行政主体および行政客体をめぐる行政法学の視点

　以上、行政主体と行政客体についてごく簡単に概観してきたが、これまでのところ特に難しい点はないように思えたかもしれない。しかし、そこにも行政法学の視点や考え方が十分に滲み出ているということについて、ここでは2点だけ簡単に確認しておこう。

　ひとつは、行政法学の関心の中心にあるのは、行政が行う行政活動（行政作用）とそれによる私たちへの法的影響のあり様、別の言い方をすれば、行政と私たちとの間の法的関係ないしは権利・義務関係（行政作用法）であるともいえるが、そうした行政上の法律関係において私たちと向き合っている（二面関係）国や自治体などが「行政主体」として表現されてきた、ということである。つまり、行政主体は、私たちとの間で法的関係に立ちうる存在（法主体）として位置づけられている、ということを意識する必要がある。このことは、次の3で見る「行政機関」との相違を理解する上で重要なので、ここであらかじめ注意喚起をしておきたい。

　もうひとつは、「行政客体」という表現が用いられなくなったということに関してであるが、そこには、私たちが行政上の法律関係において"主体"的な立場にも立ちうるということについての認識が強まってきた、との含意がある。実際、行政行為（行政処分）については、行政の裁量の広狭が重要な論点になることからしても、行政の"主体"的な判断がなされることも確かではあるが、例えば許認可の場面では、そもそも私たちの側から行う「申請」という行為が前提ないしは起点になっている。さらに、近年重視されるようになってきた「住民参加」や「情報公開」といった場面では、私たちの能動的な権利のあり様が論点になっている。つまり、私たちは、行政との間の法的関係の中で、行政主体の判断に従うだけの"受け身"の立場にとどまっているわけでは決してない、ということもここでは意識しておいてほしい。

3　2つの「行政機関」概念

　以上見てきたような「行政主体」概念の理解を前提として、次に「行政機

30　第3章　行政組織法

関」の概念について見ていくことにしよう。

　ただし、ここであらかじめ言及しておいた方がよいと思われるのは、とりわけ戦後のわが国の行政法学においては、この「行政機関」概念について2とおりの理解の仕方がなされてきたこと、そして、そのことがともすれば混乱しているともいわざるをえないような複雑な状況を生み出していることである。

　本書では、このような現状について深入りすることは避け、まずは、これら2つの「行政機関」概念の"理解・把握の仕方の違い"をしっかりと押さえてもらうことを主眼に置いて、以下説明する。

（1）作用法的行政機関概念

a　行政官庁（法）理論の下における作用法的行政機関概念の意義

　まず、行政機関をめぐるひとつ目の理解の仕方として、"私たちと行政との間の関係"に着目して行政機関を把握する、という方法がある。

　行政法学の主たる関心である私たちと行政との間の法的関係ないしは行政作用のあり様の場面で重要な論点になるのは、行政作用法上の許認可あるいはその取消しといった対外的な「権限」の発動をめぐる問題である。このような文脈から、そうした対外的な「権限」に着目した上で、国あるいは自治体の立場に立って、私たちに対して法的な影響を与えうる行政作用法上の「権限」を行使することを法的に認められた役割ないし職を「行政機関」の"中心的存在"として位置づけ、これを「行政庁」という表現で説明する、という方法が、明治期以来の伝統的な行政法学の考え方として用いられてきた（「行政官庁（法）理論」）。

　そして、全体としては、中核的な行政機関としての行政庁を支える他の行政機関として、補助機関、諮問機関、執行機関といったものが、行政庁の周辺に配置される、というイメージが作られることになるとともに（図3-1）、行政庁と他の行政機関との間の相互関係が重要な論点のひとつになる（コラム5）。

　なお、これまでの説明の中で、「行政庁」と「行政官庁」という似たような用語が出てきたことに気が付いた方は鋭い感覚の持ち主といえるが、「行政官庁」というのは、「行政庁」について「国」が行う行政活動に特化して議論す

第 1 節　行政主体と行政機関　31

る場合に用いられてきた言葉である。逆の言い方をすると、「行政庁」という場合には、国のみならず自治体の行政活動も念頭に置かれることになり、したがって、「行政官庁」は「行政庁」に含まれるものとして理解されることになる。

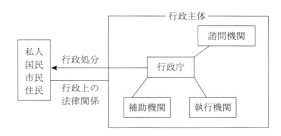

図 3 − 1　「作用法的行政機関」の理解の全体イメージ

:::: コラム5　行政機関相互の関係 ::::

　行政組織法における伝統的な論点として、「行政機関相互の関係」というものがある。
　この論点は、事務配分的行政機関の理解の下でも語りえるものではあるが、伝統的には、作用法的行政機関概念を基礎に置く行政官庁法理の文脈の下で議論されてきた経緯があるので、以下では、その前提でごく簡単に説明する。
　(1) 上下関係　国の場合を例にとると、各個別作用法においては、各省の大臣が行政官庁とされることが多いが、実際の条文上は、例えば税務署長のように、大臣の下級官庁が登場することがある。このような上級行政庁と下級行政庁との間の関係は、「指揮監督関係」として説明がなされてきた。
　この指揮監督関係においては、下級行政庁に対する指揮権、監視権、許認可権、取消し・停止権といった権限が上級行政庁に認められるものとされる。
　(2) 委任・代理関係　ある行政機関（行政庁）が他の行政機関（補助機関である場合が多い）に、自らの権限の一部を委ねてその行使を任せることを、権限の「委任」という。
　委任は、権限の移動を伴うことから、法律ないし条例の根拠が必要とされるとともに、いったん権限が委任されると、委任を受けた行政機関（「受任庁」）は、自己の名と責任においてその権限を対外的に行使することになる。
　これに対し、行政上の権限の「代理」が行われる場合もあり、これについては、民法と同様の理解が成り立つと考えてよい。
　代理には、法定代理と授権代理の区別があるが、いずれにしても、代理する行政機関（「代理庁」）が代理される行政機関（「被代理庁」）の名と責任において権限を行使するため、権限の移動は伴わず、その効果は被代理庁に帰属することになる。
　(3) 専決・代決　行政実務上行われている行政事務の処理の仕方として、「専決」ないし「代決」という方法がある。
　その手法とは、行政庁が実際に自ら意思決定を行って権限を行使するのではなく、その行政庁の下級行政機関（通常は補助機関）が意思決定を行うが、対外的には行政庁の名で権限が行使された形がとられる、というものである。
　これは、行政庁が対外的権限を行使するとする法律の建前が、実際にはあまりにもその事務量が多いために現実には機能しない、という状況の下において、委任や代理のように対外的な形式の変更を伴わずに法律の建前との整合性を図ろうとした結果編み出された実務慣行である、ということができよう。

32　第3章　行政組織法

　このような「行政機関」をめぐる理解の仕方は、先に述べたように、私たちに法的な影響を及ぼす行政作用とそのための権限の所在に着目したものであることから、「作用法的行政機関概念」あるいは「理論的意味での行政機関」などといった表現で説明されてきた。

　ここまでの説明で明らかになってきたと思うが、冒頭から考察してきた3つの文のうち1番目と3番目の文をめぐる議論は、主として作用法的な観点からの行政機関の理解を基に進めてきたものであったのである。

　「作用法的行政機関概念」についての概括的説明は以上のとおりであるが、以下では、いくつかの点についてより詳しく見ていくこととする。

b　作用法的行政機関の種別

　(1)　**行政（官）庁**　作用法的な観点からの国の行政機関の理解の中核をなす「行政官庁」は、典型的には、「国家意思を決定し、外部に表示する行政機関」（塩野宏『行政法Ⅲ〔第4版〕』30頁）などと説明されるが、そこでとりわけ重視されてきたのが「権限」であることは、前述したとおりである。この定義からは、その権限には、国のために行う"意思決定"とその"対外的表示"という2つの側面があることが確認できよう。

　もっとも、このような抽象的・一般的な説明が理解できたとしても、それでは具体的に如何なる行政機関が行政（官）庁として理解されうるのか、ということについては、今なお不明瞭であると感じるのではないだろうか。

　実のところ、そのことはむしろ当然といってよいかもしれない。なぜならば、上で見たような行政（官）庁の定義は、実際に制定された法律の条文上明確にされているもの（「制定法上の概念」）ではなく、行政法学の体系の中で整理されてきたもの（「講学（学問）上の概念」）だからである。そして、如何なる行政機関が行政（官）庁に該当するかということについても、ある法律にその一覧表が載っているわけでもなければ、行政法の教科書の索引から検索できるといったものでもない。それは、実際に制定された個々具体的な法律や条例（「個別法」あるいは「個別作用法」）の中で、個別具体的な「権限」の所在や内容を規定している個々の条文（「根拠規範」）の"書き方"をもとにその"解釈"をすることによって判断されることになるからである。

第1節　行政主体と行政機関　　33

　例えば、食品衛生法によると、レストランやカフェといった飲食店の営業を営もうとする者は、「厚生労働省令で定めるところにより、都道府県知事の許可を受けなければならない」（食品衛生52①）とされている。つまり、飲食店の営業をしようとする場合には、「都道府県知事」の許可が必要であり、仮に許可を受けずに営業をしてしまうと無許可営業として罰則の対象となる（同72①）。後で詳しい説明があるように（第4章第1節2）、この「許可」は、私たちが本来有している"営業の自由"を回復する権利を認めるという法律上の効果をもつことから、「行政行為」（行政処分）に該当することになるのだが、ここで注目してほしいのは、そのような法的効果を有する許可を与える「権限」を条文上認められているのは、「都道府県」ではなく「都道府県知事」とされているという点である。そして、このことを行政法学の見方から表現するとすれば、食品衛生法という国の「法律」——あるいは、法律を制定した国の立法府（国会）——は、これまで見てきた具体的な条文に基づいて、都道府県の首長である「知事」に（一定の基準に従って）飲食店の営業を認めるか否かの判断をする「権限」を与えている（「授権」している）ことからして、当該条文にいう「都道府県知事」は「行政庁」として理解される、という形で"解釈"されることになるのである。

　もうひとつ別の例を挙げよう。みなさんにも比較的馴染みがあるように思われる法律である道路交通法では、ご存じのとおり、自動車や原動機付自転車を運転しようとする者は「公安委員会の運転免許」を受けなければならない、と規定されている（道交84①）。先に見た食品衛生法の許可と同じように、道交法上の「運転免許」も行政処分に該当することになるのだが、同法において運転免許を与える権限を有することとされているのは、都道府県の「公安委員会」であり、先の例と同様の理解から、それら公安委員会も「行政庁」として把握されることになる。

　以上2つの例から分かることは、まず、都道府県が行う行政活動という点では同じであっても、具体的に如何なる行政機関が行政庁になりうるかについては、個別作用法の個々の条文の規定の仕方とその解釈如何による、ということ、そしてもうひとつは、行政庁は、知事のように、ひとりの自然人が就くことが

34　第3章　行政組織法

想定されているポスト（職）としての行政機関であるのが通例ではあるものの（「独任制」）、公安委員会のように複数の公安委員からなる合議体全体がひとつの行政庁として認識されるケースもある（「合議制」）、ということである。

　ここでの2つの例は、たまたまともに都道府県が行う行政活動に関するものであったが、国や市についても、国の「行政（官）庁」の代表格は内閣総理大臣や各省大臣であり、市のケースでは市長が典型的な「行政庁」とされる一方、国では内閣あるいは公正取引委員会、県や市では教育委員会といった合議制の機関が行政庁になりうることにも留意が必要である。

　以上見てきたような行政主体と行政庁についての思考方法は、一見すると難解に思えるかもしれないが、すでに気がついた方もいるように、実は、法人や会社などの団体と代表理事ないし代表取締役をめぐる民法や商法・会社法の理解の仕方と基本的には何ら変わるところはない、ということが分かるだろう。

　そして、これまでの説明の後で改めて確認が必要なことは、都道府県を例にとると、個別作用法で行政庁として位置づけられるのは、知事や公安委員会という「行政機関」であって、都道府県という「行政主体」そのものではない、ということである。逆の角度からいえば、私たちに対して許可や運転免許といった行政処分を行う権限を法律上与えられ、私たちの眼に見える形で登場してくるのは知事ないしは公安委員会といった行政庁であり（例えば、許可の公文書や運転免許証の表面に記載されているのは、「〇〇県」ではなく、「〇〇県知事」―もっとも実際には、保健所長に「委任」されたり、「市長」とされたりする（食品衛生66）が―あるいは「〇〇県公安委員会」であることを確認してみるとよい）、それら行政庁が行った行為の法的な効果が都道府県という行政主体に帰属する、という理解をすることになるのである。

　作用法的行政機関の中心に位置づけられる行政（官）庁については、以上のような点を理解しておけば、さしあたりは十分であろう。

(2)　補助機関　　これまでの行政庁についての説明では、知事や公安委員会に許可や運転免許を与える権限があり、それらが都道府県のために意思決定を行う、という点に着目してきた。そして、個別作用法の条文上、私たちの眼に見える形で登場するのは、そのような対外的権限を有する知事や公安委員会と

いった行政庁がほとんどである、といっても過言ではない。

　しかし、知事本人が県庁の窓口で申請を受け取ったり許可証を交付したりすることが現実にはほぼありえないということは、すぐに想像がつくであろう。

　このような意味で、許可や運転免許のような行政処分をはじめとする様々な行政活動は、実際には、知事や公安委員会といった法文に登場する行政庁だけの判断や仕事として行われているわけではなく、県庁や警察署で働く公務員の人たちが「行政機関」の立場で行政庁を「補助」することによって成り立っている。行政法学では、このような行政庁を補助する役割を担う行政機関のことを「補助機関」と呼んできた。ここで「補助」というのは、行政庁の指揮監督の下で事務に従事するという点を主に表現したものであるということができる（コラム5）。一方、ほとんどすべての行政活動において補助機関の存在が前提とされている、ということもまた同時にいえるであろう。

　そして、具体的な補助機関としては、国の各省の局長や課長さらには係長、都道府県や市では副知事や副市長に始まり部長や課長ないし係長などといった、日常用語で公務員の役職やポストなどといわれるものをイメージすればよい。

　もっとも、補助機関とされる行政機関が行政庁から権限の委任を受ける場合には、それらは「受任庁」として位置づけられ、自己の名と責任において対外的に権限を行使することになり、実際にはそのようなケースも少なくない（コラム5）。

　⑶　**諮問機関**　　以上見たように、ほぼあらゆる行政活動において補助機関の存在が念頭に置かれるのに対して、行政活動の内容如何によっては、行政庁の指示や監督を受けながら補助するだけではなく、それとは異なる形で行政庁をサポートする行政機関が必要ないし有益とされるケースもある。

　従来にも増して社会が複雑なものとなり、行政に多角的な見地からの高度な判断が求められるようになってきている今日では、様々な分野の学問の視点を踏まえた上で行政上の意思決定が行われる必要がある場面が増えてきている。このような場合に、行政庁の「諮問」に応じて専門的あるいは公正の見地から審議を行い、その成果を行政庁に「答申」する、ということを役割とする行政機関が設けられることも少なくなく、行政庁は、その答申を斟酌しながら意思

36　第 3 章　行政組織法

決定を行う、というプロセス（「行政過程」）がとられることになる。

　このような「諮問機関」としては、○○審議会や△△審査会といった合議制の行政機関が多いといえるが、顧問といった独任制のものもある。

　なお、行政庁に対する影響という観点から見た場合に、単なる答申ではなく議決・同意・承認といった拘束力を有する形で関与する行政機関を、「参与機関」と呼ぶことがある。

　(4)　**執行機関**　　(1)の行政（官）庁の説明の中で、行政庁が有する「権限」には行政主体のための「意思決定」という側面があることを述べたが、行政庁が決定した内容を実現する段階において、実力行使が必要となる場面もある。

　例えば、行政庁としての税務署長が行う更正や賦課決定といった行政処分に従わない納税者がいる場合には、滞納処分の手続により、その者の意思に反している場合であっても、私有財産を公売に付して強制徴収を行うことによって、税収の確保が図られることになる。

　このような場面で行政上の実力行使を行う徴収職員のような行政機関が「執行機関」といわれてきたものである。行政処分が契機となる場合には、まさにその「執行力」が具体化する段階で登場する行政機関が執行機関であるということになるが、収容令書により収容を行う入国警備官（入管39）や建物等への立入りを行う警察官（警職6）など、即時強制に携わったり、立入検査や臨検といった実力行使を伴う行政調査に従事する行政機関も、ここにいう執行機関として理解されている。

（2）事務配分的行政機関概念

a　事務配分的行政機関概念の意義

　以上説明してきたような行政作用法的な視点からの行政機関の把握の仕方とは異なった理解の仕方、すなわち、行政機関についての 2 つ目の認識の方法として挙げられるのが、「事務配分的行政機関概念」あるいは「制定法上の行政機関」などと呼ばれてきたものである。

　先の作用法的行政機関概念が、私たちと行政との間の関係、そしてその中核にある対外的な「権限」に着目するものであったのに対し、この第二の理解の

仕方は、国や自治体といった行政主体が行う行政活動全体を視野に入れた上で、それらの行政活動をいわば“細分化”ないしは“分節化”し、そのようにして分解された個々の「事務」を“配分”する“単位”として行政機関を捉える、という点が特徴的であるとされてきた。

日本においては、伝統的には（1）で見てきたような行政作用法的な理解の下で行政機関を把握してきたといえるが、戦後の国家行政組織法の制定を契機として、事務配分的な観点からの行政機関の理解の仕方も併せてなされるようになった、という経緯がある。

b 国や自治体における「事務」の「配分」の具体例

少し抽象的な説明になったので、具体例を挙げながら説明を続けよう。

先ほどの行政（官）庁の説明の中で、食品衛生法上の飲食店営業の許可について触れたが、同法がそもそもそのような許可制を採用しているのは、結局のところ、提供される料理が清潔な調理場で健康上問題がないような材料を使って作られることによって、私たちがレストランやカフェで安心して飲食できるようにするためであるといえるが、そのような飲食における安全性の確保といった行政上の課題は、何も営業の許可というしくみだけで担保されているわけではない。食品衛生法だけを見ても、日常的な情報収集、必要に応じた任意のアンケートや事情聴取、あるいは場合によっては食品等の検査（食品衛生28①）や廃棄命令（同54①）など、様々な行政手法が相まって、飲食をとりまく安全が図られているといえる。逆にいえば、都道府県においては、知事による営業の許可の判断を含めた様々な飲食の安全に関する仕事（＝「事務」「業務」）が行われる必要があり、そして実際にも行われている、ということになる。

もっとも、このような意味で、営業の許可を含めた飲食の安全に関する様々な仕事が都道府県の「事務」や「業務」であるといえることになるとしても、前に見たように、行政主体としての都道府県はいわば“フィクションの存在”であり、現実にも都道府県の事務は数多く極めて多岐にわたることからすると、単に都道府県の事務であると決めるだけでは、実際には仕事は動かない。そのような多種多様な事務を都道府県として実際にどのように処理するのか、もう少し具体的にいえば、それらの事務を具体的にどのような組織が担当するもの

38　第3章　行政組織法

として配分ないしは分配し、その組織で働く公務員の人たちが目に見える形で
実施していくのか、ということを考える必要がある。

　このような観点から、例えば埼玉県を例にとって、県のホームページを見て
みると、埼玉県には保健医療部という組織があり、その中にさらに食品安全課
という組織が置かれていて、その食品安全課という組織が、「食品の安全に係
る政策の企画及び立案並びにこれらの事務に係る総合調整に関すること」「食
品衛生法の施行に関すること」「食品衛生に関する条例の施行に関すること」
といった「業務」を担当していることが分かる（第2節2図3-4）。ここで確認
してほしいことは、埼玉「県」では、県が行う様々な「事務」のうち、食品の
安全に関する「事務」を保健医療「部」さらにはその中の食品安全「課」とい
う組織に「配分」しており、それらの事務については保健医療部ないしは食品
安全課が「分担」ないしは「担当」している、という理解の仕方である。

　さらに、食品の安全に関する事務は、必ずしも都道府県だけが行っているわ
けではなく、国が行っているものもある。食品衛生法の都道府県知事の許可を
定めている条文（食品衛生52①）を再度見てみると、都道府県知事の許可を受け
るに際しては「厚生労働省令で定めるところによ」る必要があることが分かる。
つまり、“個別”の許可の判断については都道府県知事の権限ないし都道府県
の事務とされているのに対し、その枠組み“全体”に関しては、同法とともに
国の厚生労働省令が定めることとされており、この厚生労働省令の内容の検討
やその運用を含めた事務は、国の中では厚生労働「省」という組織が「分担」
している、という理解になる。そして、行政主体としての「国」におけるその
ような事務の配分ないし分担は、厚生労働省設置法という法律が、「飲食に起
因する衛生上の危害の発生の防止に関すること」を厚生労働省がつかさどる
「（所掌）事務」として規定していること（厚労省設置4①ⅩⅩⅩⅧ）などによって定め
られていることになる（「組織規範」）。

　c　国と自治体における事務配分的行政機関の単位

　これまでの説明から、事務配分的行政機関の理解の仕方は、日常的には“国
の仕事”あるいは“自治体の活動”などといわれるような国や自治体の「事
務」について、どのような行政上の分野なり領域を具体的にどのような組織に

「配分」するか、という観点からのものであることが理解できたであろう。

このような文脈からすると、ある行政上の事務を配分されそれを分担することとされる組織の単位を「行政機関」として理解する、ということにも一定の合理性があることが分かるであろう。

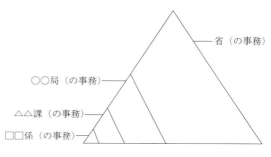

図 3 - 2　国の省の場合における「事務」の「配分」のイメージ

実際、国の場合であれ自治体の場合であれ、行政活動は、ある個別具体的な事務がある行政機関に配分された上で、その事務のうちの一部がさらに小さな単位のいくつかの行政機関に"再"配分される、ということを繰り返す形で行われている、と理解することができる。そして、一般的には、配分される事務が広範なものになればなるほど、それを分担する行政機関の単位は大きくなり、ある事務のうちの一部をさらに分担するための組織を設ける場合には、その行政機関はより小さな単位のものになる。その上で全体として見ると、行政機関相互の関係は、大きい単位のものが小さな単位のものを包摂する、いってみれば"ピラミッド型"ないしは"樹形図型"に連なるようなイメージで理解することができよう。

そのような意味で事務を配分する単位となる具体的な行政機関については、国の場合を例にとると、「内閣」を頂点として、まずは「内閣府」や各「省」といった行政機関が置かれ、その「省」の中に「官房」や「局」というさらに細かく事務を分担する行政機関が設けられている。そして、局の中には「部」や「課」さらに「係」といったさらに細かな事務の配分の単位が設けられることによって、全体としてピラミッド型の構造を形成しているといえる（図3-2）。つまり、これら「省」「官房」「局」「部」「課」といった組織の単位が、国の「行政機関」として理解されることになる。さらに、名称の違いをはじめとして相違点も少なくないが、例えば、「部」や「課」といった行政機関の単位は、

40　第3章　行政組織法

自治体においても共通するものであり、いずれにせよ、以上述べてきたような事務の配分をめぐる基本的な考え方や理解の仕方は、国と自治体を通じてあてはまるものである。

　国や自治体の行政組織の現状は第2節で概観することとし（図3-3および図3-4）、ここでは、事務配分的観点からの行政機関の理解の仕方とその典型的な単位のイメージが理解できたことを確認しておいてほしい。

（3）2つの「行政機関」概念相互の関係

　以上見てきたように、わが国の行政法学においては、「行政機関」をどのように理解するかについて、作用法的な観点から理解する仕方と、事務配分の観点から理解する仕方の2とおりがあり、両者がいわば併存している状況にある。

　そして、実際に制定される法律では、各々の名称から推測ができるとおり、一般的には、作用法的行政機関としての行政庁は、個別作用法を中心に、さらには行政不服審査法や行政事件訴訟法といった行政救済法の分野でも用いられる一方、事務配分的行政機関は、国家行政組織法や各省設置法などの行政組織法の分野の法律で用いられることが多い。

　もっとも、例えば、行政手続法を見ると、処分や届出の規定では「行政庁」概念が用いられる一方で、行政指導と行政立法に関しては「行政機関」概念が用いられていたり、行政機関情報公開法や行政機関個人情報保護法においては「行政機関の長」という表現が用いられている。

　2つの「行政機関」概念相互の関係ないしその全体像をどのように考えるかについては、制定法上のみならず法理論の次元においても、厳密な意味で明確な整理がなされているとは言い難い状況にあることもまた否定できない。

　あらかじめ述べたとおり、本書ではこうした現状をめぐる議論に深入りすることは避けるが、さしあたり、両概念の相互関係については、上述したような錯綜した現状は認識しつつも、両者は「視点を異にするものであるが、両者は相互補完関係にあるともいえる」（宇賀克也『行政法概説Ⅲ〔第4版〕』39頁）といった形で整合的に理解するのが一般的である、ということを確認した上で、実際の文章や条文などで行政機関に係る表現を目にしたときに、両概念のうちどちら

の概念の下で把握すべきかを考えられるようになれば、行政機関をめぐる基本的な理解はできるようになったと考えてよいだろう。

第2節　国と自治体の行政組織

第1節では、行政主体と行政機関について、主に理論的な観点からの説明を行ってきた。

第2節では、国や自治体は、実際にどのような体制（行政組織）の下で行政活動を行っているのか、その現状とそれを裏づける法制度の大枠を概観する。

1　国の行政組織

三権分立を基本原理とし議院内閣制を採用している日本国憲法の下において、「行政権は、内閣に属する」(憲65)とされていることは、憲法上独自の地位を与えられている会計検査院(憲90)を別とすると、国の行政権の頂点に位置づけられるのが「内閣」である、ということを意味することになる。したがって、国の「行政」活動については、基本的にまずは「内閣」に「配分」され、それがさらに内閣の下に置かれる様々な「行政組織」に"再"配分されていく、というイメージで理解することができる。

ここまでの記述で明らかなように、この文脈において「行政組織」とされているのは、第1節で用いた表現をすれば、まさに「事務配分的行政機関概念」の理解からする「行政機関」にほかならない。すなわち、事務配分的な観点からする行政機関の理解は国家行政組織法の制定が契機であったという事実が示すとおり、以下で説明する内容は、国においては、国家行政組織法をはじめとする行政組織法の分野の法制度の下で、どのような「行政組織」が「事務」を「分担」する（事務配分的な意味での）「行政機関」として位置づけられているのか、を見ていくことになる。

それでは、まずは国の行政組織の大枠を眺めてみよう（図3-3）。

42　第3章　行政組織法

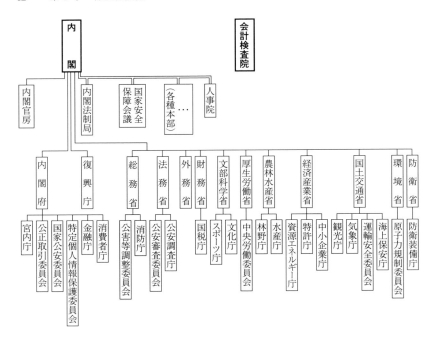

図 3−3　国の行政組織（2015.10 現在）（内閣官房 HP をもとに筆者が作成）

（1）内　閣

　内閣は、「その首長たる内閣総理大臣」と「その他の国務大臣」から構成される合議制の行政機関であり（憲66①）、先ほど述べたとおり、内閣が行政権の頂点に位置づけられていることになるが、内閣の組織や職権あるいは責任については、憲法が直接の規定を置いているほか、内閣法が規律している。

　内閣法では、内閣が合議制の機関であることにかんがみ、「内閣がその職権を行うのは、閣議によるものとする」（内4①）とされている一方、「各大臣は、別に法律の定めるところにより、主任の大臣として、行政事務を分担管理する」（内3①）と規定されている。確かに、内閣の首長としての「内閣総理大臣」は、その下位に位置づけられる「行政各部」を「指揮監督」する立場にあるが（憲72）、内閣法の考え方としては、内閣の構成員である各大臣が「行政事務を

第 2 節　国と自治体の行政組織　　43

分担管理する」という発想に立っており、これがわが国の行政組織に関する基本的な考え方としての「分担管理の原則」といわれてきたものである（後で見るように、国家行政組織法にも同様の趣旨の規定がある（行組 5 ①））。

　そして、内閣法に基づき、内閣それ自体には、「閣議事項の整理その他内閣の庶務」や「内閣の重要政策に関する基本的な方針に関する」企画・立案・総合調整などの事務をつかさどる「内閣官房」(内12) が置かれ、そこには、最近設けられた「内閣人事局」(内21) といった組織のほか、内閣官房長官 (内13) などの様々な「職」が置かれるが、このほかにも、政令である内閣官房組織令に基づいて置かれる職（例、内閣審議官）もある。さらには、内閣官房と同様に内閣を補助する組織（「内閣補助部局」）として、別の法律によって設置される「内閣法制局」のような組織もある。

（2）内閣府と各省

　一方、（内閣それ自体ではなく）「内閣の統轄の下における行政機関」については、国家行政組織法が「組織の基準」を定めており (行組 1)、同法によれば、「行政組織のため置かれる国の行政機関は、省、委員会及び庁」とすることとされている (行組 3 ②)。つまり、国の行政機関の基準となる“単位”としては、まずは「省」があり、さらに「委員会」と「庁」が必要に応じて省の「外局」として置かれることになる (行組 3 ③・別表第一)。

　ただし、以上の説明については、若干の留保が前提となっている。それは、国家行政組織法自身が明示するように、同法の対象となる「国の行政機関」のほかに「内閣府」という行政機関があること (行組 1)、さらに、復興庁のほか、内閣府や各省とは異なり「内閣の所轄の下に」置かれる行政機関としての「人事院」があること (国公 3 ①) である。

　別の言い方をすると、恒常的に「内閣の統轄の下における行政機関」としては内閣府と各省があるが、このうち内閣府については、国家行政組織法の適用対象から外された上で、独自の内閣府設置法という法律がその内部組織等を規律している。これに対し、各省については、国家行政組織法が定める「組織の基準」に従う形でその内部組織等が定められることになるが、個々の省ないし

44　第3章　行政組織法

はその外局である委員会や庁の設置は「別に法律の定めるところによる」（行組3②）とされていることから、一般的には"各省設置法"と呼ばれる個々の省ごとの設置法（例、総務省設置法）などの法律が別途必要になる。

　以上が内閣府と各省の概略であるが、以下何点か補足をしておく。

　まず、現在の国の行政組織は、1998年に制定された中央省庁等改革基本法で定められた方向性に沿って2001年に実施された戦後初めての大規模な「中央省庁等改革」の一環である「中央省庁再編」を経たものである。詳しい紹介はここでは行わないが、そこでは「内閣機能の強化」や「国の行政機関の再編成」などが重要な柱とされ、内閣官房の体制の強化、従来の総理府に代わる内閣府の新設、各省の再編成と名称の変更などが行われた。

　次に、内閣府の長は内閣総理大臣とされ（内閣府6①）、各省の長は各省大臣とされているが、このうち各省大臣については、内閣法にいう「主任の大臣」として「行政事務を分担管理する」ものとされている（行組5①）。これは、先に見た「分担管理の原則」を表現したものであるが、ここで各省大臣によって分担管理される事務のことを「分担管理事務」という（もっとも、行政組織としての内閣府や各省がつかさどる事務という文脈では「所掌事務」という表現が一般的である）。

　これに対し、内閣府は、行政事務を分担管理する各省と同様の面と内閣官房などと同様に「内閣補助事務」を担う内閣補助部局の面という「二面性」を有する組織である点が特徴的であるとされてきた。先に述べたように、本来であれば内閣府をも含めて国の行政機関とした上で国家行政組織法が国の組織の基準を定めるといった方法もありえないわけではなかったところ、実際は国家行政組織法の適用対象から内閣府が除外された点については、この内閣府が有する二面性が大きな理由としてあったといえよう。

　もっとも、近時、「内閣の重要政策に関する総合調整等に関する機能の強化のための国家行政組織法等の一部を改正する法律」（平成27年法律第66号）によって、国家行政組織法が改正され、各省大臣が、一定の範囲について「総合調整に関する事務を掌理する」（行組5②）ことにより内閣を助けることができることとされたことから、以上見たような内閣府と各省の相違は相当程度小さくなったといえよう。

第 2 節　国と自治体の行政組織　　45

　一方、事務配分的行政機関概念の説明の中で触れたように（第 1 節 3（2）C および図 3 - 2）、内閣府や各省には、それぞれの所掌事務をさらに再配分する単位として官房、局、部、課、室といった「内部部局」が置かれるが、それらの設置および所掌事務は、内閣府設置法や各省設置法ではなく、政令（具体的には、内閣府本府組織令や○○省組織令などといった名称である）で定めることとされている（内閣府17、行組 7）。このほかにも、内閣府や各省には、審議会等（内閣府37、行組 8）、施設等機関（内閣府39、行組 8 の 2）、特別の機関（内閣府40、行組 8 の 3）、地方支分部局（内閣府43以下、行組 9）といった下位の行政機関が置かれるが、それらを包摂した内閣府と各省は、それぞれが全体としてピラミッド型の構造を有する国の行政組織の"基本的単位"として位置づけられることとなる。

　以上見てきたように、現在では、内閣法、内閣府設置法、国家行政組織法、各省設置法などの法律が国の行政組織の基本構造を定めていると解することができ（「行政組織法定主義」）、このことは、明治憲法下における天皇の「官制大権」からの脱却を意味しているといえる（第 2 章第 3 節 1）。一方、上述のとおり、官房や局などの内部部局の設置が政令事項とされているように、行政組織法定主義の下においてもなお、いかなる行政組織を法律ではなく政令に基づいて設置できるようにするか、という論点は残ることにも留意が必要である。

2　自治体の行政組織

（1）自治体の法的位置づけとその事務

　自治体（法律用語としては「地方公共団体」である）は、「住民の福祉の増進を図ることを基本として、地域における行政を自主的かつ総合的に実施する役割を広く担う」（自治 1 の 2 ①）「行政主体」として「法人」格を有する（同 2 ①）。

　自治体の法的位置づけについては、地方自治が憲法が保障する制度であることからして当然であるが、まずは憲法にその根拠があるほか（憲92～95）、地方自治法がかなり広範に自治体の組織や運営の基本的事項を規律している。

　自治体は、「普通地方公共団体」と「特別地方公共団体」に区別され、前者は、都道府県と市町村が、後者は、特別区、組合（一部事務組合と広域連合）およ

び財産区が、それぞれ該当することとされている（自治1の3）。普通地方公共団体のうち、市町村は、「基礎的な地方公共団体」として、「広域の地方公共団体」としての都道府県と区別される（同2③⑤）。

一方、自治体が行う事務については、かつては、固有事務、団体委任事務、行政事務、そして機関委任事務、といった種別がなされていたが、現在では、「自治事務」と「法定受託事務」の2種類の区分がなされており（自治2⑧⑨）、これら双方の中に、自治体が行う様々な行政活動が含まれることになる。

（2）自治体の行政組織

以上のような法的位置づけを有する自治体は、どのような行政組織の下で、自治事務と法定受託事務を処理しているのだろうか。

ここでは、自治体の行政組織のイメージをもってもらうための一例として、埼玉県の行政組織の概要を示しておくが（図3-4）、以下本文では、その詳細

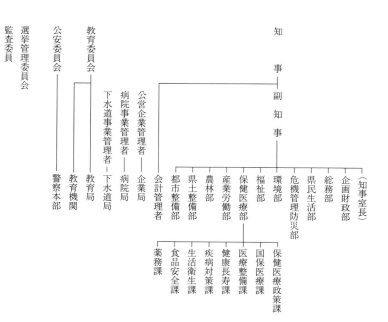

図3-4　埼玉県の行政組織（2015.4現在）（埼玉県HPをもとに筆者が適宜抜粋して作成）

な紹介や他の自治体との比較を行うことはしない代わりに、自治体の行政組織を取り巻くいくつかの一般的な論点について、ごく簡単に言及しておく。

(1) 「**自治組織権**」(**自主組織権**)　まず、日本国憲法が保障する地方自治とりわけ団体自治の観点からすると、自治行政権（自主行政権）や自治立法権（自主立法権）などと並んで、自治権の内容のひとつとして、自治体が自らの組織の編成（編制）について自ら決定する自治組織権（自主組織権）を有する、ということは、広く認められているところである。

　一方で、すでに触れたように、自治体の組織については、国の地方自治法がかなり詳細な規律を行っているのが現状であり、このような観点からの自治組織権をめぐる議論があることには留意が必要である。

(2) 「**首長制**」「**二元代表制**」　次に、自治体においては、自治体を「統轄」しこれを「代表」する（自治147）権限を有する「首長」が、議会の議員と同様に公選されるという点で、国の統治機構との間には決定的な違いがあることから（「首長制」「二元代表制」）、自治体における議会と首長との関係は、国における国会と内閣ないし内閣総理大臣との関係とは異なる面も少なくない。

(3) 「**執行機関多元主義**」　さらに、国の内閣府設置法や国家行政組織法が、これまで見てきたように、事務配分的な観点から理解する行政機関ないし行政組織の概念を用いているのに対し、地方自治法は、行政事務を執行する機関について「執行機関」という表現を用いており（自治138の2）、同法にいう執行機関は、行政官庁法理論に基づく作用法的行政機関概念を基礎に置いている、という点で特徴的である（もっとも、同法においても、「保健所、警察署その他の行政機関」（同156①）のように、事務配分的行政機関概念が用いられることもある）。

　すなわち、同法において執行機関とされているのは、「普通地方公共団体の長」としての「知事」および「市町村長」（自治139）のほか、教育委員会、選挙管理委員会、人事委員会ないし公平委員会、都道府県の公安委員会や労働委員会などの「委員会」（同180の5）と監査「委員」（同195）である（同138の4①）。

　さらに、知事と市町村長の「補助機関」として、「副知事」および「副市町村長」が置かれるほか（同161）、「自治紛争処理委員、審査会、審議会、調査会」といった「執行機関の附属機関」を法律または条例により置くことができる

（同138の4③）。

このように、自治体の執行機関には、長としての知事や市町村長のほかにも多様なものが予定されていることから、「執行機関多元主義」といった表現で説明されている。

(4) **内部組織**　地方自治法は、自治体の長は、「その権限に属する事務を分掌させるため」に「内部組織」を設けることができることとしている。

具体的には、局、部、課、室といったものが伝統的なイメージであるが、「長の直近下位の内部組織の設置及びその分掌する事務については、条例で定める」こととされている（自治158①）。

本章冒頭の2番目の文について説明したことは、まさにここにいう内部組織に関わるものであったのである。

(5) **公の施設**　自治体に特徴的なもののひとつとして、地方自治法は、「住民の福祉を増進する目的をもってその利用に供するための施設」として「公の施設」（自治244①）というカテゴリーを設け、それらの施設の特性から、第10章という独立したひとつの章を置いている。

具体的には、図書館、博物館、市民会館、公会堂など名称も様々であるが、その設置と管理に関する事項は条例で定めることとされている（同244の2①）。

第4章

行政活動の法的規律

この章のポイント

　行政は、様々な行政活動（行政作用）を通じて行政目的を達成していく。具体的には、方針ないし基準を設定する行為、調査活動、相手方の任意の協力を期待して指導、勧告、助言等を行う行政指導、公権力の行使にあたる法行為としての行政処分、行政上の義務の履行を確保する手段である強制執行、法規の定めを根拠に私人の身体・財産に対し直接実力行使を加える即時強制、行政目的達成のために締結する行政契約といった手段を用いる。また、行政処分、行政指導、基準設定行為の事前手続として行政手続を経る必要もある。

　これらの中には、法行為もあれば事実行為あり、立法行為も含まれている。また、「公権力の行使」と表現される権力行為もあれば、非権力行為もある。このように行政は、様々な法的性質をもつ行為をもって行政目的たる公益の実現にあたるのであるが、これら個々の行為についての法的性質、法的規律を把握することなしに行政法を理解することはできないといえる。

第1節　行政活動の諸形態

1　行政計画と行政立法・行政内規——方針・基準設定行為

（1）現代行政における方針・基準設定の意義

　戦前までの行政の中心的役割は、「国内治安・秩序の維持および危険防止」にあったといえる。自由主義の上に成り立つ近代国家における行政の本質は、国民生活に消極的に介入する、いわゆる警察行政の分野に見出すことができた。

　現代の行政においてその役割がなくなったわけではないが、戦後日本国憲法の下で福祉国家の実現に向けてはたらく行政にあっては、国民に対して積極的に行政サービスを展開する給付行政の分野に、戦前とは比べものにならないほど厚みがある。

50　第4章　行政活動の法的規律

　そこでごく単純化すると、戦前の警察行政中心の時代においては、「現在ある状態の維持」が優先課題となり、これを侵す行為については対症療法的に対応すれば足りることになる。他方で、給付行政の積極展開がなされる現代にあっては、国民の生存権保障を含む多様なパブリックサービスを充実させることが要請されるが、それは一回限りの行政権限の行使をもって実現されるものではなく、計画的に積み上げていくことによって、多様な国民ニーズに応えることで実現するものといえる。行政が策定するこのような計画を一般に、「行政計画」と呼んでいる。

　他方で、行政運営においては平等性、公平性の確保が求められる。そのため従前より行政は、行政上の判断基準を自ら作成してこれにあたってきた。法律や条例といった議会制定法においてかかる基準を定めきることができれば問題はないが、社会が複雑化してくると、多様な事態の発生が想定されるし、将来において生じるすべての状態を予測して法定することは不可能である。そこで法律・条例では、行政の判断基準についてその大枠を定めるにとどめ、詳細については臨機に応じて設定・変更することができる、行政による基準設定行為＝「行政立法」および「行政内規」に委ねることが多い。

　ただ、現実の必要性があるとしても、行政立法は行政機関がその立場で法規を制定することであって、法規の制定を行政の手に委ねるということは三権分立との関係からいって問題がある。そこで行政立法については種々の制約が課せられることになる。また、法規としての性質をもたない行政内規についても、およそ法を執行する際に物差しとなる要素なのであるから、これについても法的側面から検討すべき課題は多い。

　いずれにせよ、行政運営の実際において行政立法・行政内規は重要な役割を果たすのであるが、かつてその制定手続はもっぱら行政機関内部で完結していた。だが、行政運営における公正の確保と透明性の向上を図るため平成5年に制定された行政手続法においては、特に行政処分の基準設定とその公表を規定し、パブリック・コメントの手続を義務づけるなど、策定手続を規律するに至った。これによって、判断基準の設定における行政の恣意を排し、国民の権利利益の保護を図ろうとしている。

第 1 節　行政活動の諸形態　　51

　このように行政計画、行政立法・行政内規は、現代行政の執行において欠くことのできないものであると同時に、その法的性質、法的統制の追究は、かつてとは比べものにならないほど重要な地位を占めている。

（2）行政計画

　⑴　**様々な行政計画**　　行政は、行政目標を達成するための計画を策定し、当該計画に従って段階的に行政を展開していくことがある。もちろん、行政が処理すべき種々の案件の中には、計画で想定されていないものもあるので、必ずしもすべての行政が計画化されているというわけではない。ただ、上記のとおり現代的行政においては多種多様な計画が存在し、これに即して執行される行政領域の存在を抜きに語ることはできない。

　行政計画の類型化ないし種別化は複数の観点から行われているが、そのひとつとして当該計画が法律（条例）に根拠を置く「法定計画」か、かかる根拠のない「非法定計画」かの種別がある。法律に根拠を置く計画は多く、都市計画法に基づく都市計画、エネルギー対策基本法に基づくエネルギー基本計画、災害対策基本法に基づく各種の防災計画、環境基本法に基づく環境基本計画等がある。

　また、計画達成までの期間に着目した種別として、「短期計画」、「中期計画」、「長期計画」の別が成り立つ。そして計画の有する空間的な広がりの観点から、「全国計画」、「地域ブロック計画」、「都道府県計画」、「市町村計画」等が、計画内容から他の計画との相互関係を表す種別として「基本計画」と「実施計画」が、さらに計画のもつ法的拘束力の有無から「拘束的計画」と「非拘束的計画」が区別される。

　このうち、行政法学上重要なのは、行政計画の有する私人の権利利益への拘束性について、すなわち拘束的計画に関する問題である。行政計画の中には、作成され公示されたことで、直接・間接に私人の権利利益を拘束する内容をもつものがあり、このような拘束的計画に対する法的統制のあり方が重要となる。

　⑵　**行政計画の法的統制**　　法定計画の場合には、根拠とする法の趣旨目的に反する内容をもつ計画は違法であり、非法定計画にあっては、そもそも私人

52　第 4 章　行政活動の法的規律

の権利利益を侵害する内容を盛り込むことは許されない。また、法定計画であったとしても、計画の内容自体には一般に裁量権が認められる（計画裁量）が、その濫用にわたることがあってはならない。

　計画に対する法的統制としては、裁判所による適法性のコントロールが考えられる。

　拘束計画の例として、土地区画整理法に基づく土地区画整理事業計画がある。かつて土地区画整理事業計画決定に対する取消訴訟が提起された事件において、裁判所は、当該計画が決定されると、当該施行区域に建築行為等の制限が及ぶとしても、それは事業を円滑に進めるために生じる付随的効果に過ぎず、事業計画自体はいまだ事業の「青写真」に過ぎないので、これを処分と見ることはできないとして訴えを却下した（最大判昭41.2.23民集20・2・271）。この判決は上記の判示内容から「青写真判決」と呼ばれ、長く判例として維持されてきた。

　もっとも、同じく行政計画であっても、法律に計画内容に対する不服申立て手続が規定されている場合には、処分として把握されてきた（土地改良法に基づく事業計画決定につき、最判昭61.2.13民集40・1・1）。また、都市再開発法に基づく第二種市街地再開発事業計画の決定については、これが土地収用法における事業認定と同様の効果を有すること等を理由に、その処分性を認めてきた（最判平4.11.26民集46・8・2658）。

　さて、上記青写真判決の理解の下では、事業計画自体は青写真なので、具体的な権利変動は生じておらず、事業計画の決定ないし公告の段階では訴訟事件として取り上げるに足りる事件の成熟性を欠き、その段階で訴えの提起を認めることは妥当ではなく、処分取消訴訟を提起するのであれば、実際の事業の進捗に伴い、当該事業に伴う仮換地指定処分等、現実に権利変動を及ぼす処分がなされた時点でその取消訴訟を起こせば足りるということになる。だが、その段階において取消訴訟を提起して事業計画決定が取り消されたとしても、工事自体は相当程度進行しているので、ほぼ高い確率で事情判決（第 5 章第 2 節Ⅱ **2**⑷参照）が下されることになり、実質的な意味での権利救済にはならない。

　これに対し最高裁は平成20年の大法廷判決をもって、上記青写真判決を変更し、土地区画整理事業はいったんその決定がなされると、特段の事情のない限

り、計画どおりに具体的な事業が進められていくものであり、建築行為等の制限を伴う事業の手続に従って換地処分を受ける立場にある者は、当該計画の決定が公告された時点においてこれを処分として取消訴訟を提起できる旨を判示するに至っている（最大判平20.9.10民集62・8・2029）。

さらに、行政計画の違法性に起因する損害賠償請求訴訟の提起がありうる。これは、計画の拘束性の有無に限らず、計画によって違法に権利利益を侵害された者は、国家賠償または民事の損害賠償を請求することができる。

(3) 行政計画策定手続の重要性　　もっとも、非拘束的計画についてはそもそも取消訴訟の対象になじまないし、拘束的計画の中でも法規としての性格が濃厚なもの（例えば都市計画による用途地域の指定等）については、裁判所がその計画裁量の中身に立ち入って判断することは適当ではないとの指摘もある（磯部力『行政法〔新訂〕』126頁参照）。だが、いずれの計画においても、違法の要素がまぎれ込む可能性はある。

そこで、裁判所による事後審査を期待するだけでなく、計画策定の手続過程において、議会、審議会のチェックや利害関係国民による参加を義務づけることの重要性が主張されている。

特に利害関係者による参加、すなわち公聴会等を開催し、関係者の意見を聴取しながら計画を策定することは、民主的な合意形成に基づく適切な計画づくりに寄与するものといえよう。法律では、例えば都市計画法は、都市計画に定める地区計画等の案は、区域内の土地の所有者その他利害関係者の意見を求めて作成するものとしている（都計16②）。また、河川法は河川整備計画案を、海岸法は海岸保全基本計画案を作成する際に、「公聴会の開催等により関係住民の意見を反映させるために必要な措置を講じなければならない」（河16の2④、海岸2の3⑤）と規定する。もっとも河川法、海岸法ともに、河川、海岸の管理者（行政機関）の判断として「必要があると認めるとき」に開催することとしている（都市計画法も上記以外の都市計画については、「必要があると認めるとき」と定めている（都計16①））。

法令により行政計画の策定手続に公聴会の開催を義務づけるケースはまだ少ないが、行政を「行政機関限り」にとどめず、私人の多様な意見を勘案するこ

54 第4章 行政活動の法的規律

とは、利害関係が複雑化する現代行政の要請でもある。公聴会に限らず、計画策定時におけるパブリック・コメント制度の活用も期待されるところであり、これは相当程度浸透しているといえよう。

(4) 行政計画と将来予測　　計画の内容には多かれ少なかれ、種々の将来予測が含まれる。将来達成すべき目的を定めることになるが、その前提として、目的達成時ないしそれまでの過程における社会環境等の変動を予測しておくことも重要な作業となろう。

それゆえに、特に中期計画以上の長いスパンで物事を達成しようとする場合には、その間の社会変動等により、当初予測した将来像の修正を余儀なくされることもあるし、むしろそのような場合には適宜修正されてしかるべきであり、廃止されることもありうる。

そこで、計画の修正・廃止自体の違法性が問われるかという問題があるが、村長選挙の結果、村が推進した工場誘致施策に対する反対派の村長が当選し、当該施策が廃止されたことで、上記誘致に応じて進出すべくすでに資金を投じていた企業が、村に対して損害賠償を請求した事件に関し、最高裁は、「地方公共団体の施策を住民の意思に基づいて行うべきものとするいわゆる住民自治の原則は地方公共団体の組織及び運営に関する基本原則であり、また、地方公共団体のような行政主体が一定内容の将来にわたつて継続すべき施策を決定した場合でも、右施策が社会情勢の変動等に伴つて変更されることがあることはもとより当然であつて、地方公共団体は原則として右決定に拘束されるものではない」として、施策変更自体の違法性を否定した。

その上で、原告たる企業への賠償責任については、「右決定が、単に一定内容の継続的な施策を定めるにとどまらず、特定の者に対して右施策に適合する特定内容の活動をすることを促す個別的、具体的な勧告ないし勧誘を伴うものであり、かつ、その活動が相当長期にわたる当該施策の継続を前提としてはじめてこれに投入する資金又は労力に相応する効果を生じうる性質のものである場合には、右特定の者は、右施策が右活動の基盤として維持されるものと信頼し、これを前提として右の活動ないしその準備活動に入るのが通常である」ことから、「右のように密接な交渉を持つに至つた当事者間の関係を規律すべき

信義衡平の原則に照らし、その施策の変更にあたつてはかかる信頼に対して法的保護が与えられなければならないものというべきである」として「信頼保護」の法理を適用し、原告に対し何らの代償的措置をも講じることがなかった村は、損害賠償の責任を負うと判示した（最判昭56.1.27判時994・26）。この考え方は、行政計画の変更・廃止についても敷衍される（団地造成計画の廃止に関する裁判例として、熊本地玉名支判昭44.4.30判時574・60）。計画はこのように、目的達成までの間の諸状況による影響を受けやすい。

　行政であっても、将来予測を見誤ることはあるので、修正・廃止の際には、計画遂行のため密接な交渉をもつに至った相手方国民・事業者（上記熊本地玉名支部判決では、行政とその相手方をして「協助・互恵の信頼関係」ないし「目的共同関係」と表現している）への配慮が必要となる。

　なお、法定計画の中には、計画の見直しに関する規定を置いているものも少なくない。例えば、海洋基本法に基づく海洋基本計画、森林・林業基本法に基づく森林・林業基本計画は概ね5年ごと（海洋基16⑤、森林基11⑦）、エネルギー基本法におけるエネルギー基本計画は、少なくとも3年ごと（エネ基12⑤）と定めている。

（3）行政立法・行政内規

a　行政立法の伝統的種別——法規命令と行政規則

　道路交通法は、都道府県公安委員会は交通規制のため信号機を設置することができる旨を定め（道交4①）、道路を通行する歩行者や車両に対し、信号機に従う義務を規定するが（同7）、信号機の表示する信号の意味については、行政立法で定めることとしている（同4④）。法律では書ききれない詳細な事項等を行政立法（政令）に委ねることは一般化しているが、そこには、私人の権利義務に影響を及ぼす内容の定めも含まれる。国民の権利義務に影響を及ぼし、紛争が生じた場合には裁判所が判断の拠りどころとする法を、一般に「法規」と称している。このような法規は、法律、条例といった議会制定法が一般的ではあるが、行政もまたその立場で法規を制定する。このような行政立法を講学上、「法規命令」と称してきた。すなわち法規命令とは、行政機関がその立場で制

図 4 − 1　行政立法の種別

定する、行政と私人との間の権利義務に係る一般的規律である。

　他方で、行政立法の中には、その内容が私人に対して法的拘束力をもたず、もっぱら行政内部においてのみ拘束力を有する、行政内部基準として働くものがある。これを「行政規則」と呼び、上記法規命令と行政規則は、行政立法を大別するものとして議論されてきた。

　もっとも、私人を直接に拘束しない行政規則について、これを行政立法の枠内に位置づけることは適切でないことから、これを「行政内規」と呼び、行政立法と区別された行政の基準設定行為として論じられることもある。本書もこの立場にあり、一般に論じられる行政規則については、別に「行政内規」として区別して扱う（図 4 − 1 参照）。したがって、以下、行政立法というときには、従来の分類でいうところの法規命令を指すものとして了解してもらいたい。

b　行政立法の種別

(1)　制定機関による種別　　行政立法は様々な行政機関により行われるが、制定機関によってこれが区別されている。すなわち、国の機関が定めるものとして、内閣が定める「政令」、内閣総理大臣の定める「内閣府令」、各大臣が定める「省令」、各外局の長および独立機関による「規則」がある。さらに自治体には、自治体の長および行政委員会の定める「規則」がある。

(2)　行政立法の内容的区別―委任命令と執行命令　　行政立法の伝統的分類である法規命令については、その内容的な種別として、委任命令と執行命令の区別がなされてきた。

　委任命令とは、法律の委任を受けて、私人の権利義務を規律する内容をもつ

法規命令を指し、執行命令は、それ自体が権利義務の内容を定めるものでなく、申請書や届出書の様式等、主に法の執行の上で必要な手続に関する内容を規定するものである。

執行命令は、権利義務の内容を規律するものではないことから、具体的な法律の根拠ないし委任を必要としないというのが通説である。ただ、法律の趣旨から、法律を執行する立場にある行政として定めておかなければならない内容を、立法形式で定めるということで、広い意味では委任を受けている、との理解もある。

c　委任命令の限界

憲法73条6号は内閣の職務につき、「この憲法及び法律の規定を実施するために、政令を定めること」と規定し、委任立法の存在を予定していると解されている。

もっとも、委任命令は私人の権利義務の内容に関する定めであるから、かかる法規の制定を無制約に行政に対して認めるとなると、「法律の法規創造力」の原則、つまり法律（条例を含む）こそが私人の権利義務を規律する法規範であるとの原則に反することになり、法規の制定を民主的正当性のある議会に認めていることの意義が失われることになる。そこで行政による立法行為のうち、特に委任命令についての限界が論じられてきた。

委任命令はまずもって、法律の委任に基づいて定められる。議会制定法による委任を前提とするからこそ、委任命令の法規性が認められるのである。戦前は、このような委任を必要としない「緊急勅令」が認められていたが、現在ではこのような独立命令は認められていない。

ここでの委任とは、明文による具体的な委任を意味する。例えば、児童扶養手当法4条は児童手当の支給要件を列記した上で、これら要件に「準ずる状態にある児童で政令で定めるもの」と規定している（児扶手4①Ⅰホ・Ⅱホ）。これが、明文による委任であり、この法律の規定を受けて、内閣が政令をもってさらなる支給要件を定めることになるのであるが、それはあくまでも、法定の要件に「準ずる状態にある児童」に限定される。これが委任の具体性であり、かつ委任の範囲の問題である。委任に具体性なり範囲が明示されない白紙委任は認め

58　第4章　行政活動の法的規律

られない。

　法律の委任を受けた行政の側では、その委任の範囲を逸脱してはならないし、まして法律の趣旨目的を逸脱する定めを置くことは許されない。上記の児童扶養手当法の委任を受けて制定された児童扶養手当法施行令で、「母が婚姻によらずに懐胎した児童」を支給要件として定めながら、括弧書で「父から認知を受けた児童を除く」と規定したことにつき、最高裁は、法の委任の範囲を逸脱した違法な規定として無効と解すべきであると判示した（最判平14.1.31民集56・1・246）。認知によって法律上父親になったとしても、現実に扶養が得られることは期待できない。法律は、世帯の生計維持者としての父による現実の扶養を期待することができないと考えられる児童を支給対象者として列記し、これに「準ずる状態にある児童」について行政立法で規定することを委任していることからすると、括弧書の定めは委任の範囲を逸脱しているということになる。

　また、監獄法施行規則における在監者と14歳未満の者との接見を禁止する規定につき、法の容認する接見の自由を制限するものとして、監獄法50条の委任の範囲を超えた無効のものであるとした（最判平3.7.9民集45・6・1049。なお、銃砲刀剣類所持等取締法と銃砲刀剣類登録規則との関係につき、委任の範囲を逸脱していないと判示したものとして、最判平2.2.1民集44・2・369を参照）。

　他方、最高裁判決の中には、国家公務員の政治的行為を制限する国家公務員法102条1項は、制限される行為の内容を人事院規則に白紙委任しているが、「人事院規則には国家公務員法の規定によつて委任された範囲を逸脱した点も何ら認められ」ないとし、白紙委任の問題には特段触れることなく、合憲の判断をしたものがある（最判昭33.5.1刑集12・7・1272）。

d　自治体の行政立法

　以上、主に国の行政機関による行政立法を念頭に解説したが、自治体の行政立法、特に長の制定する規則については、次のような問題がある。

　議院内閣制を採用する国と異なり、地方自治の制度においては二元代表制がとられており、「首長公選制」によって、行政機関の長は地方議会議員と同様、住民の選挙によって選出される。民主的正当性の背景という点では、地方議会と長は「対等」である。その点で、国の委任立法における限界、つまり議会制

定法規による明確な委任の必要性は、同じ理屈で説明することはできない。

　もっとも地方自治法14条２項は、「義務を課し、又は権利を制限するには、法令に特別の定めがある場合を除くほか、条例によらなければならない」と規定し、規則制定権の範囲を制限している。これは、法規の制定については民主主義の要諦である討議を経て定められる条例によるべきであり、いかに住民公選の下で選出された長であったとしても、単独で定めることができる規則において私人の権利制限・義務賦課を行うことは認められない、という理解によるものといえよう。

e　行政内規

　行政内規（伝統的分類における行政規則）は、行政組織内部でのみ通用するルールであって、行政組織外の私人の権利義務を直接拘束するものではない。

　上級行政機関が下級機関に発する指令である「訓令」、「通達」と呼ばれるものや、特に自治体においては「規程」、「要綱」といった名称をもつもの等がある。また、行政手続法上の「審査基準」、「処分基準」にあたるものも、内規として定められるものである。

　その内容としては、行政組織に関するもの（例えば事務分掌に関する定め）や、法解釈の基準を示すもの（「解釈基準」）、関連して行政処分の基準、特に裁量処分を行う際の判断基準を示すもの（これを特に「裁量基準」と呼ぶ。解釈基準も含め、行手法上は「審査基準」、「処分基準」となる）のほか、行政指導基準を定めるもの（なお行手法36条の「行政指導指針」を参照）等があり、その内容は多岐に及んでいる。

行政内規の問題点　　行政内規は私人を拘束しないとはいえ、例えば、法の解釈基準に係るものにあっては、私人の権利義務に対して（直接的ではないにせょ）影響を及ぼすことになる。

　法令の解釈を行政において統一する必要がある場合、国においては、「○○法の○条の規定は、○○と解する」という内容の通達を、上級行政機関が下級行政機関に示達することで扱いの統一を図ることがある。私人の側としては、まさにその通達の内容によって、許認可申請が拒否されたり、不利益処分を受けることになる。

60   第 4 章　行政活動の法的規律

　ところが通達自体は、行政組織の外部に影響を及ぼさないものと理解される
ので、私人の側が通達の内容を不服として、通達の取消しを求めて取消訴訟を
提起することは原則として認められない（最判昭43.12.24民集22・13・3147）。これに
よると、通達に基づいて具体的な処分が行われたときに、当該処分の取消訴訟
を提起せよ、ということになる。行政内規たる通達は私人を拘束しないという
前提をとる限り、この結論は原則として動かない。

　しかし、具体的な処分によって不利益的な効果を受けてからでなければ訴え
を提起できないという状況を私人に甘受させるのではなく、救済手段を拡充す
べきであるという議論につながる。そこでこのような場合には、行政事件訴訟
法 4 条所定の当事者訴訟で争わせるべきだと主張されている。

　さらに、自治体の行政内規である要綱は、「開発指導要綱」に見られるよう
に、主に行政指導の発動基準を定めるものが多い。要綱も行政内規であるから、
対外的拘束力をもたず、また行政指導は、相手方私人の任意の協力によって目
的を達成する行政の手段であるから、行政指導自体、法的拘束力をもつもので
はない（第 4 章第 1 節 3 参照）。

　もっとも、行政指導は自治体行政における要といっても過言でないほど多用
され、またかなりの効果を上げているというのが実態である。他方で、相手方
私人にとって指導に応じるということは、自身の権利利益を制限することにな
る。

　このような行政指導の基準を、行政内規としたままでなく、積極的に条例化
すべきであるとの考えもあり、「指導要綱の条例化」が行われてきた。自治体
行政において行政指導の位置づけが大きいからこそ、できる限り議会制定法に
よるべきであるということであろう。

　いずれにせよ行政内規は行政立法と並び、行政の執行において重要な役割を
果たしているが、その法的統制のあり方が問題となる。

　裁判所の態度としては、行政内規は法規ではないので、ある行政の行為が当
該内規の定めに則していたからといって、当該行為を適法であるとは判断しな
い。裁判所はもっぱら、法規に照らして適法・違法の判断を行う。もっとも、
法規に照らして、当該の行政内規の内容が適法か否かについては判断すること

第1節　行政活動の諸形態　　61

もあるので、裁判所による行政内規の法的統制は及ぶといえる。

　また、内規の制定手続については、行政手続法において意見公募手続をとることになっているので、かかる手続を踏むことで、内規策定手続における私人参加が期待される。

2　行政処分

（1）行政処分とは何か

　行政庁は行政を執行する上で、私人に対して一定の行動をなすことを義務づけたり、あるいは禁止したりすることがある。違反建築物について当該建築物の除却を命じたり、法定の公衆衛生基準を充たしていない飲食店の営業を禁止したりするのがその例であるが、これらは法的拘束力をもった行政の行為である。したがってこれを受けた者は、建築物を除却しなければならない法的義務を負い、あるいは営業活動を禁止しなければならないという法的義務が課されることになる。このような義務は本来、裁判所の判決をもって課せられるものといえるが、行政は裁判所の手を借りずに、一方的に行政の意思をもって課すことが認められている。

　このような行政の行為を「行政処分」（単に「処分」と呼ぶこともある）と呼び、行政法の最も「行政法らしい」行為形式として、行政法学の中心的な位置を占めてきた。いまここで行政処分を定義すると、行政処分とは、「行政庁の公権力の行使により、私人の権利利益その他法的地位を確定する法行為」である。

　行政処分は、法的効果を生み出す法行為であることはすでに述べた。これだけを見ると、私法上の契約行為と変わるところはない。行政処分の特徴は、その法効果を、相手方の意思に関わりなく、行政庁の側から一方的に発生させ、相手方だけでなく第三者も、その効果が発生したこと自体を否定することができないという点にある。行政処分を「公権力の行使に当たる行為」と表現することがある（行服1、行訴3②）が、その「公権力の行使」とは、かかる処分効果発生の一方性・単独性を指している。

　ところで、違反建築物の除却や飲食店の営業禁止の処分は、その一方性・単

62 第4章 行政活動の法的規律

独性をよく表している例であるが、行政処分にはこのほか、私人の申請に基づいて行われる処分もある。営業許可や事業免許等、各種の許認可処分などがそれである。私人からの申請が前提ということになると、一方性・単独性を説明することができなくなるのではないかと考えるかもしれないが、申請を前提としたとしても、関連法規に照らして許認可を与えるべきか否か、与えるとしてどのような内容にするか（補助金支給申請に対する補助金額の決定など）、あるいはいかなる条件を付すかといった判断は行政庁が単独で行い、その決定（処分）は効力（拘束力）を有することになるので、そこにも権力的性格＝公権力の行使としての性格が見出されるのである。

さて、行政処分は法効果を生み出す「法行為」であるが、私法上の典型的な法行為とは異なるので、伝統的にこれを「行政行為」と呼んできた。もっとも、現在では行政処分の名称を用いる方がよりポピュラーであり、その内容も伝統的な行政行為概念とあまり差はないので、本書でも行政処分を用いることとする。

（2）行政の過程における行政処分の意義

なぜこのような行政庁の行為が認められているのであろうか。これを、違反建築物に対する措置を例に説明する。

行政庁は、建築基準法令等に違反した建築物について、当該建築物の建築主等に対し、その建築物の除却を命ずることができる旨が建築基準法に規定されている（建基9①）。

もし、この除却命令という行政処分権限が行政庁に与えられていなかったとしたら、行政庁はまず、建築主に対して、当該建築物の除却を指導するであろう。これは「行政指導」と呼ばれているものであり、法的拘束力をもたない、相手方の任意の協力を期待して行うものである。そこで建築主が応じてくれればよいが、応じてくれなかった場合、裁判所へ提訴するよりほかない。三審制の下における裁判を経て、確定判決をもってようやく建築主に除却が義務づけられる。そして、もし建築主が判決内容に従わない場合には、裁判所による強制執行をもって当該建築物が除却され、これでようやく行政目的が実現される

第 1 節　行政活動の諸形態　63

ことになる。この場合、いわば裁判所の力を借りて、長い時間をかけて、建物
が除却されることになる。

a　除却命令（行政処分）が存在しなかったとしたら

①行政指導→設置者が応じない場合⇒②裁判所へ提訴（三審制）⇒③勝訴判決→
設置者が対応しない場合⇒④裁判所による強制執行⇒違反建築の除却（行政目的
を実現）

他方、除却命令が認められる場合には、一般的に行政指導から始めるとして、
これに応じない場合には、行政庁が除却命令を出し、設置者が対応しない場合
には、行政代執行法に基づく代執行手続を執り、義務者である建築主に替わっ
て行政が違反建築物を除却することができる（建基9⑫）。建築主はこれに異議
を唱え、除却命令の取消しを求めて裁判を起こす（行訴3②に基づく処分取消訴訟）
こともできるが、裁判が提起されたとしても、除却命令の効力は停止されない
のが原則なので（執行不停止原則、行訴25①）、その執行が停止されない限り、裁判
の進行と関わりなく手続が進行していくことになる。

b　除却命令（行政処分）が存在する場合

①行政指導→設置者が応じない場合⇒②撤去命令→設置者が対応しない場合⇒
③代執行⇒違反建築の除却（行政目的の実現）

両者を比較すると、行政庁に除却命令という行政処分権限が認められている
場合の方が、行政を行う上ではるかに合理的であることが分かる。公益の実現
を担う行政にとって、行政庁の一方的意思をもって法的効果を生む行政処分は
必要不可欠な手段であることから、立法者が行政庁に対してこれを認めている
のである。

また、bの手続過程は、行政処分を中心に構成されていることも分かる。違
反建築物の取締りという行政の過程では、行政庁が除却命令の権限（行政処分
権限）をもっていることで、その前の行政指導が有用性を持ち、あるいは後に
代執行手続が付随することにもなる。こうした意味で、行政処分は行政の過程
において重要な役割をもつことになる。

（3）行政処分の特殊な効力

　行政処分は公益実現のために執られる手段であることから、いくつかの特殊な効力が認められる。

　(1)　**公定力**　　行政処分は公権力性を有する法行為であるから、法治主義の原則により、法律、条例等の法規に根拠がなければならないし、いつ、どこで、どのような処分を行うかについても法規の定めに従う必要がある。これに違反する行政処分は違法・無効なものとして扱うというのが筋であるようにも思われるが、公益性を確保し、公共の福祉の実現を図るためには、そこに特殊な扱いを認めるべきことになる。

　すなわち法規に違反する違法な行政処分についても、それが裁判所あるいは行政機関等の公の機関により正式に取り消されるまでは通用力を有する、言い換えれば適法な処分と同じ効力を有するものとして扱うことが制度上承認されている。これを「公定力」と呼ぶ。かつてはこの公定力に関し、違法な行政処分であっても取り消されるまでは「適法性の推定」を受ける、という説明がなされていたが、行政庁から発せられた段階の行政処分についてすべからく適法なものとして扱うというのは正確な把握ではなく、あくまでも「仮の効力」に過ぎないと理解すべきであるというのが一般的である。

　それでは、行政処分にはなぜこのような効力が認められるのか、その根拠はどこに見出されるのかが問題となる。

　かつて、行政処分は本質的に私人に対する優越性をもつ行為であることがその根拠であると解されていた。現在では、そのような公権力性を無前提に承認するのではなく、行政処分を取り消すために法律は特別な取消争訟制度（行政不服審査法における行政不服申立て、行政事件訴訟法における取消訴訟）を用意しており、私人が行政処分を取り消すには、この特別な制度を利用しなければならず──特に取消訴訟は行政処分を取り消すためのファイナルな手段であるため、これを「取消訴訟の排他的管轄」と呼んでいる──、その反射として公定力が観念されるという説明が一般的であるといえよう。つまり、公定力の根拠については、かかる「制度的根拠」をもって説明されることになる。

第1節　行政活動の諸形態　65

⑵　**不可争力**　　私人が行政処分の違法を主張してその取消しを求める場合、上記の取消訴訟が最終の手段である。この取消訴訟には出訴期間の定めがあり、原則として処分があったことを知った日から6か月以内に提起しなければならないとしている（行訴14①）。もしこの出訴期間が経過してしまった場合には、私人の側は当該処分の取消しを裁判所に求めることはできなくなってしまい、もはや争う手段がなくなってしまう。そうすると、たとえ違法な行政処分であったとしても、公定力が作用するので、違法状態のまま効力を発生させ存続することになる。

このような、行政処分について取消しを求めて争うことができなくなる効力を、「不可争力」と呼ぶ（「形式的確定力」とも呼ばれる）。

もっとも、不可争力は、取消訴訟が出訴期間を定めていることから観念されるのであって、行政処分に自然的に付随する効力とまではいえない。この点は、公定力の存在と同様である。

⑶　**不可変更力・実質的確定力**　　行政処分は、後に行政庁の手によって変更されたり、取り消されることがある。ただし、特定の場合にはこれが制限される。一度下した行政処分につき、当の行政庁の判断をもって取消し、変更等をすることができなくなる効力を、行政処分の「不可変更力」という。

不可変更力は、全ての行政処分に備わっているわけではない。仮に違法な処分であったとしても、後日これを行政庁自らが取り消すことができなくなることになるので、法治主義の観点からも無制約に認められるべきではない。

不可変更力が認められる例としては、行政不服審査法における行政不服申立てに対する裁決が挙げられる。裁決という行政処分は、行政不服審査という紛争裁断手続を経て行われるものなので、裁決を下した行政庁自身に、後日これを取り消したり変更したりするのを認めると、紛争裁断の機能が失われる恐れがあるので、不可争力が認められるのである。

なお、不可変更力は、行政庁自身に対してはたらく効力であるから、私人がこれを不服として取消訴訟を提起することは妨げられない。

これに対し「実質的確定力」というのは、行政処分を行った行政庁はもとより、他の行政機関や裁判所までもが、その行政処分の取消しや変更をきたす措

66　第4章　行政活動の法的規律

置を執ることができなくなる効力である。学説ではこの実質的確定力まで認めるべきか否かについて議論があったが、現在では実質的確定力までは認められないという見解が一般的である。

　(4)　**執行力**　　一部の行政処分には、当該処分によって私人に課した義務を当該私人が履行しない場合、行政庁が自らの手で義務の内容を実現することが予定されている。このように、行政庁が裁判所の手を借りることなく、自ら強制執行の手続をもって義務の内容を実現する力を「執行力」という。

　これは、行政代執行法に基づく代執行や国税徴収法に基づく滞納処分（強制徴収）等の強制執行手続を定める法律規定の対象となる行政処分に見られる効力であり、全ての行政処分に共通の効力ではない。

　(5)　**行政処分の特殊な効力―まとめ**　　このようにして見ると、行政処分の特殊な効力は、行政処分に固有に備わる効力ではなく、具体的な法制度を背景にして認められる効力であることが分かる。いずれも行政処分の権力的な側面を表す効力ではあるが、これらはいずれも、公益の実現をはかるべく行政に認められた制度から派生するものであり、それを離れて、行政権力そのものから導かれるものとして把握することは適切ではない。

　また、不可変更力や執行力は、一部の行政処分に認められる効力であるが、公定力、不可争力は、原則として全ての行政処分に備わる（無効な行政処分（第4章第1節2（6）参照）は除く）効力であり、行政処分の公権力性を端的に表すものではあるが、いずれも取消争訟制度を前提とする手続法的に認められた効力に過ぎないという点に注意する必要がある。

（4）行政処分の種類

　行政法学においては、かねて行政処分を様々な視点から分類してきた。ここでは、その代表的な分類を取り上げ、以下に解説する。

a　利益処分、不利益処分、二重効果的処分

　これは、行政処分が生み出す利益、不利益の視点に着目した分類である。

　「利益処分」とは、処分の相手方（処分の名宛人という）に対して利益を生む処分である。例えば、開発事業者にとって、開発許可処分を受けるということは

利益になる。

　他方で、事業免許の取消処分を受けた事業者にとって、それは不利益を被ることになる。これを「不利益処分」と呼ぶが、申請を前提とせず行政庁の職権をもって不利益な措置をとる処分だけでなく、私人の許認可等の申請を拒否する処分も不利益的な結果をもたらす処分であるから、広義にはこれを含めて不利益処分と呼ぶ（もっとも、行政手続法は行政処分を「申請に対する処分」と「不利益処分」に分けてそれぞれの事前手続を定めるが、そこでは申請拒否処分を「申請に対する処分」に含めている）。

　このように、処分の名宛人の立場に立って利益、不利益を観念することのほか、名宛人以外の第三者の立場を考慮した「二重効果的処分」を把握することが大切である。つまり、処分の名宛人にとって利益処分であったとしても、第三者にとっては不利益的な効果を生ずる処分である。かつての行政法学においては名宛人との関係に着目することで満足していたが、利害関係が複雑化する現代社会における行政法学においては、第三者の権利利益を考慮することが重要となる。

　例えば、森林で土地の形質変更を伴う開発事業を企図した事業者が、森林法に基づく林地開発許可を行政庁に申請し、行政庁がこれを許可する処分（林地開発許可処分）を行う場合、当該開発予定地の近隣に住む住民にとって、林地開発がなされることによって森林の有する災害防止機能が損なわれ、土砂が崩落して危険な状態に陥る可能性があるとする。このような場合、当該住民にとって林地開発処分は不利益的な効果を有することになるのである。現代行政法はこのような「三面関係」、つまり処分の名宛人だけでなく、それ以外の第三者との関係を併せて考察することが求められる。

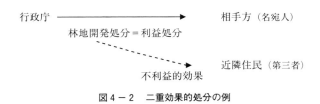

図 4 - 2　二重効果的処分の例

68 第4章 行政活動の法的規律

b 行政処分の法効果の内容に基づく分類

伝統的な行政行為論は、行政処分（行政行為）の法効果の内容に応じた分類を行ってきた。これによると、以下の図のようになる。

$$
行政行為
\begin{cases}
法律行為的行政行為
\begin{cases}
命令的行為・・・下命（・禁止）、許可、免除 \\
形成的行為・・・特許、認可、代理
\end{cases} \\
準法律行為的行政行為・・・確認、公証、通知、受理
\end{cases}
$$

図4-3　行政行為の分類

これら分類による用語は、あくまでも「講学上の概念」、つまり「学問上の用語」であることに注意を要する。ここで「許可」として分類される行為は、法令上の用語も同一であるとは限らず、中には法令上は「認可」という語が用いられていたり、「免許」と書いてあることがある。

(1) **法律行為的行政行為**　伝統的に、行政庁の意思表示を要素とする内容を伴う行政処分として「法律行為的行政行為」が認識されてきた。これはさらに、「命令的行為」と「形成的行為」に分類されてきた。

① 命令的行為

ⅰ 下命（・禁止）　「下命」とは、作為義務、受忍義務もしくは給付義務を課す行為であり、違反建築物の除却命令や原状回復命令、金銭納付通知などがその例である。「禁止」は、私人に不作為義務を課す行為であり、道路通行禁止処分や営業停止（もしくは禁止）処分がこれにあたる。

ⅱ 許可　許可とは国民の自由を回復する行為である。国民には憲法上保障された自由権があるが、法令によって特定の行為（例えば営業活動）については一律禁止状態に置き、行政庁から許可を受けた者についてその禁止状態を解除し、本来の自由を回復させるものである。各種の営業許可や開発許可などもその例として挙げられる。許可を受けないでした行為については、民法上有効であるが、無許可による行為ということで刑事罰等の対象となることがある。

ⅲ 免除　免除とは、私人に法令上義務づけられた事項について、免除ないし猶予する行為である。就学義務の免除や納税の猶予がその例として

挙げられる。

② 形成的行為

ⅰ 特　許　　特許とは、許可とは異なり、国民が本来有していない特別な権利を設定する行為を指す（いわゆる「発明の特許」とは異なる）。道路占用許可は、道路の一部を独占的に使用する権利を与えるもので、国民一般は公共用物たる道路を独占使用する権利を元来もっていない。このような行為が特許であり、ほかに公有水面埋立免許、公益法人の設立認可などがその例である。

ⅱ 認　可　　認可とは、私人間の契約や合同行為を補充し、これら法律行為の効果を完成せしめる行為をいう。例えば農地の売買は、本来は土地の売買にあたるので、当事者間の契約によって行われる。だが、農地については特別に、行政庁が認可（法律上は、農地売買契約の「許可」）を与えることによって契約の効果が完成することになる。これを講学上「認可」と呼び、公企業の料金設定や建築協定の認可などがその他の例である。認可を受けないでされた行為は無効であると解される。

(2) **準法律行為的行政行為**　　準法律的行政行為は、その内容が行政庁の意思表示を要素とするのではなく、それ以外の判断や認識を要素とするものとして分類された。

「確認」は、一定の事実ないし法律関係の存在を行政庁が確認する処分であり、不服申立てにおける裁決、当選人の決定等がその例であるとされる。

これに対し「公証」は、一定の事実ないし法律関係の存在につき、行政庁が公的に証明するものである。印鑑証明など各種の証明行為がその例であり、住民登録や不動産登記などの公簿への登載行為もこれに含まれるといわれている。

「通知」は、一定の事実を私人に知らせることで後続の手続が進行するものであって、代執行手続における戒告、国税滞納処分における督促などがその例である。

最後に「受理」であるが、例えば各種の届出書は、私人が行政庁にこれを提出して受理されたことで、届出という法的効果が発生する。婚姻届もその例である。このように、行政庁が受理することで法効果が生まれることがあり、私

70 第4章 行政活動の法的規律

人からのかかる届出等を行政庁が有効なものとして受領する行為を、行政行為の一種たる「受理」として把握してきたのである。

(3) この分類の問題点　以上の伝統的分類については、分類基準そのものに疑問が呈されており、明確な分類とは言い難いといわれている。また、かつてはこの分類により、例えば「許可」は自由の回復であるから、行政庁の許可をするか否かの判断において裁量権（後掲C参照）は認められず、「特許」は特権の付与であるから、原則として自由裁量である、といった説明がなされたが、現在では、裁量権の有無は根拠法規の趣旨目的によって導かれるとの理解が一般的である。

このような分類は、行政処分は様々な内容をもつものがあることを確認する意味で有用ではあるが、この分類から個々の処分に関連する諸効果を機械的に導くことはできないし、すべきではないといえよう。

c　羈束処分と裁量処分

行政庁が行政処分を行う際の判断に対する法規の拘束の度合いに着目した分類として、羈束処分と裁量処分がある。

羈束処分は、法規の定めが一義的で、行政庁に「判断の余地（自由）」が認められないものを指す。自動車の運転免許などがその例であり、道路交通法90条1項は「公安委員会は、……運転免許試験に合格した者……に対し、免許を与えなければならない。」として、運転免許試験という「客観的な物差し」に照らして合格した者に免許を与えることを義務づけている。行政庁たる都道府県公安委員会の免許発給に係る許否判断は、この試験の結果に拘束されることになる。羈束とは「拘束」という意味であり、文字通り行政庁の判断を法規の定めで拘束する行政処分を羈束処分と呼ぶのである。

他方、例えば、わが国における在留外国人が在留期間の更新を受ける場合、法務大臣に申請して許可を受けなければならないが、出入国管理法21条3項は、「法務大臣は、当該外国人が提出した文書により在留期間の更新を適当と認めるに足りる相当の理由があるときに限り、これを許可することができる。」と定めている。「適当と認めるに足りる相当の理由」とは一体何を指すのかについて、この法律はもとより行政立法にも定めがない。そうすると、立法者はこ

れを法務大臣の判断に委ねている、つまり法務大臣の判断に一定の自由空間を
与えている——裁量権を与えている——と解される。このような行政処分を裁
量処分と呼ぶ。

　ある処分に行政庁の裁量権が認められているかどうかを判断するのは、上記
の条文のように用いられている文言が抽象的であるから、という単純なもので
はない。もちろん、立法者が行政庁に裁量権を付与するには、そこで用いる文
言は抽象的なものとならざるをえないが、出入国管理法21条3項が法務大臣に
裁量権を付与しているのは、法務大臣は、「外国人に対する出入国の管理及び
在留の規制の目的である国内の治安と善良の風俗の維持、保健・衛生の確保、
労働市場の安定などの国益の保持の見地に立って、申請者の申請事由の当否の
みならず、当該外国人の在留中の一切の行状、国内の政治・経済・社会等の諸
事情、国際情勢、外交関係、国際礼譲など諸般の事情をしんしゃくし、時宜に
応じた的確な判断をしなければならない」ことから、広範な裁量権が与えられ
ているものと解されるのである（最判昭53.10.4民集32・7・1223［マクリーン事件判決］）。
このように裁量権の有無は、法の趣旨目的の解釈から導かれるものといえる。

　さて、覊束処分の適法性が裁判所で争われた場合の裁判所の審査は、「判断
代置方式」というもので、裁判官が行政庁と「同じ目線」で当該処分を見直し、
その結論が行政庁の下したものと異なる場合には裁判官自身の考えを優先させ、
当該処分を違法と判断する。他方、裁量処分については、次の点でやや複雑に
なる。

(1) 覊束裁量処分と自由裁量処分　　覊束裁量という概念がある。裁量という
語は「自らの考えで判断すること」であるのに対し、これが覊束されるという
のは概念矛盾である。これには、次のような問題がある。

　裁量処分の取消訴訟に関する行政事件訴訟法30条は、「行政庁の裁量処分に
ついては、裁量権の範囲をこえ又はその濫用があつた場合に限り、裁判所は、
その処分を取り消すことができる。」と規定している。つまり裁量処分につい
ては、「裁量権の逸脱・濫用」が確認できない限り、裁判所はこれを違法な処
分とは判断しないのである。つまり、裁量権の範囲に収まる行政判断に基づく
処分については、それが「不当」なものであったとしても、違法とまではいえ

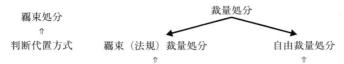

図 4 − 4　羈束処分・裁量処分／羈束裁量処分・自由裁量処分

ないということである。裁判所は適法・違法の判断を行う機関であって、立法者が行政庁に与えた裁量権に踏み込み、その不当性を捉えて当該処分を取り消すことまではしないということである。これを「裁量濫用審査方式」と呼ぶ。

このような、裁判所の審査を限定する裁量処分を、「自由裁量処分」という。

だが、同じ裁量処分であっても、裁判が提起されたときに、裁判官はこのような限定的な審査でなく、羈束処分と同様に判断代置方式で臨むことがある。羈束裁量処分は、法規の定めが抽象的（「公共の福祉に適合すると認める場合」や「公安を害するおそれのある場合」等の規定）であり、行政庁に判断の余地が与えられているようにも見えるが、実際にはそのような余地は与えられていない。仮に「与えられている」と考えたとしても、それは処分を行うまでの過程で終了することになる。これが羈束裁量処分であり、行政庁にとって「何が法であるか」の裁量という意味で「法規裁量処分」とも呼ばれてきた。

したがって、通常「裁量処分」というときには、ここでの自由裁量処分を意味することが多い。

では、羈束裁量処分と自由裁量処分のメルクマールは何かということになるが、一般には、政治的・政策的判断の伴うものや、専門技術的判断を要するものが自由裁量処分と位置づけられてきた。それ以外のものは羈束裁量処分といえるが、裁判例では、本来羈束裁量と考えられるものについても行訴法30条の範囲で審査を行っていたり、あるいは自由裁量処分に対する審査が相当程度深みを増しているので、現状では両者の関係が相対化していることが指摘されている。

(2) **裁量処分の存在意義**　　自由裁量処分――以下、ここでは単に裁量処分とする――は、行政庁が立法権から与えられた裁量権を行使して行う行政処分

である。短いスパンで変化する社会環境や、利害関係が複雑化する現代社会に応じた行政を展開するためには、法規をもって全て一義的な規定を置くことは必ずしも妥当ではないし、不可能であるともいえる。裁量権はこのような事情に対処すべく行政庁に与えられたものにほかならない。それは決して、行政の恣意的な判断を認めるものではなく、各状況に即した最も適切な判断がなされるため行政庁に委ねられたものと解すべきであろう。

　行政庁も、裁量処分に関し適切な判断を行うため、裁量処分を行う際の判断基準である「裁量基準」を設定してきた。行政内規の形式でつくられるものであるが、平成5年制定の行政手続法はこれを「審査基準」、「処分基準」として、処分事前手続においてこれらを定めることを、あえて行政庁に義務づけている（第4章第2節2参照）。

　(3)　裁量の所在　　ひと口に裁量権といっても、行政庁の判断の中のどの部分に認められるのかという問題がある。行政処分をなすにあたり、行政庁は処分の基礎・前提となる事実を認定し、これを法規にあてはめるという作業を行う。法規へのあてはめにおいて、特に処分発動の要件を認定する場面に裁量権が認められる場合、これを「要件裁量」と呼んできた。他方、処分をするかどうか、するとしてどのような処分を選択するかという判断における裁量を、「効果裁量」という。

　例えば、前掲の出入国管理法21条3項に定める「在留期間の更新を適当と認めるに足りる相当の理由があるとき」の判断、言い換えれば処分要件の認定判断の部分に裁量が観念されるので、この判断には要件裁量があるといえる。

　また、国家公務員の懲戒処分を定める国家公務員法82条1項は、職員が同項各号に定める事由（懲戒事由）のいずれかに該当する場合、「これに対し懲戒処分として、免職、停職、減給又は戒告の処分をすることができる。」と規定する。任命権者には、ある職員の行為が懲戒事由に該当するとしても、実際に懲戒処分をする・しないの裁量があり、懲戒処分をするとして、法定の4種の処分のうちどれを選択するかについての裁量が認められる。これは効果裁量の例である。

　かつて行政庁の裁量権は、処分効果の判断においてのみ認められるとする立

74 第4章 行政活動の法的規律

場（効果裁量論：美濃部達吉の学説）と、逆に裁量権は要件認定の面にこそ認められるという学説（要件裁量論：佐々木惣一の学説）との対立があったが、現在ではどちらかのみが認められるということでなく、法の趣旨目的の解釈から導かれると理解されている。

(4) **裁量処分の司法審査**　「自由」裁量処分といっても、本当の意味で自由、つまり裁判所の審査を一切排除するような処分は現在では認められていない。行政処分は原則として司法審査の対象となることを前提に、裁量処分については裁判所が裁量権の逸脱・濫用をチェックするにとどめ、覊束処分に対する判断代置方式に比して、いわば「外側から」審査を行うのである。

どのような場合に裁量権の逸脱・濫用があると認められるか（なお、「逸脱」と「濫用」の差異はあまりないと考えられている）について、判例からおよそ以下の諸点が挙げられるといえよう。

① 事実誤認

判例は、裁量処分について、行政庁の「判断の基礎とされた重要な事実に誤認があること等により右判断が全く事実の基礎を欠くかどうか」を裁判所は判断するものとしている（前記マクリーン事件判決参照）。もっとも、処分の基礎となる事実の存否については、裁量処分、覊束処分を問わず、裁判所の審査対象となるが、判決が特に「重要な事実」の誤認の存否を問うている点には注意を要する。処分の根幹に直接関わりのない事実誤認があったとしても、裁判所はそれを取り上げて処分自体を違法視しないという趣旨なのか、それが裁量処分に固有の問題なのかについては、さらに検討を要する。

② 目的違反・動機の不正

裁量判断は、法の趣旨目的に照らして適正なものでなければならない。行政庁の個人的な感情に基づく判断や、法目的と異なる目的実現に向けた判断は、裁量権逸脱・濫用の事例である。

下級審判例であるが、小学校教員の転任処分（都道府県教育委員会の裁量処分）につき、本件転任処分は教育基本法の精神（目的）に反し、「原告の思想、信条を理由とした偏見、恣意にもとづく」ものであることを理由に当該処分を取り消した事例（札幌地判昭46.11.19行集22・11＝12・1842［赤間小学校転任処分事件]）、輸出貿

易管理令1条6項に基づく処分をなすに際し行使しうる裁量権の範囲は、同条項の趣旨であるところの、輸出制限を必要とする純粋かつ直接の経済的理由の有無に限られるところ、本件処分はココムの申合せを遵守するためという国際政治的理由によるものであり、裁量権の範囲を逸脱した違法なものであるとした事例（東京地判昭44.7.8行集20・7・842［ココム事件判決]）がある。

　また、直接裁量権の行使が問題となった事件ではないが、ソープランドの開業阻止を目的に、開業予定地付近にある町有地に、急遽、児童福祉法に基づく児童福祉施設（児童遊園）を設置することを県が認可し、風営法違反状態を作り出したことに対し、「行政権の著しい濫用」にあたるとした最高裁判例（最判昭53.5.26民集32・3・689［余目町個室付浴場事件]）がある。

　③　比例原則違反

　比例原則は、行政の目的と、その目的達成のための手段との均衡をはからなければならないという一般法原則であり、目的に対して過剰な手段を用いることで、私人の権利利益を侵害することを禁ずるものである。自由主義に根ざしたこの原則は、もともと「警察比例の原則」といい、警察行政分野を起源とするものであったが、次第に他の行政分野においても用いられるようになった。

　公務員の懲戒処分につき、当該公務員の非違行為の態様に対し、任命権者（行政庁）による懲戒処分の選択、すなわち「戒告」、「減給」、「停職」、「免職」の中から選択された処分が重すぎる場合、裁判所は裁量権の逸脱・濫用を理由に当該処分を取り消す。なお、公務員懲戒処分の事案では、判決文の中で「比例原則違反」という文言は用いられず、「過酷に過ぎる」等の表現が用いられることが多いが、これは比例原則に反することを意味するものと解される。

　また、下級審では、指紋押捺拒否を理由とする協定永住資格を有する外国人への再入国拒否処分につき、本件不許可処分は「余りにも苛酷な処分として比例原則に反しており、その裁量の範囲を超え又は濫用があったものとして違法といわざるをえず、その取消しを免れない」と判示したものもある（福岡高判平6.5.13判時1545・46）。

　④　平等原則違反

　平等取扱いの原則は行政一般に通じる法原則であり、行政庁は特定の個人を

76 第4章 行政活動の法的規律

何等いわれがなく他の者と区別して取り扱う裁量権を有するものではなく、その違反は裁量権の逸脱・濫用を導くことになる（最判昭30.6.24民集9・7・930）。ただ、平等取扱いが求められるとはいえ、具体の案件ごとにその背景にある状況なり条件はそれぞれ異なることから、実際に平等原則違反を理由に処分の取消しにまで至ることは稀であるといわれている。

⑤　考慮事項—要考慮事項の考慮不尽、他事考慮等

土地収用法20条は、土地収用に係る事業認定の要件を定めているが、その要件認定には裁量が観念される。裁判所は行政庁の当該判断につき、「本来重視すべき諸要素、諸価値を不当、安易に軽視し、その結果当然尽くすべき考慮を尽くさず、または本来考慮に容れるべきでない事項を考慮に容れもしくは本来過大に評価すべきでない事項を過重に評価」することで行政庁の判断が左右されたと認められる場合には、当該判断は、「とりもなおさず裁量判断の方法ないしその過程に誤りがあるものとして、違法となる」と判示した（東京高判昭48.7.13行集24・6＝7・533［日光太郎杉事件］）。これは、行政庁が結論を導き出すに至るまでの判断の過程を審査する、いわゆる「判断過程審査」と呼ばれる裁判所の審査手法を導入した裁判例として有名である。行政庁は、判断の過程において種々の事柄を考慮することになるが、考慮して然るべき事項を考慮しなかったり（要考慮事項の考慮不尽）、考慮すべきでない事項を考慮する（他事考慮）などした場合には、裁量権の逸脱・濫用があったものとして裁判所は当該処分を取り消すのである（なお、同じく事業認定につき、日光太郎杉事件の審査手法を用いて、行政庁がアイヌ民族の文化を不当に軽視ないし無視したことを理由に裁量権の逸脱ありと判示した二風谷ダム事件（札幌地平9.3.27判タ938・75）がある）。

この裁判例以降、行政庁が取り上げた考慮事項の適切性を裁判所がチェックする手法が最高裁判例においても確立している。

最高裁は専門技術的裁量が認められる原子炉設置処分の取消訴訟（伊方原発訴訟）において、「原子炉施設の安全性に関する判断の適否が争われる原子炉設置許可処分の取消訴訟における裁判所の審理、判断は、原子力委員会若しくは原子炉安全専門審査会の専門技術的な調査審議及び判断をもとにしてされた被告行政庁の判断に不合理な点があるか否かという観点から行われるべきであ

って、現在の科学技術水準に照らし、右調査審議において用いられた具体的審査基準に不合理な点があり、あるいは当該原子炉施設が右の具体的審査基準に適合するとした原子力委員会若しくは原子炉安全専門審査会の調査審議及び判断の過程に看過し難い過誤、欠落があり、被告行政庁の判断がこれに依拠してされたと認められる場合には、被告行政庁の右判断に不合理な点があるものとして、右判断に基づく原子炉設置許可処分は違法と解すべきである。」と判示した（最判平4.10.29民集46・7・1174）。原子炉設置許可処分は、専門家により構成される第三者機関の専門技術的な観点による調査審議を経た判断を基に、行政庁が最終の判断を行う手続になっている。裁判所は、行政庁の最終判断のもととなる、当該第三者機関の調査審議・判断の過程に着目するのである。

また、市立工業高等専門学校における、信仰上の理由から体育の実技（剣道）授業の履修を拒否した学生に対する原級留置処分及び退学処分に対する取消訴訟（神戸高専事件）で、最高裁は、これらの判断は校長の合理的な教育的裁量に委ねられるべきものであるとしつつ、履修拒否に対して代替措置をとることの是非を考慮しなかった点を重く見て、校長の措置は、「考慮すべき事項を考慮しておらず、又は考慮された事実に対する評価が明白に合理性を欠き、その結果、社会観念上著しく妥当を欠く処分をしたものと評するほか」ないとした（最判平8.3.8民集50・3・469）。

判断過程の審査は、広義には行政決定に至る手続過程を審査する手法といえるが、考慮事項の適否に踏み込むわけであるから、後掲⑦で解説する手続的コントロールと比べ、裁判所は実体判断に近い審査を行うものだといわれている。

⑥　事案の固有事情審査義務違反

行政は裁量処分を行うに際し、その判断が場当たり的なものとならないように、内規で判断基準を設け、これを適用することによって適正な裁量権行使を心がけてきた。行政手続法が制定されて以降は、この法律によって設定が義務づけられた「審査基準」、「処分基準」がこれにあたる。

基準をあらかじめ定め、これ照らして判断するというのは、手続の公正性・透明性を担保し適切な裁量権行使を導くという意味において有効であるが、その反面、あまりに機械的・硬直的に基準を適用して判断してしまうと、各事案

78　第 4 章　行政活動の法的規律

の固有事情を切り捨てることにつながり、かえって法の趣旨目的に反する決定を導いてしまうこともある。

　個人タクシー事業免許の要件のひとつとして、旧道路運送法 6 条 1 項 4 号（現行法では 3 号）は「当該事業を自ら適確に遂行するに足る能力を有するものであること」を定める。この要件充足性を判断するための基準（裁量基準）として行政庁は、「年令58才未満の者は免許する。58才以上61才未満の者は年令超過だけでは却下しないが、他の事項において劣る場合は却下する。61才以上の者は免許しない。」として年齢基準を定めており、年齢62才 9 か月であった申請者の免許申請をこの基準に照らし却下した。これに対し裁判所は、この年齢基準は旧法 6 条 1 項 4 号の免許基準に適合するかどうかを判断するにあたっての一応の基準に過ぎず、被告行政庁が他の諸事項を総合検討することなく、基準年令の上限を超過するとの理由で本件申請を却下したのは、旧 4 号の趣旨に沿わない不合理な判断に基づくものであり、本件却下処分は裁量を誤った違法な処分であると判示した（東京地判昭45.3.9行集21・3・469）。年令基準を定めることそれ自体は不合理であるとはいえないが、申請者の健康状態や運転歴といった個々人の状況（固有事情）を考慮しなければならないということである。

　なおこの固有事情審査義務は、上記の考慮事項審査の対象に含まれるものである。ただ、裁量基準の運用に関する審査として特徴がある。

⑦　手続違反

　法定の処分手続を経ずに行われた裁量処分は違法と判断され、取り消されることがある。これを手続的コントロールと呼び、裁量権に対する裁判審査の手段のひとつとして位置づけられる。

　最高裁は、個人タクシー事業免許の審査にあたり法定された聴聞が不十分であったことを捉え、免許の申請人は「公正な手続によつて免許の許否につき判定を受くべき法的利益を有するものと解すべく、これに反する審査手続によつて免許の申請の却下処分がされたときは、右利益を侵害するものとして、右処分の違法事由となる」とした（最判昭46.10.28民集25・7・1037）。ただし、手続の不備が必ずしも処分の取消しを導くことにならないケースもあり、最高裁は、バス事業の免許申請につき、運輸審議会の公聴会審理において申請者の主張立証

の機会を十分に与えなかったことは否定できないが、「運輸審議会の認定判断を左右するに足る意見及び資料を追加提出しうる可能性があったとは認めがたい」とし、審理手続におけるかかる不備は、「公聴会審理を要求する法の趣旨に違背する重大な違法とするには足りず、右審理の結果に基づく運輸審議会の決定（答申）自体に瑕疵があるということはできないから、右諮問を経てなされた運輸大臣の本件処分を違法として取り消す理由とはならない」と判断した（最判昭50.5.29民集29・5・662［群馬中央バス事件］）。

　手続の違背が行政庁の処分決定内容を左右しないのであれば、当該処分を取り消さないという裁判所の態度であるが、平成5年に行政手続法が制定され、行政運営における公正の確保が法律で規律された現在では事情は異なるといえる。

　(5)　**司法審査の密度**　　裁判所による裁量処分の実体法的審査については、上記のとおり複数の視点から行われているが、案件によってその「審査密度」には濃淡があることが分かる。

　判断過程審査が行われる場合、審査密度の比較的高いものがある。

　他方で、外国人への在留期間更新不許可処分が争われた前掲のマクリーン事件判決では、裁判所は、「その判断の基礎とされた重要な事実に誤認があること等により右判断が全く事実の基礎を欠くかどうか、又は事実に対する評価が明白に合理性を欠くこと等により右判断が社会通念に照らし著しく妥当性を欠くことが明らかであるかどうかについて審理し、それが認められる場合に限り、右判断が裁量権の範囲をこえ又はその濫用があつたものとして違法であるとすることができる」と判示し、国家公務員の懲戒処分については「裁判所が右の処分の適否を審査するにあたっては、懲戒権者と同一の立場に立って懲戒処分をすべきであったかどうか又はいかなる処分を選択すべきであったかについて判断し、その結果と懲戒処分とを比較してその軽重を論ずべきものではなく、懲戒権者の裁量権の行使に基づく処分が社会観念上著しく妥当を欠き、裁量権を濫用したと認められる場合に限り違法であると判断すべきものである」（最判昭52.12.20民集31・7・1101）としている。

　これらはいずれも、「社会通念」ないし「社会観念」上「著しく妥当を欠く」

80　第4章　行政活動の法的規律

場合に限定して取り消すというもので、「踰越・濫用型審査」と呼び、最も審査密度の低い「最小限の審査」として位置づけられている。

　これに対し、判断過程審査の中できめの細かい審査が行われるものを「中間密度型審査（中程度の審査）」として、裁量処分に対する審査密度の強弱が認識されている（亘理格「行政裁量の法的統制」行政法の争点（ジュリスト増刊、新・法律学の争点シリーズ8）119-120頁参照。ちなみに、覊束処分に対する判断代置型審査は「最大限の審査」と位置づけられる）。もっとも、「社会観念（ないし社会通念）上著しく妥当を欠く……」という表現は、かかる判断過程審査においても用いられている（上記神戸高専事件を参照）ので、この文言だけで判断することはできない。

　ところで、裁判所は裁量処分について、なぜ処分の種類ごとにこのような差別化をはかるのであろうか。これについては、中間密度型の審査をもって比較的密度の濃い審査が行われた伊方原発訴訟や神戸高専事件では、優益的法益であるところの生命・身体・健康や信仰の自由への配慮があったものと考えられている（亘理・前掲120頁参照）。

（5）行政処分の附款

　行政処分には各種の条件が付される場合がある。条件が付されるのは通常、許認可処分であるが、例えば、イベント開催のための公園の使用許可処分に「終了後は原状に復すること」という一文を付すのがそれである。このような条件を、行政法学では「行政処分の附款」と呼んでいる。

　行政処分の附款とは、処分の効果を制限したり、特別な義務を課すために、処分本体の主たる意思表示に付加される、従たる意思表示であると説明される。法令上の用語としては、単に「条件」と書かれていることが多いのであるが、講学上、附款には以下のような種類のものがある。

a　附款の種類

⑴　**条件**　行政処分の効果を、処分発給時点において発生不確実な将来の事実に係らせるものを「条件」と呼ぶ。

　条件には2種類あり、事実の発生をもって処分本体の効果を発生させる附款——道路工事が完了してから道路占用許可の効果が発生する場合など——を

「停止条件」、逆に効果を失わせる附款——道路工事が始まった時点で道路占用許可の効果が消滅する場合など——を「解除条件」と呼ぶ。

(2) **期　限**　　行政処分の効果を、将来発生することが確実な事実に係らせる附款を「期限」と呼んでいる。期限には、効果が発生する時点である「始期」と、効果が消滅する時点を表す「終期」がある。

(3) **負　担**　　「負担」は、作為または不作為の義務を付加する附款をいう。上記の公園の使用後に原状回復を義務づける場合がその例である。負担は、法令に根拠がなければ付すことができないと解されているが、公園の原状回復義務などは特に法的根拠を要しないと考えられる。公園は公共用物であり、特定の者の独占利用や公衆の利用を妨げる行為は性質上許されないからである。

なお、負担に違反した場合であっても、処分本体の効力が当然に失われるわけではない。負担は処分本体の効果を制限するものではないからである。ただし、条件に違反したことを理由に、行政庁から当該処分本体が取り消される（講学上は「撤回」される）ことはある。

(4) **撤回権の留保**　　行政庁が、行政処分本体を将来撤回することがある旨を留保する附款である。許認可処分が後日、行政庁の職権によって取り消される可能性のあることをあらかじめ示すものである。もっとも、附款によって撤回権が留保されているからといって、自由に撤回することはできない。撤回については制限法理がはたらくのである。逆に、撤回権の留保の附款が付されていない場合であっても、撤回ができないわけではない。

b　附款の論点

附款は、法令に定めのある事項（義務等）以外の事項を、処分の名宛人に付加するものであるから、およそ無制約に付することはできない。附款を付することが法規で明記されている場合もあるが、その場合には「公共の利益を増進し、又は許可若しくは認可に係る事項の確実な実施を図るため必要な最小限度のものに限り、かつ、当該許可又は認可を受ける者に不当な義務を課することとなるものであつてはならない。」（電気100）と規定し、行政庁を制約するものもある。このような規定がなかったとしても、附款の内容・程度は、法の趣旨目的に照らして合理性があり、比例原則の観点から必要最小限のものにとどめ、

82　第 4 章　行政活動の法的規律

相手方に不当な義務を課すものであってはならない。

　また、処分の根拠法規が附款を付すことができる旨を定めていない場合もあるが、当該法規が附款を付すことを許容するものと解釈できる場合には付すことができると解されている。

　さらに、附款も行政処分の一部である（したがって公定力を有する）ので、附款が違法の場合、取消訴訟を提起して附款のみを取り消すことも可能である。だが、附款が処分本体と密接不可分の場合には、処分本体も違法性を帯びることになり、附款のみの一部取消しは認められない。

（6）行政処分の瑕疵

　(1)　**取り消しうべき行政処分と無効な行政処分**　　ここでいう「瑕疵」とは、違法性のことである。違法な行政処分のことを、「瑕疵ある行政処分」と呼ぶ。

　行政処分の瑕疵には、取消原因、無効原因の 2 つがある。取消原因の瑕疵を帯びた行政処分を「取り消しうべき行政処分」、無効原因の瑕疵がある行政処分を「無効な行政処分」と呼び、区別してきた。

　この区別は、これら処分に対する争訟手続の違いと連動しているので重要である。そこで、両者の区別の基準が問題になるが、一般に、「重大かつ明白な瑕疵」を伴うものが無効な行政処分であり、そこまでの違法性のないものを取り消しうべき行政処分とされている。

　(2)　**重大かつ明白な瑕疵**　　「重大かつ明白な瑕疵」というときの、「重大・明白」とはどういう意味であろうか。瑕疵の重大性とは、一般に、行政庁の処分の根幹に関わる認識に誤りがあることを指すと考えられている。

　また、瑕疵の明白性は、誰の目から見ても違法であることが明らかであるという「一見明白説」が通説・判例である（最判昭36.3.7民集15・3・381）。もっとも、明白性の要件は必ずしも要しないと解される場合もある（最判昭48.4.26民集27・3・629）。重大性についても、一律に判断できるほどの客観性のある指標でもないので、重大明白という基準はさほど明確な物差しとはいえない。

　(3)　**無効原因の例**　　「重大かつ明白な瑕疵」となる無効原因の例として、①主体に関する瑕疵：行政庁が当該処分を行う権限がなかった場合、②手続の瑕

疵：私人の権利利益保護のために設けられた事前手続を経ずに行われた行政処分、③形式の瑕疵：行政処分の根拠法規が、当該処分について一定の形式（書面で行うことを要する等）を義務づけているにもかかわらず、かかる形式を備えていない行政処分、④内容の瑕疵：内容が不明確なもの（対象となる土地が不明確な土地収用裁決など）、その他実現不能な内容をもつもの（死者に対して医師免許を付与する場合など）、明白な（誰の目から見ても明らかな）事実誤認に基づくもの（行政処分の内容や対象が人違いで行われた場合など）が挙げられる。

　ここで、「理由付記」の不備がある行政処分を形式の瑕疵に含めて説明されることがあるが、これまで形式の瑕疵は、上記のように要式行為としての形式を備えていないという程度のものではなく、手続の瑕疵であり、かつ私人の利益保護のために設けられた事前手続と解すべきであろう。行政手続法の制定によって事前手続のもつ私人の権利保護機能が重視されてきている。理由付記が義務づけられているのは、行政庁の判断の慎重・公正妥当を担保してその恣意を抑制するとともに、拒否理由を相手方に知らせることでその不服申立てに便宜を与える機能があり（最判昭60.1.22民集39・1・1）、このような重要な機能をもつ理由が付されていない行政処分は、手続の瑕疵として無効原因になるものと

<hr>

コラム6　無効な行政処分と取り消しうべき行政処分の争訟手段

　行政処分には公定力と不可争力があることについては、すでに解説した。しかしこれらは、「まともな行政処分」について観念できる効力であり、瑕疵が重大で、かつ明白な行政処分についてまで認める必要はない。無効な行政処分には、公定力がなく、また取消訴訟の出訴期間の制約を受けない。

　取り消しうべき行政処分、つまり無効の行政処分と比べて軽微な瑕疵を帯びた処分は、短期出訴期間付きの取消訴訟の対象となる。取り消しうべき行政処分には公定力があるので、違法であってもこれにより法律関係が生じている。法律関係を変更する判決を求める訴訟を「形成訴訟」というが、一般に取消訴訟はこの形成訴訟にあたると解されている。

取消判決によって、公定力が構築した関係を壊す必要があるという理屈になる。

　他方で、無効な行政処分には、公定力が認められないので、制約の多い取消訴訟を提起するまでもなく、無効確認訴訟（行訴3④）を提起すればよい。公定力がないので、形成訴訟である取消訴訟を提起する必要はなく、「確認訴訟」である無効確認訴訟を提起し、当該処分は当初から効力を有していないことを裁判官に確認してもらうだけでよく、出訴期間の制約もない。ただし、原則として瑕疵の重大かつ明白性が認められるのでなければ、無効確認訴訟で勝訴できないので、取消判決を得るよりもハードルが高くなるものといえよう。

84　第4章　行政活動の法的規律

いえよう。なお、上記は学説一般で指摘されているものであり判例の立場はこれと異なるものがある（例えば、手続の瑕疵について上記（4）c(4)⑦の判例を参照）。

••••━ コラム7 ━━ 違法性の承継 ━━━━━━━━━━━━━━━•••••

　　行政目的の達成において、単独の行政処分をもって行われる場合もあるが、連続する複数の行政処分をもってようやく目的が達成される場合もある。そこで、複数の処分で目的が達成される場合に、先行する行政処分に瑕疵があり、本来であればその処分の取消訴訟を提起してその違法性を主張すべきであるが、出訴期間の経過によりこれができなかった場合、あるいは出訴期間内であってもあえて先行処分の訴訟を提起せず、後続する行政処分の取消訴訟を提起して、先行処分の違法性を主張できるかどうかという問題がある。これを違法性の承継論という。

　　行政上の法律関係は早期に確定されるべきであるという要請があり、その要請からすると、後続処分の取消訴訟で先行処分の違法を主張することは認められないことになる。だがこれについては例外的に、先行処分と後行処分とが連続した一連の手続をなし、ひとつの効果を実現すべく存在している場合には違法性の承継が認められる。判例は、農地買収計画（処分）と農地買収処分との関係（最判昭25.9.15民集4・9・404）、土地収用法上の事業認定処分と収用裁決との関係、安全認定と建築確認との関係（最判平21.12.17民集63・10・2631）などについて違法性の承継を認め、学説は租税賦課処分と滞納処分との関係について一般に否定している。

　　複数の行政処分が関連性を有するとしても、相互に目的手段の関係がない場合には、違法性の承継は認められない。いいかえれば、先行処分が後行処分の準備行為にあたる場合には、違法性の承継が認められると指摘されている。

••••━ コラム8 ━━ 瑕疵の治癒、違法行為の転換 ━━━━━━━━•••••

　　瑕疵の治癒とは、行政処分の瑕疵が、後日の事情変化によって消滅する場合を指す。例えば、農地買収計画に対して訴願（不服申立て）がなされ、その裁決が行われる前に農地の買収手続を進めてしまった場合、そのままでは買収処分は違法となるが、後に訴願棄却裁決がなされたことで買収処分の瑕疵が治癒するとされた判例（最判昭36.7.14民集15・7・1814）がある。

　　これは、処分の違法判断の基準時を処分時とするか、判決時とするかという問題にも関係する。通説は処分時であるとされるが、それでは瑕疵の治癒は認められないということになる。瑕疵の治癒は、処分時説の例外として理解されているところである。

　　違法行為の転換は、ある行政処分に瑕疵があり違法であるが、これを別の行政処分として見ると適法な処分として認められる場合を指す。農地委員会が小作人からの農地の買収請求があったものとして買収計画を進めたが、途中、請求がなかったものと認めた。そのままでは買収処分は違法となるが、当初とは別の条文を適用して当該買収処分を適法なものと認めたのがその例である（最判昭29.7.19民集8・7・1387）。

　　瑕疵の治癒にせよ違法行為の転換にせよ、処分を違法とすることによって、手続をくりかえして再度処分を行うことを避けるために認められる修正原理である。いわば行政経済の見地から認められるものといわれており、これをむやみに拡充することは、法治主義、私人の権利利益保護の点からも問題であるといえよう。

第 1 節　行政活動の諸形態　　85

（7）行政処分の取消し・撤回

a　行政処分の「取消し」と「撤回」

　行政処分は、後日何らかの理由で意図的に消滅させられることがある。これを行政処分の取消し・撤回と称し、これには種々の制限等が課せられている。
　「取消し」と「撤回」は内容・効果の面で異なる。まずは取消しから解説する。
　⑴　**取消しの意味と効果**　　取消しは、その処分に当初から（処分発給時点から）瑕疵があり、当該瑕疵を理由に処分を消滅させることを意味する。
　処分が取り消されると、当該処分は処分成立時にさかのぼって消滅すると解されている。つまり、取消しの効果は遡及するということである。
　⑵　**取消しの種類と取消権の主体**　　まず、取消しについては、「争訟上の取消し」と「職権による取消し」がある。争訟上の取消しとは、行政処分が不服申立てや取消訴訟という争訟手続を経て、その結果取り消される場合である。争訟上の取消しを行う主体は、不服申立てでは審査庁、取消訴訟では裁判官である。ただ、行政法学上の処分の「取消し・撤回」論は、職権によるものを中心に論ぜられてきた（なお、撤回は職権によるもののみ）。以下の取消しに関する記述は、特にことわりのない限り、職権による取消しに関するものである。
　職権による取消しは、当の処分を行った行政庁（処分庁）およびその上級監督庁である。上級庁は監督権限の行使の一環として、下級行政庁の処分を取り消すことができると一般に解されている。
　⑶　**職権取消しに関する法的根拠の必要性の有無**　　瑕疵ある行政処分は争訟上であれ職権であれ、取り消されなければならない。これは法律による行政の原理からいえることである。その上で、根拠法規に職権取消しをすることができる旨の規定が必要かという問題もあるが、一般には、個別の根拠規定は必要ないと解されている。
　⑷　**撤回の意味と効果**　　取消しが処分成立時点から瑕疵を有していた処分を対象とするものであるのに対し、撤回は、処分成立時は適法であったものが、後発の事情で当該処分を維持できなくなった場合に、これを消滅させる行為で

86　第 4 章　行政活動の法的規律

ある。

　撤回は、成立時に適法であった処分を対象とするので、撤回の効果は撤回の時点から将来にのみ向かう。取消しのように遡及しないのである。

　(5)　撤回の例と撤回権の主体　　撤回の例として、運転免許取消処分がある。運転免許は適法に発給されているが、後に運転者が重大な道路交通法違反を行ったことで、都道府県公安委員会によって免許が取り消されるケースである。

　この例は、処分の名宛人側に有責事由がある場合だが、名宛人に責めるべき事情がないにもかかわらず、公益上の理由から撤回されること等もある（以下(6)も参照）。

　ところで、運転免許取消処分のように、法文上は「取消し」ないし「取り消す」と書かれているものがあるが、講学上の撤回にあたることが多い（逆に撤回という語は法文上使われていない）ので注意を要する。

　撤回権を有するのは行政庁であり、かつ処分庁のみであると解されている。

　(6)　撤回に関する法的根拠の必要性の有無　　撤回の根拠を行政処分の公益適合性に求める立場からは、撤回の法的根拠について、個別の法的根拠を要しないと解されており、これが通説とされている。他方で、当該処分が利益処分の場合、撤回は侵害行為にあたることから、根拠法規が必要であるとの理解もある。

　もっとも、法令上は撤回に関する根拠規定を置くものが多く、許認可の処分の条件（附款）に違反した場合や、法令違反行為が行われた場合などを明示して、このような場合に処分庁は取り消す（撤回する）ことができると定めている。このような定めがない場合、あるいはこのような定めがある場合でも法定の事由以外の事由が発生したときに撤回できないかが問題になる。

　処分の相手方に有責事由がある場合のことを考えてみる。そもそも許認可等（利益処分）を受ける者は、いかに私人であり、自由の回復をもたらす許可行為を受けていたとしても、「法の趣旨に則した活動を行うこと」が義務づけられている、もしくは附款の有無にかかわらず、かかる範囲で活動することを条件に許認可が発給されているものといえる。そうすると、処分の根拠法規自体に、有責事由が発生した際（義務違反が生じた場合）の撤回権が元々含まれていると

考えることができる。したがって明文の個別的根拠がない場合でも、撤回は可能であるといえる。

しかし撤回がなされるのはそのようなケースだけでなく、事後的に処分要件が喪失した場合等も考えられる。

根拠法規の趣旨からして、喪失した要件が適正な許認可を運用する上で重要と解される場合には、同じく処分の根拠法規に係る場合の撤回権が留保されていると見るべきである。また、処分要件が処分成立時点から喪失していて、その喪失を見過ごしていたようなときには、職権取消事由として扱うことになると解されている（塩野宏『行政法Ⅰ〔第6版〕』144頁参照）。

それでもなお問題となるのは、こうした事情がなく、もっぱら公益的理由で行政上の都合から撤回される事例、例えば、行政財産の目的外使用許可を得て、公園敷地の一部を占用し、レストランを経営している者に対し、当該敷地を公益上の目的で利用する必要が生じたため許可を撤回する場合などである。これについては、当該許認可に期限が付いている場合、期限内に撤回するについては法律上の具体的な根拠規定が要されるとの見解がある（塩野宏・前掲195頁参照）。

b　取消し・撤回の制限法理

法律上取消し・撤回ができるとしても、それは無制約に可能というわけではない。それぞれに制限法理が存在する。

(1) 職権取消しの制限法理　　不利益処分に対する取消しは、一般には認められやすい。逆に利益処分の取消しについては、例えば申請書の内容を偽って許認可を得たようなケースは別にして、もっぱら行政側の判断の誤りから違法に許認可を与えたような場合には、簡単には認められない。たとえ違法なものであっても、当該許認可を得たことで既得権益が生じ、これをむやみに取り消すと、それによって被る不利益がきわめて重大となることがある。法的安定性の見地からも、このような事情があるときには取消し権は制限される。それでもなお取り消す場合には、特段の公益上の必要が求められる（最判昭33.9.9民集12・13・1949）。

他方、不利益処分であっても、それが二重効果処分の場合はむやみに取り消すことはできない。当該処分を取り消すことで、第三者の権利利益を侵害する

88　第4章　行政活動の法的規律

こともある。このような場合には、やはり当該第三者の権利利益とこれを取り
消すことの公益性とを衡量した上で、慎重に対処すべきである。

　(2)　**撤回の制限法理**　　不利益処分の撤回は、一般に可能であると解される。
他方で、利益処分の撤回については、相手方に不利益を課すことにつながるの
で、強い制限がかかる。相手方に義務違反等の有責事由があるとしても、その
ことからただちに撤回をなすことができるというのではなく、義務違反の内
容・程度等相手方の事情を考慮して決定すべきであると解されている。

　もっとも制限的なケースは、もっぱら公益的見地による行政上の都合から、
利益処分を撤回する場合である。これについては、撤回すべきことが正当化さ
れる公益上の理由が必要であり、撤回によって相手方に重大な損失が生じると
きには、補償措置をとらなければならないと解されている。ただし、かかる場
合に撤回されるという制約が許認可に内在していると考えられるときには、補
償する必要はないと考えられている（最判昭49.2.5民集28・1・1）。

（8）行政処分の発効

　行政処分の効力は、意思表示の一般原則に従い、相手方に到達した時点で発
生するのが原則である。正確にいえば、相手方が現実に了知したとき、または
了知しうべき状態におかれたときである（最判昭29.8.24刑集8・8・1372）。他方、
相手方が所在不明な場合が問題となる。そのような場合には、民法98条の公示
送達の方法によるべきであると解されている（地方公務員の懲戒免職処分に係る辞
令等を同居家族に交付し、内容を公報に掲載することで効力を生じるとしたものがある（最
判平11.7.15判時1692・140））。

　個別法律で効力発生の時期について定めている場合には、それに従う。税理
士に対する懲戒処分の効力発生時期は、当該処分が確定した時点であると解さ
れた旧税理士法がその例である（最判昭50.6.27民集29・6・867）。

3　行政指導

　2で解説した行政処分は法的拘束力を有しており、2で例に挙げた違法建築
物の除却命令などは、建築主たる相手方私人に対し当該建築物の除却を義務づ

第 1 節　行政活動の諸形態　　89

けることになる。

　もっとも、行政はこのような強制力をもつ手段のみに頼るのでなく、行政権限を発動する前に、ソフトな手法で行政目的の達成に向けて私人を誘導することが多い。これが行政指導と呼ばれるものである。

　行政指導は、わが国の行政ではきわめてポピュラーな行政上の手法であるが、諸外国ではあまり意識されておらず、わが国行政の特徴として語られることがある。とはいえ、諸外国においても「行政指導的」な誘導手法が行われていないわけではない。ただわが国では、事前手続の一般法である行政手続法において行政指導が規律されたところに見られるように、行政指導が行政の過程に果たす役割を重視しており、その法的性質等の法的課題に関する豊かな研究蓄積がある。

　なお、行政指導は法令上、単に「指導」ないし「勧告」という用語で表されている点に注意を要する。

（1）行政指導の定義、性質、種類

　行政指導とは、行政機関がその任務または所掌事務の範囲内において、一定の行政目的を実現するため、特定の者に、一定の作為または不作為を求める指導、勧告、助言その他の行為であり、相手方の任意の協力を期待して行われる、法的効果を伴わない事実行為たる非権力的行為である。

　行政手続法 2 条 6 号に、行政指導の定義規定が置かれている。行政手続法は平成 5 年に制定されたが、それ以前から、学説・判例の蓄積によって、行政指導とはいかなる行為かについてはほぼ決着をみているところである。上記のとおり、事実行為であるということは、その内容は相手方を拘束せず、当該内容に応じるか否かは、相手方私人の任意である。

　これが行政指導の中核的な性質なので、その内容に従わせるため、行政は相手方を追い込むような行為をしてはならない。この点、行政手続法も、相手方が行政指導に従わなかったことを理由として、不利益な取扱いをしてはならないこと（行手32②）、また、申請の取下げや内容変更を求める行政指導において、申請者が当該行政指導に従う意思がない旨を表明したにもかかわらず、当該行

90 第4章 行政活動の法的規律

政指導を継続すること等により申請者の権利の行使を妨げるようなことをしてはならないこと（同33）等を定めている（第4章第2節**4**参照）。

　行政指導については、その機能に従って以下の種別が行われている。

　(1)　規制的行政指導　　私人の活動を規制する目的で行われる行政指導をいう（違反建築に対する改善指導、宅地開発事業に対する学校整備のための協力金の納入の求め等）。

　(2)　調整的行政指導　　私人間の相対立する利害の調整を目的として行われる行政指導をいう（建築主とマンション建築に反対する周辺住民との間の紛争の調整等）。

　(3)　助成的行政指導　　私人に対し技術的・専門的な情報を提供することによって、その活動を助成する目的で行われる行政指導をいう（農家に対する農業技術指導等）。

（2）行政指導と法の拘束

　上記行政指導の種類の中で特に問題となるのが、(1)の規制的行政指導である。侵害留保の原則からして、私人の権利を侵害する場合には、法律の根拠が求められる。法的効果を伴う行政処分はこの点、厳に要求されるところである。

　行政指導については、その根拠法規の存在は要求されていない。規制的行政指導は、行政処分権限が法定されている場合に、その前さばき的に行われるものも多いが、その場合でも、処分権限とは独立した行政指導の根拠規定が存在しないこともあり、単独で行われる場合においても、その根拠となる規定のないものもある。逆に、法律・条例上の根拠を有するものもあるが、これがなかったとしても、そのことで直ちに違法とはならないのである。それは、行政指導が相手方の任意の協力を期待して行われる事実行為だからである。

　もっとも行政指導は、法規では対応できない種々の問題に対し、行政が機敏に対応するために用いられるという実態を重視すべきであろう。建物について規制する諸法規（建築基準法等）に照らせば適法な建物であったとしても、当該地域においては「不適切」な建物になる場合がある。法律では、地域事情に応じたきめの細かい対応はできないので、行政は行政指導をもってこれにあたるのである。また、国民・住民の安全、健康ないし環境保全の任にあたる行政は、

元来かかる対応をとることが求められているともいえる。とりわけ複雑な利害調整の任にあたる自治体行政では、法令上の基準に照らして自動的な処理を行い、日照権等地域住民の被る不利益を黙って甘受させるわけにはいかない。このような行政指導が、特に住民との関係性が強い基礎自治体である市区町村で多用されるのも納得のいくところである。

　ただし、規制的行政指導については、その効用の反面、「無責任行政」のそしりを受けることもある。任意の協力によるものであるから、行政指導そのものに法的拘束力はなく、私人の権利変動をもたらすものではないので、指導内容を受け入れるのは私人の側の責任によることになる。ただ結果として、権利利益の制約をもたらすものであることに変わりはなく、しかも私人の側が当該の行政指導を争う機会は限られている。このようなことから、少なくとも法令に根拠を置き、行政指導の発動要件を明定することで、恣意的な指導が行われないようにすべきであると学説上主張されてきたところである。

　なお、ここでいう「根拠」とは、行政指導を行うことができること、またどのような指導を行うかという規定であり、組織法上の根拠、つまり「誰が行うことができるか」については要求される。行政機関の任務または所掌事務の範囲で行われなければならないのである (行手32①)。

（3）行政指導の限界

　行政指導は相手方の任意の協力によるものであるとしても、濫用にわたることがあってはならない。上記のとおり、行政手続法は行政指導の限界について規定しているところである (主に行手32〜34)。

　実際には、以下のようなケースがある。

　マンションの建築計画に対して周辺住民が反対運動を起こした事例で、建設業者と住民との間で話し合いの機会を持つよう指導し、その間、行政は当該マンションの建築確認の発給を留保した。これについて最高裁は、「建築主が右のような行政指導に不協力・不服従の意思を表明している場合には、当該建築主が受ける不利益と右行政指導の目的とする公益上の必要性とを比較衡量して、右行政指導に対する建築主の不協力が社会通念上正義の観念に反するものとい

92 第 4 章 行政活動の法的規律

えるような特段の事情が存在しない限り、行政指導が行われているとの理由だけで確認処分を留保することは、違法であると解するのが相当である」と判示している（最判昭60.7.16民集39・5・989［品川マンション事件]）。

　行政指導が継続していることを理由に許認可処分を留保できるかという問題であるが、この判例からいえることは、相手方が行政指導に応じられない旨の意思を表明している場合——判決が上記とは別の箇所で述べている「確認処分を留保されたままでの行政指導にはもはや協力できないとの意思を真摯かつ明確に表明し」ている場合——にあっては、これ以上の留保は認められないという点をまず確認しておく。相手方が行政指導に応じられない旨を表明した以上、当該指導を継続することはできない。これは行政指導の一般的限界として把握する必要がある。

　だが判決は、それでもなお、建築主の不協力が「社会通念上正義の観念に反するものといえるような特段の事情」がある限り、なお留保することは差し支えないとも述べている。この点が重要で、許認可申請に関する行政指導の一般原則を定めた行政手続法33条の解釈において妥当するものであると解されている（磯部力『行政法〔新訂〕』93頁参照）。行政指導はインフォーマルな手段であり、任意性が原則であるとしても、行政運営においては重要な地位を占めていることからすれば、単に不協力の意思を示すことで一切の指導が排除されるのではなく、結果として協力できないとしても、私人はまずもってこれに「真摯に」対応することが求められる、ということになるであろう。

　また、宅地開発指導要綱で一定規模以上のマンションなどを開発する事業者に対し、周辺住民の同意を得ることや、教育施設負担金の納入を求めること等が定められ、これらの指導に応じない事業者に対しては、水道水の供給契約の締結を拒否する旨も規定されていたところ、これに応じなかった建築業者に対し水道供給契約を拒んだ市長が水道法違反で有罪とされた事例がある（最判平1.11.8刑集253・399［武蔵野マンション給水拒否事件]）。これは、契約拒否が行政指導に応じなかった者に対する報復的措置であり、同時に契約拒否の可能性を示すことは、行政指導への協力を強制するものとして許されない。

（4）行政指導をめぐる紛争処理手続

　行政指導は非権力的行為であるから、原則として、不服申立て、取消訴訟の対象とならない。任意性を原則とする行政指導は、行政不服審査法1条、行政事件訴訟法3条2項にいう「公権力の行使に当たる行為」、すなわち処分とはいえない。もっとも、例外的に取消訴訟の対象となる場合がある。最高裁は、医療法に基づく病院開設中止勧告につき、当該勧告に応じない結果、病院経営者に不利益が生じることになる法制度の存在を勘案して、これを取消訴訟の対象として認めている（最判平17.7.15民集59・6・1661）。

　他方で、国家賠償法1条の「公権力の行使」は判例、通説ともに広義説に立っているので、そこに行政指導は含まれると解されている。したがって、違法な行政指導により損害を受けた者は、国、自治体等に対して損害賠償の請求をすることができる。

　最高裁は、先の宅地開発指導要綱に基づく教育施設負担金納付の行政指導につき、水道供給契約締結の拒否を背景として、当該行政指導に従うことを余儀なくさせるものであって、教育施設負担金の納付を事実上強制しようとしたものであるとして、違法な公権力の行使にあたると判示した（最判平5.2.18民集47・2・574）。なお、規制的行政指導だけが問題となるのではなく、助成的指導においても、例えば、行政が私人に対して誤った情報を提供し、そのことによって損害が発生したような場合には、当該行政指導により損害賠償の責任が生じる場合もある（行政指導の形式その他上記以外の事項については3（1）参照）。

4　行政上の契約

　行政上の契約とは、通常、国・地方公共団体が行政機関同士において締結する契約を指す。しかし、このほかにも、国民とその相手方とした行政機関が締結する契約も、この概念に含まれる。したがって、およそ行政機関が一方当事者となれば、そのすべてを行政上の契約と称することができる。

　行政上の契約は、売買契約のように、売手と買手といった当事者が法的に対等な義務を負うもの（双務契約）ではない。この意味では、何らかの義務を一

94 第4章 行政活動の法的規律

方の当事者にもっぱら負わせる性質を有する行政上の契約は、本来的な意味での「契約」と称することができるかが問題となる。このため、行政上の契約の法的性質を特定することは、裁判例や学説においても一義的になされるわけではない。ここでは、そのような性質を伴う行政上の契約について、いくつかの具体例を挙げて解説する。

（1）役務の提供義務を課す契約

民法にいう消費貸借契約は、一方の当事者が消費するために他方の当事者が物品や役務の提供を約するものである。この場合、消費する側の当事者は物品・役務を提供する当事者に対し、その対価を支払うことが要求され、対価が反復継続して支払われることに信頼がない限り、契約の締結がなされないことになる。

これに対して、行政上の契約のうち、水道供給など生活必需性の高い役務を新たに提供する場合、その提供者（一般的には市町村）は「正当の理由」がない限り、契約締結義務があることが水道法上明文化されているが（水道15①）、市の宅地開発等指導要綱において教育施設負担金の寄付を求め、これに従わない事業主に対して「上・下水道等必要な施設その他必要な協力を行わないことがある」旨規定されていたところ、建築業者が負担金の寄付を市に行わなかったために工事用水の給水契約締結の申込を拒否した。この行為が水道法違反にあたるかが争点となった事例（最判平元11.8判時1328・16）において、最高裁はこの拒否に水道法上の「正当の理由」がない旨判断した原審を是認している。また、負担金の寄付を事業主に求める行為は行政指導に該当するところ、給水契約の締結拒否を制裁措置として用いて行政指導に従わせることを余儀なくさせた事例として、市の違法な公権力の行使に該当するものとした国家賠償請求訴訟（最判平5.2.18民集47・2・574）があった。

このほか、同じく水道法の事例として、市が定めた要綱において、一定戸数以上の集合住宅には水道を供給しないとしたことが、契約締結義務を課する水道法の規定に違反するかが問題とされた事例（最判平11.1.21民集53・1・13）において、最高裁は給水契約の申込が「適正かつ合理的な供給計画によっては対応す

ることができないものである場合」には、拒否が許されると解した。

（2）公害防止協定

　公害防止協定も行政上の契約のひとつに挙げることができる。公害防止協定の沿革として、1964年に横浜市が造成し電力会社（東京電力）に対し譲渡していた埋立地を他者（電源開発）に譲渡することにつき市に同意を求めてきた際、市および2社間において公害防止に係る協定を締結した事例がある。

　こうした公害防止協定の法的問題として、協定に法的拘束力をもたせるべきかという問題がある。学説上、公害防止協定は紳士協定に過ぎず法的拘束力は認められない説（紳士協定説）、民事法上の法的拘束力をもつ契約と解する説（民事契約説）、民事法とは異なる行政上の契約であるとする説（行政契約説）、などがある。

　裁判例の中には、原告である住民が電力会社によって地方公共団体と締結した公害防止協定につき、原告が「第三者のためにする契約」とした主張が退けられた事例（札幌地判昭55.10.14判時988・37）が見られる一方、町条例の下で産業廃棄物処分場の設置事業者と町との間において締結された公害防止協定に、処分場施設の使用期限を超過した産業廃棄物処分を行えない旨の規定が置かれていたところ、期限を過ぎて施設を使用していた事業者に対し町が使用の差止請求を提起した事例において、最高裁は当該規定が廃棄物の処理及び清掃に関する法律の趣旨に反しない旨判示した（最判平21.7.10判時2058・53）。同事例の中で、最高裁は協定の法的拘束力の限界について述べていることから、直接的な判示部分ではないにせよ、協定の法的拘束力が存することは認めたと解することができよう。

（3）調達契約

　国や地方公共団体が自らの業務に必要な物品・役務等を調達する場合に締結される契約を、調達契約と称する。調達契約は、当事者間の自由な意思に基づきその方法を取り決める民事法上の契約とは異なり、競争的手法を原則とする。その手法には大きく分けて次の3種類があり、国および地方公共団体において

96 第4章 行政活動の法的規律

同様である（会計29の3、自治234②）。

　第一に、一般競争入札は、公告し申込を募った上で入札の方法を通じて契約相手方を選定する手法であり、原則的手法である。

　第二に、指名競争入札は、競争に加わる者を事前に制限した上で入札の方法を通じて契約相手方を選定する手法であり、一般競争入札に対して例外的である。

　第三に、随意契約は、契約相手方を直接選定する手法であり、上記2つの手法に対し、例外的手法である。

　以上のような原則・例外の位置づけは、法律が想定したものであるが、その関係に逆転現象が生じているのが実際である。確かに、一般競争入札であると公平ではあるが、信頼できない事業者が単に安価であるがゆえに落札した場合、その後の対応にトラブルが生じうるなどの懸念から、指名競争入札や随意契約がむしろ望ましいということもありうるからである。しかし、指名競争入札や随意契約は、国や自治体の恣意的な基準により契約相手方を選定することにもつながるため、競争原理と選定手続の不透明性に起因する結果として国または自治体の事務に非効率性を招き、ひいては財源の無駄遣いにもなりかねない。したがって、原則である一般競争入札に近づけた上での契約締結の有無が、課題である。

　なお、上記3つの手法は最終的には請負契約といった民事法上の契約締結がなされるところ、指名競争入札のように、指名行為が「公権力の行使」に該当するかが問題となりうる。この点、例えば、公共工事の競争入札にあたり指名回避された業者が国家賠償法に基づき逸失利益の賠償請求を行った事例において、裁判所は指名に係る行政裁量が認められることを前提として判断している（最判平18.10.26判時1953・122）。

（4）民間委託（アウトソーシング）

　行政機関が自らの事務を私企業に委ねる場合も、行政上の契約として位置づけることが可能である。民間委託（アウトソーシング）がその典型例である。この場合、民間企業に行政機関の業務の一端を行わせることを指すが、これを民

事法上の委託契約によって規律する方法が考えられる。

　他方、公の施設の管理については、民間企業のノウハウを活用し、サービス向上と経費削減を目指した手法として、指定管理者制度（自治244の2③）が導入されている。例えば、スポーツ施設、公園等の住民利用施設等がその対象となる。ただし、管理者を決する上で委託契約によるのではなく指定という行政行為による点に注意を要する。

5　行政調査

　行政の活動は、ある日突然に始まるわけではない。行政処分にせよ行政指導にせよ、行動を決定する前にそのための情報を収集する必要がある（むしろ義務がある。なお行手36の2③、36の3③参照）。行政調査とは、所定の行政目的を達成するために行政機関によって行われる調査活動を総称する用語である。

　行政調査は、その法的性格に応じて、(1)強制調査、(2)間接強制調査（準強制調査）、(3)任意調査の区別がある。(1)強制調査は、行政機関が自ら実力を行使し相手方の抵抗を排除しながら調査を実施する手法（例えば税犯2、児童虐待9の3の臨検・捜索）であるのに対し、(2)間接強制調査は、調査不服従に対する罰則の威嚇によって相手方に調査の受忍を強要する手法であり、例えば①物件検査、試験用サンプルの無償収去（食品衛生28①）、②立入り（児童虐待9①）、③質問（税通74の2①、介保100①）、④報告・資料提出命令（介保100①、児童虐待9の2①）などがある。

　(3)任意調査とは、調査の協力を相手方私人に要請し、私人がこれに応じるか否か任意で決定できるものをいう。したがって行政機関は法の根拠無くとも任意調査を随時実施することができる（但し所掌事務の範囲内であることを要する。自動車検問につき最決昭55.9.22刑集34・5・272参照）が、任意調査に根拠規範が用意されている場合もある（水道17、生活保護29）。

　このように、行政調査といってもその法的性格は様々であることに留意する必要がある。かつて行政調査は講学上、即時強制（後述）の中で扱われることが多かった。行政調査のうち、強制調査については即時強制と併せて講じる意義があるが、行政調査の大部分を占めるのはむしろ間接強制調査や任意調査で

98　第 4 章　行政活動の法的規律

ある。

（1）　行政調査の手続的規制

　行政手続法は行政調査についての手続的規律を置いていない（行手 3 ①ⅩⅣ・2 Ⅳ
イ）。他方で、個別法に行政調査の手続規定が置かれている場合がある。例えば、
①実施日時・場所・調査理由の事前告知（税通74の 9 ）、②意見書提出の機会（自
然環境31②、自然公園50②）、③居住者などの承諾（水道17）、④身分証の携行・提示
（税通74の13、介保100②）、⑤調査の時間的制限（水道17）、⑥裁判官の令状（税犯 2 、児
童虐待 9 の 3 ）などである。実定法に手続が規定されている場合にその履践を怠
れば、当然、調査は違法である。個別法による手続規律がない場合、当該手続
実施の是非は調査機関の裁量に委ねられる（最決昭48.7.10刑集27・7 ・1205［荒川民
商判決］）。

（2）　行政調査の実体的規制

　例えば個別法の解釈上、間接強制手法しか授権されていないにもかかわらず、
実力行使によって調査を実施すれば、当該調査は当然違法である。ある調査規
定に罰則の裏づけがある場合、個別法は調査の実効性を実力行使ではなく罰則
に期待していると解されるので、多くの場合、当該調査は間接強制調査の手法
であろう。罰則規定がない場合は、任意調査か強制調査かになる。強制調査の
場合、例えば臨検、捜索、押収、差押えの用語が使用されたり、裁判官の令状
が要件化されることが多い（最大判昭47.11.22刑集26・9 ・554［川崎民商判決］によれば、
「実質上、直接的物理的な強制と同視すべき程度」にまで達すれば、令状主義（憲35）が及ぶ）。
いずれにせよ、強制調査の立法例はあまり多くない。

　また行政調査にも比例原則が及ぶのは当然であり、行政調査は調査の合理的
必要性と相手方の私的利益との衡量において社会通念上相当な程度にとどまる
必要があり、また、それに応じた調査手段が選択されなければならない（旧・
所税234①の質問検査規定に関して、前掲・最決昭48.7.10）。事実誤認や平等原則、信義則
なども行政調査の違法性として問題となりうる。

　さらに個別法には、憲法35条・38条の潜脱防止を企図して、「調査の権限が

犯罪捜査のために認められたものと解してはならない」との規定が置かれる場合がある（税通74の8など。最決平16.1.20刑集58・1・26参照）。

（3）行政調査の争い方

　行政調査が行政処分（報告・資料提出命令など）であれば、その取消訴訟を提起し、違法事由を主張すればよい。立入検査など公権力的事実行為としての行政調査の場合には、取消訴訟を提起しても訴えの利益の問題があるので、調査が反復継続されることが予想されるのであれば差止訴訟（行訴3⑦）の提起が考えられる。

　行政調査そのものを争うのとは別に、当該調査で得られた資料に基づいて行われた行政処分に対して取消訴訟等を提起し、その中で調査の違法を主張することはできるであろうか。ここでの問題は、処分が実体的に何ら違法性はないが、調査の違法のみを理由として取消しを求めうるかという点である。通常の場合、行政調査の適法性自体は行政処分の処分要件ではないから、行政調査の違法を理由に行政処分の違法を主張することはできないが、税務調査に関する裁判例は、「調査の手続が刑罰法規に触れ、公序良俗に反し又は社会通念上相当の限度を超えて濫用にわたる等重大な違法を帯び、何らの調査なしに更正処分をしたに等しいものとの評価を受ける場合」には、行政処分に取消原因があるものと解している（東京高判平3.6.6訟月38・5・878）。例えば間接強制調査しか許容されていないにもかかわらず、相手方の意に反して調査を強行した場合などが該当しよう（最判昭63.12.20訟月35・6・979（但し国賠の事例）、さいたま地判平16.12.1税務訴訟資料254順号9846参照）。

6　即時強制

　即時強制とは、行政機関が相手方私人に対し所定の行動をとるよう義務を課すことなく、自ら私人の身体財産に直接実力を加えて所定の行政目的を達成する行為をいう（例えば警職3～7、消防29参照）。

　「即時」とは直ちに、という意味ではなく、相手方に義務を課すことなく、という意味である。この点で、相手方私人による義務実現を予定する後述（第

3節2（**3**））の直接強制と区別される。即時強制は行政上の義務を課す時間的余裕もないほどの緊急事態に対処するために立法化されることも多いが、例えば感染症の予防及び感染症の患者に対する医療に関する法律17・19・20・46条の即時強制が勧告を前置しているように、必ずしも緊急事態は制度の要件ではない（むしろ即時強制の激烈性に鑑みると、時間的余裕があれば相手方に対し自主行動を要請すべきである）。

　歴史的経緯から直接強制の立法例はほとんど無いが、即時強制の立法例はそれなりに多い。また行政代執行法１条により自治体は直接強制条例を制定することはできないが、即時強制の場合は行政上の義務の履行を前提としないので条例化は可能であり、即時強制の根拠規範を用意する条例も数多い（例えば横浜市船舶の放置防止に関する条例10)。国法にせよ自治体法にせよ、直接強制の立法化が難しいのでそれを迂回して即時強制制度を立法化するというのは、前者が実力行使前に私人に義務を賦課することにより後者に比べて手続保障的機能が働きやすいことを考えると、やや矛盾した現象が生じているといえる。そのため、即時強制制度の立法化にはその合理性を厳しく問い、安易な立法化を防ぐ努力が必要である。例えば大量に発生する違反物件（不法係留船舶など）を撤去する手法としては、それ自体は私人に対する影響も小さい反面、行政代執行の如き慎重な手続を求めるとかえって時間と経費の点で不必要に煩瑣であるから、行政代執行や簡易代執行よりも即時強制的手法が必要であるといった規制の実効性の観点が求められる。また私人への影響を下げる工夫をする（例えば即時強制の要件に自主的履行要請を介在させる）といった配慮が求められよう（横浜地判平12.9.27判自217・69)。

　即時強制の争い方としては、実力行使が継続的であれば（例えば強制入院）取消訴訟の提起が考えられるが、通常、即時強制は瞬時に終了してしまう（例えば破壊消防につき消防29参照)。即時強制の発動を察知できているのであれば差止訴訟（行訴3⑦）の提起が考えられる（名古屋地判平18.8.10判タ1240・203)。また即時強制の発動前に通知規定が置かれている場合（例えば退去強制令書の執行（入管52）前の令書の発布（同51)）、即時強制の段階に入れば救済が困難であることから端的に当該通知に処分性を認め、その取消訴訟の提起を認めることが考えられる

（前掲・横浜地判平12.9.27）。なお即時強制が完了し抗告訴訟の提起が不可能となった場合には、被害につき金銭賠償を求めるよりほかない（損失補償と国家賠償につき、第5章第3節以下参照）。

第2節　行政上の手続的規律

1　手続的規律の沿革と意義

（1）国家のあり方と手続的規律の保障

　行政活動においてその諸手続が何の規律もなく行われると、国民生活に対し何らかの不利益が生ずることが想像できる。例えば、行政機関として、国民の申請に対し何らの行為も行わないこと、許可・不許可を恣意的に判断すること、などによって時間が浪費されたり、それにより金銭的損害が生ずるといった不利益は考えやすい。また、理由が分からないまま国民に対し不利益な処分が行われることに対し、何らかの救済手段の必要性があることも国民に過剰負担を強いる意味から理解しやすいであろう。

　国家のあり方として、国民の自由や財産への侵害を除去する場合にのみ、国家が国民生活に関与してよいという国家観（これを自由主義国家観とかその極端な形として夜警国家観と呼ぶことがある）に従うと、以上のような手続によって行政活動を規律すべきという発想は、登場することがない。国家に求められるべきことではないからである。

　しかしながら、第二次世界大戦後の日本国憲法下では、以上のような国家観に対し、刑事手続を想定した適正手続（デュー・プロセス）の保障が重視され（憲31）、そのことと並び、行政活動においても適正手続が必要と考えられるようになった。最高裁は成田新法事件（最判平4.7.1民集46・5・437）において、「憲法31条の定める法定手続の保障は、直接には刑事手続に関するものであるが、行政手続については、それが刑事手続ではないとの理由のみで、そのすべてが当然に同条による保障の枠外にあると判断することは相当ではない」と判示しており、明示的ではないものの、行政活動における適正手続は憲法保障下にある

102　　第 4 章　行政活動の法的規律

と認めている。この適正手続は、学説上、憲法13条（幸福追求権）により保障されているとする説、その保障は法治国家として当然に認められるべきとする説があり、諸説存在する。いずれにせよ、判例・通説ともに、行政活動における手続的規律を何らかの形で保障すると考えている。

（2）意　義

　では、行政上の手続的規律の意義はどこにあるだろうか。まずは、行政活動による侵害を是正する点が挙げられる。この視点から、事後的救済手続としての司法手続では、十分に救済が図れないことを考慮して、行政手続が事前に国民に対し明確にされなければならないことに留意しなければならない。例えば、処分の取消しなどの抗告訴訟、その他、損害賠償請求といった場合、訴訟要件としてのハードルや実際の救済に至るまでには長時間を要するため、単に事後的手続では手遅れとなって不十分であることになる（行政手続の事後的手続の意味は（5）参照）。

　したがって、次に見るような行政上の手続的規律の機能が、このような不十分な点を補う意味をもつのである。

（3）機　能

　行政手続がもつ諸機能にも注目すべきである。これも国民に対する利益という観点から、以下の機能が挙げられる。

　第一に、先に取り上げた憲法上の適正手続の保障という観点からは、事前手続を通じた行政に対する恣意的判断が抑制されることによってもたらされる利益がある（恣意抑制機能）。国民の立場からいえば、行政庁の判断における公正性が担保されることを意味する。

　第二に、国民にとって自らを名宛人とする処分（とりわけ侵益的な処分）の理由を事前に知っておくことで、その後、国民が不服を申し立てる上での便宜性も期待できる利益がある（不服申立便宜機能）。

　これら2つの機能は、後述する処分（申請に対する処分のうち申請拒否処分および不利益処分の2種類）に対する理由の提示に関わる機能として、行政手続法制定

第 2 節　行政上の手続的規律　　103

以前にも、税務訴訟（例えば、最判昭38.5.31民集17・4・617）の中で認知されてきた判例法理である。さらに、行政手続法制定以降、不利益処分に関する事前の判断基準である処分基準（2（2）b 参照）の機能として、恣意抑制機能が指摘されるところである（例、大阪地判平19.2.13判タ1254・122）。

　以上のほかにも、事前手続が明示的に保障されることで、国民に対し行政庁による判断の透明性を確保できる利益がある（透明性確保機能）。透明性が担保されれば、事前手続に関連した国民以外の社会全体の目から行政の判断を事前に監視することにもつながる。なお、このような監視的側面は、情報公開制度が非常に強い機能を果たす一方、そのこととの対比において、手続的規律が法治行政に照らして行政組織内部における改善機能があることを意味する。

（4）手続的規律から見た行政手続法の位置づけ

(1)　**沿　革**　　行政手続法は、平成 5 年法律第88号によって成立したわが国の行政手続法制に関する一般法である。それ以前にあっては、個別の立法が個別の行政手続を定めており、これに関する統一的な法典は存在していなかった。第一次臨時行政調査会においてまとめられた行政手続法草案が公表されていたように（1964年）、行政府において行政手続法の制定機運は存在したが、その立法化にまでは29年という相当の長い時間が必要であった。

　その一方、不透明な行政手続は、この空白期間、海外企業が本邦におけるビジネスを展開する上で、ひとつの参入障壁として問題化していた。このため、米国企業などから、大規模小売店舗における小売業の事業活動の調整に関する法律（いわゆる大店法であり、平成10年法律第91号により廃止）に関わる店舗立地をめぐる行政指導などに不満が寄せられ、わが国の不透明な慣行が日米間の通商摩擦として政治問題化していた。

(2)　**内　容**　　行政手続法が現在のような形に拡充されるまでには、さらに累次の改正を経ることになる。

　まずは、行政手続法の制定当初、許認可等の国民による申請行為に対する行政庁の処分、その他、不利益的な処分や届出に関わる手続規定が定められた（行手第 2 章・第 3 章・第 5 章）。そのほかにも、行政指導については、事実上の行為

104　第4章　行政活動の法的規律

・・・●=コラム9 =　　情報通信技術を用いた行政手続の一般法・・・・・・・

　情報通信技術を用いた行政上の手続的規律を一般化している立法も見られる。そのひとつに、行政手続等における情報通信の技術の利用に関する法律（いわゆる「行政手続オンライン化法」）は、国民の利便性の向上と行政運営の簡素化・効率化を目的として（行手オンライン1）、書面のやり取りを原則とする申請、届出等に代わって、情報通信技術を用いてこれが行われる場合に必要とされる諸規定を定めた法律である。したがって、書面等により行われることを前提とした行政手続を適用対象としている（同3・4）。

　もうひとつに、行政手続における特定の個人を識別するための番号の利用等に関する法律（いわゆる「番号法」）は、すべての日本国籍を有する者に対して自らを特定できる個人番号を付与することから、個人情報管理の問題が大きな課題となっている法律である（情報公開・個人情報保護については第1章第1節参照）。同法は、個人番号を用いて社会保障・税に係る個人情報の利便性を確保することを狙いとするため、行政手続の簡素化と国民の利便性向上という側面も担うことから、上記の行政手続オンライン化法と共通した目的がある。

・・・・・・・・・・・・・・・・・・・・・・・・・・・・・・・・・・・・

としてその規律は司法判断に委ねられていたが、判例法理を条文化することで（この点は後述）、行政指導の限界を立法的に画した（行手第4章）。

　次に、その後の法改正により追加された制度として、次のものがある。

　第一に、平成17年改正（平成17年法律第73号）によって、命令等の制定過程における意見公募手続等（いわゆるパブリック・コメント制度）が法的根拠を得た形で制度化され（行手第6章）、行政活動への民主的コントロールを期待する手続が設けられた。これと併せて、複数の者を対象とする行政指導については「行政指導指針」の策定と公表を行政庁に義務づける規定が設けられた（行手36）。

　第二に、平成26年改正（平成26年法律第70号）によって、行政手続法の中に救済法的性格の強い諸規定が設けられた。具体的には、行政指導の中止等の求め（行手36の2）および処分等の求め（同第4章の2）がそれぞれ設けられた。

　以上に見た行政手続法に規定される諸手続は、書面を原則とするものである。これに対して、情報通信技術を用いてより効率的な事務処理および国民の利便性向上が期待されることもあるが、これは別の法律により規律されることになる（コラム9）。

　(3)　**自治体との関係**　　行政手続法は、自治体の行政機関による処分等一定の場合について適用が除外されている（行手3③）。しかしその一方、各自治体では、行政手続法の規定の趣旨に則り「行政運営における公正の確保と透明性

の向上を図るため必要な措置を講ずるよう努めなければならない」とされていることを受けて（同46）、行政手続条例が制定されている。実際、自治体における行政手続条例の制定率はほぼ100パーセントに達している。

しかし、例えば、行政手続法が明文によって規定する意見公募手続等について、自治体によってはそれを条例ではなく要綱によって規定し、存在形式を民主的統制に委ねていないといった違いもある（行政手続法との違いを含め、**6**において詳述）。

(4)　**行政手続法にはない一般手続**　　行政手続法は行政上の手続的規律を網羅しているわけではない。例えば、行政計画のような行政上の意思決定が法的に具体化されていない段階における手続を規律する場合、都市計画、その他の土地利用計画といった計画の策定段階において国民の意見を反映するといった仕方が考えられる（行政計画の詳細は本章第1節1参照）。このほか、行政調査のように、何らかの処分が行われる事前の手続として、住居への立入検査、犯罪捜査などとの関係が問題となるが、行政手続法草案では一般手続化が試みられた経緯はあるものの、現在でもこのような調査手続は個別立法によって規律される（行政調査の詳細は本章第1節5参照）。

（5）行政手続における事前と事後の関係性

以上のように、行政上の手続的規律は、一義的にその内容が決まりうるものではないため個別法による規律が存在する。また、行政手続法草案では、事前・事後を問わない行政手続全体を含めて理解していたこともあるが、例えば、行政救済法に含まれることが一般的である行政不服審査法は、それが別途制定され、かつ行政手続の中で紛争解決を図ろうとするものである以上、事後手続であることを意識する必要がある。

しかしその一方で、行政不服審査法は、審査請求に始まり審理員による審理手続、そして審査庁による裁決に至る一連の行政手続を規律するものである。このため、行政上の手続的規律は国民の実体的な権利実現をはじめとした、何らかの利益実現行為（申請に対する許認可等）または不利益的行為に対する事前の手続的規律はもとより、それと相並ぶ事後的な行政不服審査手続も含めてト

106 第4章 行政活動の法的規律

ータルで理解することが求められているといえよう。このような観点から、行政不服審査法における審査請求に関する審査手続では、行政手続法にすでに規定された聴聞手続等の公正な審理手続のスタンダード化を図ることを狙いとした法改正が行われていることにも注意を要する（行政不服審査法の詳細は第5章第1節）。

2 処分に関する事前手続

(1) 申請に対する処分

a 概 念

行政手続法は、申請に対する何らかの処分を規律するものである。この場合、大きく分けて、申請に対する許認可といったその名宛人に対して授益的な行為等に関する手続である（行手2③）。同法では、申請に対し名宛人にとって侵益的な行為（申請拒否処分）に関する手続を含んでいる。

b 審査基準

(1) **策定義務**　申請に対する処分にあたり、事前に公表等がなされるものである。行政手続法は、「審査基準を定めるに当たっては、許認可等の性質に照らしてできる限り具体的なものとしなければならない」（行手5②）と規定している。この規定の背景として、個人タクシー事件（最判昭46.10.28民集25・7・1037）において、最高裁は道路運送法6条（当時）が抽象的な免許基準を定めているに過ぎず、内部的にせよ、さらに、その趣旨を具体化した審査基準を策定すべきとの解釈を展開したことがある。

(2) **「公にしておかなければならない」の意味**　以上は、審査基準の策定それ自体に関する規定であるが、行政手続法はさらに、行政上の特別の支障があるときを除き、法令により申請の提出先とされている機関の事務所における備え付けその他の適当な方法により、審査基準を公にしておく義務があることを明示する（行手5③）。「公表」とは異なり、第三者に公にする方法は問われない。このことは、後述する不利益処分に関する処分基準について規定されていないこと（同12）とは対照的であり、審査基準の場合、公にしておくことのメリッ

トが処分基準とは異なり、公にされた審査基準を第三者が監視することで透明性確保機能への期待があるからである。ただし、申請者が提出すべき書類を列挙した一覧を交付しただけで公にしたことにはならないとする裁判例（東京高判平13.6.14判時1757・51）がある。

(3) **申請のタイミングとの関係**　審査基準が策定されていても、申請後にそれが申請者に不利に変更された結果、行政庁によって拒否処分が行われた場合、事前に基準が公にされていることの意義に悖（もと）ることが考えられる。行政手続法は、この点に対する措置を講じていないが、申請者から拒否処分の取消しを求める裁判例（大阪地判平8.6.25判タ929・78）では、拒否処分を適法とする根拠として審査基準が「法の趣旨に沿った合理的かつ公平な基準」と判示した。このほかにも、申請が放置されている間に審査基準が厳格化された結果、行政庁による却下処分の違法性が争点となった国家賠償請求において、違法な処分の遅延はないとされた裁判例（大阪地判平24.5.18LEX/DB254820）がある。

(4) **その他**　どの程度の審査基準であることが法的に要求されるかも、行政手続法に明記されているわけでない。しかし、理由提示の程度との関係では、複雑な処分について明確な理由提示がなされていなかったことが処分の違法性を結論づける根拠とされている裁判例（大阪地判平24.6.28 LEX/DB25444774）もある。このように、申請に対する処分の理由が明確になることが求められており、その要求水準に見合う審査基準でなければならないと解すべきである。不利益処分に関する処分基準についても同様の要求があることは、(2) **b** において触れる。

c　**標準処理期間**

申請に対する処分の特徴として、行政庁に対し申請がその事務所に到達してから当該申請に対する処分をするまでに通常要すべき標準的な期間を定める努力義務を課していることが挙げられる（行手6）。事務処理の標準期間が分かることで、国民にとっては行政庁が標準処理期間を策定した場合、それを当該申請の提出先とされている機関の事務所における備え付けその他の適当な方法により公にしておくことを義務づけている。

このような努力義務が課せられることで、行政庁による申請に対する迅速な

108　第4章　行政活動の法的規律

処理を促すインセンティブが期待され、これによって行政庁が恣意的に申請を放置することの防止にもつながるというメリットがある。

　他方、標準処理期間を徒過した場合、行政庁の不作為を判断する基準である「相当の期間」（行服3、行訴3⑤）に該当するかが問題となる。これについて、仮に行政庁が当該期間を徒過して処分したとしても、それが法的に見て不当または違法と解されるかは別問題と解するのが一般的である。行政手続法上、標準処理期間の策定は努力義務であり、行政救済法上の評価と直結すれば期間を長めに設定され、制度趣旨に反することになることなどがその理由として考えられる。

d　申請応答義務

(1)　義務の内容と受理行為　行政庁は申請がその事務所に到達した場合には、遅滞なく当該審査を開始しなければならないとする義務である（行手7）。このことは、申請があった場合は必ず応答を行政庁に義務づけていることを意味するため、このことに反する行政庁の行為は審査義務に反して行政手続法上違法と解される。言い換えれば、申請に対して行政庁が書面を受理しなかったり（不受理）、返戻したりする行為が違法として評価されることになる。

　具体例として、廃棄物の処理及び清掃に関する法律（平成9年法律第85号による改正前）に基づく産業廃棄物処理業の許可申請に関する書類を返戻し審査を行っていないことが行政庁の不作為として違法と解した裁判例（仙台地判平10.1.27判時1676・43）がある。このほか、類似の事案において、申請の「到達」の意味を「意思表示が相手方の了知しえる支配範囲に入ることをいうものと解される」とした上で、申請書をすべてもち帰ったことはこの意味の「到達」には該当しないとした裁判例（神戸地判平12.7.11訟月48・8・1946）がある。

(2)　先願主義との関係　申請が事務所に到達した時点をどのように解するかは、先願主義を採る制度においては重要となる（行政処分の分類との関係において第4章第1節2）。そもそも、先願主義とは先に申請した者が許可を得るしくみであるため、複数の申請者が同時期に申請した場合、いずれが有効に成立する申請かを見極めるタイミングとして、事務所到達時点の判断が問題となる。この点につき、判例（最判昭47.5.19民集26・4・698）として、先願主義をとる公衆

浴場法上の営業許可に際し、原告は許可を受けた第三者よりも先に行政庁によって受理されていたことをもって、当該許可処分の取消しを求めた事例がある。最高裁は「所定の申請書がこれを受け付ける権限を有する行政庁に提出された時を基準として定めるべきものと解するのが相当であって、申請の受付ないし受理というような行政庁の行為の前後によってこれを定めるべきものと解することはできない」と判示し、原告の請求を棄却した。

(3) **行政指導との関係**　　行政手続法は、申請に関する行政指導の原則を定めるため、申請者に申請自体を取り下げさせる可能性を一切否定しているわけではない（行手33）。しかし、このような行政指導が行われることで、事実上不受理と同じ効果が生ずる可能性は否定できないため、申請者の意思が行政庁の応答を求めるものかといった確認を要する（**4**（**4**）(2)参照）。

e　理由の提示

行政庁は、申請により求められた許認可等を拒否する処分をする場合（申請拒否処分）について、当該処分の理由提示を義務づけている（行手8①）。処分を書面で行う場合は書面で理由を提示することも併せて義務づける（同②）。

以上のように、行政手続法は申請拒否処分に関する理由の提示を義務づけているものの、どの程度の理由が求められるかについて、行政手続法の中に明文規定を置いているわけではない。このため、解釈に委ねられることになるところ、手掛かりとなる旅券法14条事件（最判昭60.1.22民集39・1・1）において、最高裁は理由提示の制度趣旨を恣意抑制機能と不服申立便宜機能と理解した上で、「一般旅券発給拒否通知書に付記すべき理由としては、いかなる事実関係に基づきいかなる法規を適用して一般旅券の発給が拒否されたかを、申請者においてその記載自体から了知しうるものでなければならず、単に発給拒否の根拠規定を示すだけでは、それによって当該規定の適用の基礎となった事実関係をも当然知りうるような場合を別として、旅券法の要求する理由付記として十分でないといわなければならない」と判示した。このような理由提示の程度に関する判例法理は、不利益処分についても一般的にあてはまるものである。

f　公聴会

申請に対する処分について「申請者以外の者の利害を考慮すべきことが当該

110   第4章　行政活動の法的規律

法令において許認可等の要件とされているものを行う場合」には、公聴会の開催等によって、申請者以外の者の意見を聞く機会を設ける努力義務が規定されている（行手10）。公聴会の参加者は申請者以外で当該許認可に利害のある者が想定されているが、その範囲は一義的に決められるものでないため、解釈を要する。

　このほかにも、公聴会における意見聴取の手続を行政手続法が規定しているわけではないため、ここでも解釈の余地を残す。群馬中央バス事件最高裁判決（最判昭50.5.29民集29・5・662）では、運輸審議会により開催されたライバル会社（群馬バス株式会社）による申請を審議する公聴会の審理手続について、関係者に対し「決定の基礎となる諸事項に関する諸般の証拠その他の資料と意見を十分に提出してこれを審議会の決定（答申）に反映させることを実質的に可能ならしめるようなものでなければならないと解すべきである」として、意見聴取を形式的なものとすることは認められず、公聴会による判断のあり方にまで踏み込んでいた。

（2）不利益処分

a　概　念

　処分の名宛人にとって不利益となる場合を指す（行手2④柱書）。ただし、申請に対する侵益的な行為（申請拒否処分）は、不利益処分に含まれず（同④ロ）、申請に対する処分に関する理由の提示について規定されている（同8）。

b　処分基準

⑴　**策定の努力義務**　　不利益処分にあたり、その基準を策定し事前に公にすることを努力義務として規定している（行手12①）。審査基準の場合、策定しそれを公にすることをともに義務づけていることとは異なる。処分基準については公にすることを義務づけない理由として、事前の策定が困難であるとの行政庁側の事情のほか、回数を重ねるたびに不利益度が加重するしくみがとられる処分の場合、実害に鑑みて何度も違反行為を繰り返す可能性のある者が出てくること、などが弊害として生ずると予想されるからである。なお、裁判例（大阪地判平19.2.13判タ1253・122）において、処分基準の策定が行政庁の判断過程の

透明化を図り、不利益処分に対する国民の予測可能性を担保することで行政庁による恣意的判断の防止に役立つと解されている。

このほか、処分基準を策定するにあたり「不利益処分の性質に照らしてできる限り具体的なものとしなければならない」(行手12②) との規定は、審査基準と同趣旨である。

(2) **行政の自己拘束論**　処分基準が策定され公にされた場合、行政庁はその内容に拘束されるかという問題がある。いわゆる行政の自己拘束論と称される論点である。処分基準の機能に照らせば、処分の名宛人にとって利益にはなるものの、処分基準の策定は努力義務であり、本体たる法律を根拠に処分の適否が判断されるべきであるとすれば、このような理解は必ずしも正当とはいえない。

しかし、風俗営業等の規制及び業務の適正化等に関する法律に基づく営業許可の取消処分を受けた後、一定の期間経過後においても「回復すべき法律上の利益」が存するかが争点となった事例 (最判平27.3.3民集69・2・143) において、最高裁は、事案に応じて不利益処分の程度が加重される旨とする処分基準が公にされている場合、元の取消処分を受けたことで、その後、処分基準に従って加重される不利益処分が出される可能性があれば、「当該処分基準の定めと異なる取扱いをするならば、裁量権の行使における公正かつ平等な取扱いの要請や基準の内容に係る相手方の信頼の保護等の観点から、当該処分基準の定めと異なる取扱いをすることを相当と認めるべき特段の事情がない限り、そのような取扱いは裁量権の範囲の逸脱又はその濫用に当たることとなるものと解され、この意味において、当該行政庁の後行の処分における裁量権は当該処分基準に従って行使されるべきことがき束されて」いるとの判断基準を示した。したがって、判例は、公にされた処分基準に拘束力を認めていることになるが、不利益処分の後に加重処分を予定した処分基準がある場合にあてはまる法理といえる点に、注意を要する。

c　理由の提示

(1) **申請に対する処分との異同**　行政庁は、不利益処分をする場合に当該処分の理由の提示および処分を書面で行う場合は書面で理由を提示することを義

112 第4章 行政活動の法的規律

務づけている（行手14①・③）。このことは、処分をすべき差し迫った必要がある場合を除き、申請に対する処分と同じである（行手14①但書）。そこで、前述の税務訴訟に見られた理由提示の機能（恣意抑制機能、不服申立便宜機能）を前提に、その程度については解釈に委ねられる。

（2）**処分基準との関係**　最高裁は、一級建築士の免許取消しに関する理由提示にあたり、行政手続法14条1項本文の規定の趣旨に照らし「当該処分の根拠法令の規定内容、当該処分に係る処分基準の存否及び内容並びに公表の有無、当該処分の性質及び内容、当該処分の原因となる事実関係の内容等を総合考慮してこれを決定すべきである」（最判平23.6.7民集65・4・2081）と判示した。このことから、行政庁が不利益処分を行うとの結論に至る上で、その策定が努力義務とされる処分基準にあっても、処分基準の性質と内容が考慮・吟味される必要があるとするのが、判例の立場である。

（3）**聴聞手続との関係**　聴聞手続を経た不利益処分であれば、その理由提示の程度は処分理由の基礎となる事実を具体的に提示する必要はないかが問題となる。この点について、裁判例（名古屋高判自25.4.26判自374・43）では「聴聞手続における控訴人の反論・反証を踏まえた理由提示をすることこそが、行政庁の判断の慎重と合理性を担保してその恣意を抑制するとの行政手続法14条1項本文の趣旨に適うものというべきであ」ると判示している。

d　聴聞手続

（1）**対　象**　不利益処分のうち、許認可等を取り消す場合、名宛人の資格または地位を直接剥奪する場合、役員の解任等をする場合のように、処分の名宛人にとって厳しい不利益を課する場合を前提としている。

（2）**主要手続**　聴聞手続の主要な内容は、次に掲げるとおりである。

第一に、当事者および参加人の権利として、意見の陳述および証拠書類または証拠物の提出（行手15②Ⅰ・20・21）ならびに当該処分の原因となる事実を証する資料の閲覧請求（同15②Ⅱ・18）をそれぞれ可能とする。

第二に、行政庁が指名する職員その他の政令で定める者は、聴聞主宰者として、聴聞手続を主宰する。行政手続法は、聴聞主宰者の除斥事由を定めており、聴聞の当事者または参加人等の利害関係人は聴聞を主宰できない旨規定されて

いる（同19）。

　第三に、聴聞主宰者の諸権利であり、行政手続法では当事者または参加人に対し質問を発すること、意見陳述や証拠書類等の提出を促すこと、または行政庁の職員に対し説明を求めることができること（同20④）などが規定される。これらのほか、聴聞主宰者は、聴聞調書の作成とともに、聴聞後速やかに不利益処分の原因となる事実に対する当事者等の主張に理由があるかどうかについての意見を記載した報告書を作成し、聴聞調書とともに行政庁に提出する義務がある（同24①～③）。

　なお、聴聞主宰者は、当事者の全部もしくは一部が正当な理由なく聴聞期日に出頭せず、かつ、証拠書類等を提出しない場合などであれば、聴聞を終結できるものとされる（同23①）。

　第四に、行政庁の聴聞手続の結果に対する判断への影響として、行政手続法は聴聞調書および報告書に記載された聴聞主宰者の意見を十分に参酌して行うことを求めている（同26）。

e　弁明手続

　不利益処分のうち聴聞手続の対象とはならない内容の処分を前提としている。弁明手続は聴聞手続とは異なり、口頭の意見陳述を含むものではなく、不利益処分の名宛人が弁明書を行政庁に提出する手続を指す。

3　届　　出

　行政庁に対し一定の事項を通知する行為（申請とは別概念）であり、法令によって直接に当該通知が義務づけられているものをいう（行手2Ⅶ）。行政手続法は、届出が一定の要件に適合している場合、届出先とされている機関の事務所に到達したときに、手続上の義務が履行されたものとみなす旨規定した（同37）。

　しかし、法文上は届出とされているにもかかわらず、その要件を厳格にすると、事実上、処分を求める申請行為と同義として扱われることになるが、これは行政手続法の趣旨にもとる。

　ところで、道路運送法44条（平成12年法律第86号改正前）の無償旅客自動車運送事業の届出が行政庁によって不受理とされた事例において、届出を直接取消訴訟

114　第4章　行政活動の法的規律

の対象として争われた裁判例（名古屋地判平13.8.29判タ1074・294）では、当該届出が受理されるか否かは効力の発生に影響を及ぼさないというべきとして、訴訟の対象とは認めなかった。このように、届出の法的性質を理解する上で、不受理の存在に着目する場合、このような理解は正当である。しかし、第三者が届出行為を抗告訴訟によって争う場合、このような解釈は形式的に過ぎるともいえる。むしろ、届出の実質を見た上で、救済の是非を考えるべき場合もあろう。

　なお、規制緩和政策の観点から、これまでの認可制等の厳格な処分から届出制といった緩やかな手続へと変更することで、国民に対する行政手続上の負担軽減を可能とし、積極的な制度活用を促そうとする試みが見られた（例えば、平成26年法律第72号による改正前の電気事業法19条2項など）。

4　行政指導

（1）手続的統制を要する理由

　行政指導は、行政上の意思表示を行うひとつの手段であるが、法的な根拠をもたないものとして説明されてきた。そして、実務上、行政指導と呼ばれる手法が多用されており、早くから見られた一例として、通商産業大臣が鉄鋼メーカーに対し操業短縮を勧告する事実上の制度などがあった。

　しかし、行政指導が手続的規律の対象として認識されるのは、それが国民の権利利益に直接的な影響を生ずることが注目されるようになってからといえる。例えば、行政指導は事実上の行為とされつつも、その名宛人が指導に従わなかった場合には、別の場面において不利益を被らせる（いわゆる「江戸の敵を長崎で討つ」方式）ことが想定されるため、名宛人は事実上指導に従わざるをえなかった。このように、行政指導を受ける側がその指導を受けざるをえない状況は、一定の強制力を行政指導にもたせることと同義に解することができるため、そのような行政指導に法的拘束力を及ぼすべきではないかという課題が生まれたのである。このような強制力をもつ行政指導を規制的行政指導と呼ぶ（コラム10）。

　規制的行政指導は、名宛人から行政主体に対していくつかの訴えが提起され

第 2 節　行政上の手続的規律　　115

┄┄┄ **コラム10**　　**行政指導を分類する意義**┄┄┄

　行政指導の種類には、規制的行政指導のほかにも、国民に対し行政が情報を提供してその活動を助成する助成的行政指導、国民同士の紛争解決を試みる調整的行政指導があるとされてきた。行政指導をこのように分類するひとつの意義として、事実行為である行政指導であっても、それが規制的行政指導に属すると解される場合、根拠規範を要するか否かという問題が生ずることが考えられるからである。しかし、建築確認の留保の例に見られるように、それが周辺住民との紛争を調整するための調整的行政指導であっても、建築主にとっては規制的行政指導となるため、ひとつの行為が複数の行政指導に分類されること

も考えられる。その意味から、このような分類に固執するよりも、行政指導の名宛人に与える効果を含めて、その法的性格づけが求められる。

　他方、法律の留保論との関係では、行政手続法の立場は、仮に調整的行政指導であっても、それが法的根拠をもつ場合には、中止や要求の対象とされることになった（行手36の2・36の3）。さらに、助成的行政指導、調整的行政指導であっても、それが規制的性格をもつ場合には、国民の救済的観点から中止や要求の対象とされるためには、根拠規範を要するとの主張も首肯されよう。この点に関する論点は、本論を参照されたい。

る対象となっている。例えば、建築主による建築確認申請が周辺反対住民との調整を求める建築主事によって留保されること（最判昭60.7.16民集39・5・989［品川マンション事件］）、教育施設負担金の支出を前提に水道供給契約の締結を求めること（最判平元.11.8判時1328・16［武蔵野市教育施設負担金刑事事件］）、などを代表事例として挙げることができるが、まさにこのような判例を実定法化したのが行政手続法であった。

（2）行政指導の規定に関する行政手続法の性質

　そこで、規制的行政指導が国民の権利利益に影響を与えるのであれば、法律の留保論の観点から根拠規範を要するのではないか、という疑問が生ずる。法律の留保論に関する学説のうち、全部留保説の立場に立つならば、すべての行政指導は根拠規範を要すると解されるが、侵害留保説に立つならば、国民の自由や財産を侵害する行政指導の場合につき、根拠規範を要すると解することができる。実際にも、行政指導の根拠規範をもつ立法は複数見られるところであり、行為形式については、指導、勧告、助言という文言が用いられる場合（宅建業71）、勧奨（企業合理化11）、指示（小売特措13）、警告（水道36②）など、文言が統一されているわけではない。

116 第4章 行政活動の法的規律

　むしろ、行政手続法は、法令違反の是正のための行政指導の差止めおよびその求めを可能にする規定も存するため（行手36の2・36の3）、根拠規範の有無が問われる場合がある。ただし、法律の留保論の観点から、根拠規範がなければ一切行政指導を行えず、仮にそのような行政指導が行われる場合には違憲との結論は、行政指導の柔軟性を否定するものであろう。

　では、行政手続法が行政指導について規定を置いたことが、一般法として根拠規範を明記したのかといえば、そうではない。行政手続法における行政指導に関する規定は、仮にそれが行われた場合に一定の原則の下に置こうとするものであり、規制規範であると解されることに注意を要する。

（3）抗告訴訟との関係

　規制的行政指導は、国民の権利利益に影響を及ぼす点に着目すると、抗告訴訟の対象（「処分」性）とすることの是非が問題となる。この点について、病院開設許可にあたり、病床数を定めた地域医療計画を守らない申請者には、医療法（平成9年法律第125号による改正前）30条の7の規定に基づきその順守を勧告する一方、健康保険法（平成10年法律第109号による改正前）43条の3に基づき勧告に従わない場合には保険医療機関としての指定を行わないとするしくみがとられていた。そこで、原告が勧告を取消訴訟の対象としたことの是非が問われた事例（最判平17.7.15民集59・6・1661）において、最高裁は、「病院開設中止の勧告の保険医療機関の指定に及ぼす効果及び病院経営における保険医療機関の指定の持つ意義を併せ」た結果、当該勧告に処分性を肯定している（処分性に関する詳細な検討は、第5章第2節Ⅱ参照）。

　もっとも、最高裁は、医療法30条の7に基づく病院開設中止勧告に従わずに開設された病院に対する健康保険法43条の3第2項に基づく保険医療機関としての指定拒否処分について、「公共の福祉に適合する目的のために行われる必要かつ合理的な措置ということができる」として、この処分を適法と解している（最判平17.9.8判時1920・29）。

（4）行政手続法が定める諸原則

　以下では、行政手続法が定める行政指導に関する規定について、見ておくことにする。

　⑴ **行政指導の一般原則**　　行政指導は事実上の行為であって、その名宛人に強制的なものであることは、本来の性格にもとる。したがって、行政指導は名宛人にとっての任意の同意に基づくことが原則となる。このことを明示したのが、行政手続法32条の規定である。

　行政手続法32条の規定は、最高裁が行政手続法制定以前において形成した判例法理を法文化したものと考えられる。具体的には、第一に、留意点として、当該行政機関の任務または所掌事務の範囲を逸脱してはならないこと、行政指導の内容があくまでも相手方の任意の協力によってのみ実現されるものであること（同①）、第二に、行政指導に従わなかったことを理由として不利益な取扱いをしてはならないこと（同②）の2点が挙げられる。

　⑵ **申請および許認可等に関連する行政指導**　　行政手続法は、問題となる場面に応じて行政指導に関する諸原則を規定している。

　第一に、申請に関連する行政指導について（行手33）。これも、一般原則の規定と同様、判例法理（最判昭60.7.16民集39・5・989［品川マンション事件］）を立法化したものである。具体的には、申請の取下げまたは内容を変更する行政指導にあっては、行政指導に従う意思がない旨を表明したにもかかわらず継続すること等により申請者の権利行使を妨げることがないようにすること、が規定される。

　なお、行政手続法に照らして直接判断した事件ではないものの、第三次教科書訴訟（最判平9.8.29民集51・7・2921）において、最高裁は「教科用図書検定審査内規」に従った運用のうち「改善意見」は、検定合否に直接関わる「修正意見」が国家賠償法上の違法性判断の根拠となりえる場合とは切り離し、「検定の合否に直接の影響を及ぼすものではなく、文部大臣の助言、指導の性質を有するものと考えられるから、教科書の執筆者又は出版社がその意に反してこれに服さざるを得なくなるなどの特段の事情がない限り、その意見の当不当にか

118 第 4 章 行政活動の法的規律

かわらず、原則として、違法の問題が生ずることはないというべきである」と
判示した。

第二に、許認可等に関連する行政指導について（行手34）。当該行政機関が権
限行使できない場合または行使する意思がない場合、「当該行政指導を行使し
得る旨をことさら示すことにより相手方に当該行政指導に従うことを余儀なく
させるようなことをしてはならない」と規定する。

(3) **方 式**　行政指導が事実上の行為であれば、特段そのことによって事
後的に何らかの措置を講ずる必要はないといえる。しかしながら、行政手続法
は、相手方に対して当該行政指導の趣旨、内容および責任者の明示（行手35①）
や書面の交付が求められたときは、行政上特別の支障がない限りこれを交付す
る義務があること（同③）を規定している。

（5）行政指導指針

複数の者に対し行政指導をしようとするとき、事前に行政指導指針を策定し、
行政上特別の支障がない限り公表義務がある（行手36）。この趣旨は、申請に対
する処分および不利益処分に関する審査基準および処分基準が事前に公表され
ることと同様である。したがって、行政指導指針も、審査基準および処分基準
と同様に、意見公募手続等の対象となる。

（6）救済手続について

平成26年法律第70号による改正によって、法令違反の是正のための行政指導
について、その相手方が当該行政指導の中止等を求める場合（行手36の2）およ
び何人も当該行政指導を求める場合（同36の3）の2つについて、それぞれ明記
されることになった。以下、これらの規定に関する特徴を示しておく。

第一に、対象とされる行政指導は、その根拠となる規定が法律に置かれてい
るものに限定されている（行手36の2①・36の3①）。したがって、法律の規定によ
って一義的に行政指導が行われるべきか否かを判断しやすい場合に限定される。

第二に、法令違反の是正のための行政指導が何人も可能となっているため、
その範囲が問題となる。事実上の行為であり、その範囲は特定しないといえる

が、規制権限の不行使として捉える場合には、事後的にせよそのことによって違法性が帯びることが考えられる。

5　意見公募手続等

（1）行政立法手続として

意見公募手続とは、国民一般から広く意見を求め、その意見を行政手続に反映させようとする手続であり、行政手続のうち行政立法手続のひとつである。このことは、行政手続法が命令等に関する意見公募手続に関する一般規定に加えて、命令等を定める機関（以下、「命令等制定機関」という）が命令等を定めるにあたり「当該命令等がこれを定める根拠となる法令の趣旨に適合するものとなるようにしなければならない」こと（行手38①）、命令等制定後にあっても「当該命令等の規定の実施状況、社会経済情勢の変化等を勘案し、必要に応じ、当該命令等の内容について検討を加え、その適正を確保するよう努めなければならない」旨の努力義務（同②）が規定されるように、一般原則を規定している点に表れるところである。

他方、行政手続法は、主に命令等に関する意見公募手続について規定している。そもそも、法律は国民の代表者から構成される国会の議決を経て成立するが、命令のような行政立法は、国民の権利利益に影響を与えるにもかかわらず、法律のように民主的議論を経ていない。このことから、意見公募手続は、行政立法においてもこのような議論を経由することを認めた、法律の制定過程の形式により近づける行政手続として位置づけることができ、手続参加を求める現代行政の特徴的なあり方を反映している。

なお、行政手続法は行政組織内部において、上記の命令制定手続をとるべきかまでは規定していない。しかし、対象となる命令等が公にされる場合、処分の適法性を判断する法的根拠のひとつとして扱われることから、それらの策定過程を規律すべきかが課題として残されている。

120　第4章　行政活動の法的規律

（2）意見公募手続等の概要

(1) **対象**　　行政手続法は、意見公募手続の対象を「命令等」と表現する。これは、法律に基づく命令または規則（行手2Ⅷイ）のほかにも、審査基準、処分基準、そして行政指導指針（同2Ⅷロ～ニ）を含む概念である。ただし、公益上、緊急に命令等を定める必要がある場合（同39④Ⅰ）のほか、利害調整を目的として第三者機関によって審議されることとされる場合（同Ⅳ）、軽微な変更として政令で定めるものを内容とする命令等の場合（同Ⅷ）といったように、意見公募手続の対象となる命令等からは除外されたものもある。

(2) **形式手続**　　命令等制定機関が命令等を定めようとする場合に、広く一般の意見を求めて、その案と関連資料をあらかじめ公示する（行手39①）。この意見を求める期間は、公示の日から30日以上とされる（同②）。

(3) **意見に対する考慮の程度**　　命令等制定機関が意見公募手続を実施後、命令を制定する場合には、提出された当該命令等の案について提出された意見を「十分に考慮しなければならない」と規定される（行手42）。しかし、この文言がどの程度をもって考慮義務を果たすことを意味するのかは、法文上明らかでない。

　条文の趣旨に照らすのならば、国民一般からの意見が命令案の内容を批判するものであったとして、それを形式的に考慮するだけでは足りず、実際に案を採用しないことの理由が命令等制定機関として正しく説明できることを求められる趣旨といえる。この点は、命令等制定機関が当該手続を実施した際に、「提出意見を考慮した結果（意見公募手続を実施した命令等の案と定めた命令等との差異を含む。）及びその理由」を含めて公示する義務が課されている点に表れている（同43Ⅳ）。

6　自治体における行政手続条例

（1）独自の課題として

　行政手続法は、自治体の機関による権限執行等について適用除外とされる場

合を認める一方、同法46条は除外された手続につき「必要な措置を講ずるよう努めなければならない」旨の努力義務を課したことを受け、執行機関が行う諸手続につき何らかの規律を行う必要性、そして、自治体独自の一般手続法制の創設の可能性が問題となる。

　この場合、当然ながら、独自の一般手続法制が創設される場合、規定の内容面においては、憲法が規定する条例制定権の限界に抵触するかという問題が生ずることはいうまでもない。しかしその一方、自治体によっては、行政手続法に規定された諸手続であっても、その存在形式を条例に限らず、当該団体の長が策定する規則（自治15①）のほか、内規としての規程や要綱といったように、地方議会の議決を経ずに組織内決裁のみを根拠として策定される事実上の組織内ルールがとられることが考えられる。意見公募手続等を要綱によって規定するケースが多いのは、この例である。

（2）自治体の独自手続について

　一般的に、行政手続法が定める行政手続をミニマムとして捉え、条例ではそれよりも厳格な手続的規律がとられると解する場合、その規律は適法と評価できる。例えば、不利益処分における文書閲覧請求権は聴聞手続についてのみ存するがこれを弁明手続にも準用する場合、請求対象文書等の写しの交付を求めることを可能とする場合、といったことが、具体例として挙げられる。

　なお、自治体の場合、関連する機関が行政機関とは限らない。例えば、指定管理者といった私企業も当該団体が保有する施設の管理者となりうることから（自治244以下）、そのような管理者は、通常の処分の名宛人とは異なるため、行政手続条例の適用対象外としての措置が必要になる（例、東京都行政手続条例4②等）。

第3節　行政の実効性確保

1　「行政の実効性確保」の意義

　行政処分によって私人に対し、一定の作為・不作為を義務づける場合があることはすでに解説した。その義務は、相手方を拘束するものであるから、相手

122　第 4 章　行政活動の法的規律

方は処分が義務づけている内容に法的に拘束されることになる。ただ、必ずしも相手方が処分の内容通りに行動する（もしくは活動を差し控える）とは限らない。そのような義務の不履行がある場合、処分の内容を実現させるための行政上の手段が用意されている。つまり、「行政の実効性確保」の手段である。

2　行政上の強制執行

　行政は司法権の手を借りずに、自らの力で私人に対して課した義務の内容を実現することができる。すなわち、行政には一定の範囲で自力救済が認められていることになる。それは、行政上の目的を早期に実現する必要性によるものであると解されている。

　戦前は、強制執行の一般法として「行政執行法」があり、個別法律において強制執行をなすことができる旨の規定は必要とされなかった。だが、戦後わが国の行政にあっては、行政の違法な公権力の行使（強制執行も「公権力の行使」である）による私人の権利ないし自由への侵害を排除するため、より慎重な態度で臨むことへの配慮から、個々の法律において根拠規定を要求するようになったものと思われる。

　現在、法律で定められている強制執行の手法には、「代執行」、「強制徴収」、「直接強制」、「執行罰」がある。以下、順に解説していく。

（1）代執行

　行政上の義務履行確保の手段のひとつとして代執行がある。行政上の義務の内容を行政が義務者に代って実現するものであるが、これには厳格な要件がある。

　代執行の要件、手続を定める法律として「行政代執行法」がある。その 2 条は、「法律（法律の委任に基づく命令、規則及び条例を含む。以下同じ。）により直接に命ぜられ、又は法律に基づき行政庁に命ぜられた行為（他人が代ってなすことのできる行為に限る。）について義務者がこれを履行しない場合、他の手段によってその履行を確保することが困難であり、且つその不履行を放置することが著しく公益に反すると認められるときは、当該行政庁は、自ら義務者のなすべき行

為をなし、又は第三者をしてこれをなさしめ、その費用を義務者から徴収することができる。」として、代執行の要件を定めている。

a　代執行の要件

(1)　代替的作為義務の不履行　　法律（委任命令、規則、条例を含む）または法律に基づき行政庁に命ぜられた行為とは、「作為義務」を表している。作為義務であり、かつ「他人が代ってなすことのできる行為」に限られるとしている。つまり義務者本人だけでなく、第三者も物理的に当該行為を行うことが可能な場合に限定される。

　要するに「代替的作為義務」の不履行があった場合にのみ、代執行が可能となるのであって、不作為義務や、義務者本人しかなしえない非代替的な行為はそもそも対象外となる。例えば、営業の禁止ないし停止の処分は不作為義務を課すものであるし、他人が代ってなすことのできる行為ともいえない。退去命令なども代替性がない。もし第三者が代ってこのような義務内容の実現を図ろうとするのであれば、義務者本人の身体に直接有形力を行使する必要が出てくる。それはもはや代執行の範疇ではない。代執行の対象となる典型例は、建物その他の物件の除去等のケースであり、実際上の執行例もこれがほとんどではないかと思われる。

(2)　他の手段によってその履行を確保することが困難であること　　行政代執行法２条が要求する代執行の要件としてさらに、「他の手段により義務履行の確保が困難な場合」がある。通常、代執行に至るまでの過程において、行政庁は義務者に対して再三の指導を繰り返し、それでも履行が期待できないので行政処分（命令）を行う。その上でなお履行されないので、代執行に踏み込もうとしているのである。この規定は、代執行という権力的手段を用いるに際し、なお行政に対して、他の手を尽くしたかを確認させる、いわば入念規定と考えるべきであろう。要するに、代執行を行うには、慎重な態度で臨めという立法者のメッセージといえる。

(3)　その不履行を放置することが著しく公益に反すると認められること　　また、義務の不履行を放置することが著しく公益に反する状態にあることも要件となっている。義務の不履行といっても、直ちに他人に迷惑を及ぼしたり、著しく

124 第4章 行政活動の法的規律

公益に反する状況にあるものはさほど多いわけではない。影響の小さなものについてはそれこそ、行政指導で対応するのが通常であろう。この規定は、あらゆる義務の不履行が代執行の対象になるわけではないことを意味しているものといえる。

　この規定も b と同様、代執行の濫用への歯止めとして機能するが、逆に、とりわけ公益違反の「著しさ」を重く受け止め過ぎてしまうと、本来行われてしかるべき代執行が発動されないということにもなる。この要件の認定においては、行政庁の裁量権が認められると解されており、義務の不履行を放置することが著しく公益に反するか否かについて、当該義務に係る関係法令の趣旨目的を適切に解釈して判断することが求められる（広岡隆『行政代執行法［新版］』（有斐閣、1981年）129頁参照）。諸状況に応じた柔軟な判断が必要であると同時に、濫用にわたることがないよう裁量権には制約がかかるのである。いずれにせよ、代執行は必要最小限に抑えるとしても、公益の保護は行政の重要な使命であるから、過剰に委縮する必要はないように思われる。

b　代執行の手続

⑴　代執行の戒告と通知　　代執行を行う際には、相当の履行期限を定め、その期限までに履行がなされないときは、代執行をなすべき旨を、あらかじめ文書で戒告しなければならない（代執3①）。その上でなお義務者が期限までに義務を履行しないとき、行政庁は代執行令書をもって、代執行をなすべき時期、代執行のために派遣する執行責任者の氏名および代執行に要する費用の概算による見積額を、義務者に通知する（同②）。

　この戒告、通知を行わずに代執行をすることはできない。その点で戒告、通知は代執行の必要手続であると同時に、その要件でもある。

　もっとも、非常または危険切迫の場合には、この手続をとらずに行うことができる（同③）。

⑵　費用の徴収　　代執行に要した費用は、義務者から徴収することができ（代執2①）、実際に要した費用の額と納期日を定め、義務者に対し文書により納付を命じなければならない（同5）。納付されない場合には、国税滞納処分の例により徴収することができる（同6①）。

c 代執行の問題点

(1) 行政代執行法の性格　　行政代執行法１条は、「行政上の義務の履行確保に関しては、別に法律で定めるものを除いては、この法律の定めるところによる。」と定める。行政上の義務履行確保に関する一般法である、と謳いながらも、実際に規定されているのは代執行の要件と手続である。その意味で、実質的には「代執行」の一般法たる性格を有している。

(2) 条例との関係─条例に直接強制・執行罰の定めを置くことができるか　　自治体の条例に代執行の根拠規定を設けることは可能である。２条には、「法律（法律の委任に基づく命令、規則及び条例を含む。）」とある。この条例は、法律の委任を受けて制定された条例（法律委任条例）に限られるようにも読める。しかし目下のところ、法律委任条例以外の独自条例においても代執行の根拠が置かれるものが多く、それについて違法視する見解はあまり見られない。

ところで、代執行以外の直接強制や執行罰といった強制執行を条例に定めることができるかという問題がある。直接強制、執行罰については一般法の定めはなく、個別法に基づいて行われることになるのであるが、行政代執行法１条は、「別に法律で定めるものを除いては」この法律によると規定（結局、代執行のみが規定されている）しているので、行政上の義務履行確保の制度は法律で定めなければならないと解されている。したがって条例に直接強制、執行罰の根拠を置くことはできないということになる（塩野宏『行政法Ⅰ〔第６版〕』252-253頁参照）。

戦前からこの法律ができた戦後まもなく（昭和23年）までの頃、わが国法体系における条例の位置づけは低く、自治権そのものも長きにわたり尊重されてこなかったという事情があるが、現在では、条例は法律と共に国家法を形成する重要な議会制定法だとの認識が定着し、また、独自に条例で財産権規制をすることが可能であると解されて久しい状況にある。さらに、直接強制・執行罰よりも権力的とみることができる「即時強制」（第４章第２節６参照）を条例で行うことができる（放置自転車対策条例等）現状からすると、行政代執行法１条の規定には、はなはだ違和感がある。身体に直接有形力を行使する直接強制の一部については、法律で全国一律の慎重なルールに基づくことに合理性はあると

126　　第4章　行政活動の法的規律

しても、その他の強制執行を法律でのみ定めることができるとする根拠は乏しいのではないかと思われる（この点について、宇賀克也『行政法概説Ⅰ〔第5版〕』222頁）。

（2）強制徴収

　税金その他の公法上の金銭債権を国や自治体に納付すべき義務があるにもかかわらず、これがされないときに、納付義務者から強制的に徴収することを一般に強制徴収と呼ぶ。強制徴収の一般法は存在しないが、実質的には国税徴収法がその役割を担っている。というのも、個別法で強制徴収を設けるときには、おしなべて国税徴収法に規定する「国税滞納処分の例により」という規定を置き、同法の強制徴収手続を利用しているからである（代執6①等）。

　国税徴収法は第5章で滞納処分の手続を定め、財産の差押え（国税47以下）→財産の換価（同89以下）→換価代金の配当（同128以下）という手続をとり、義務者から強制的に徴収するしくみを定めている。

　また、このような規定が置かれていないときには、国税徴収法を適用することはできない。当該債権の法律上の発生原因が私人間のものと同様な場合、民事執行の手続に頼ることになる。他方で、強制徴収の手段が与えられているにもかかわらず訴えを提起し、民事訴訟法上の強制執行の手段を用いることは、立法の趣旨に反して許されないと解されている（農業共済組合の共済掛金、賦課金の滞納に関する最判昭41.2.23民集20・2・320）。司法による強制執行手続が「本道」であるとするなら、行政上の強制執行手続は「バイパス」に相当し、バイパスが用意されているならそちらを利用しなければならないという理屈である（いわゆる「バイパス理論」）。

（3）直接強制

　直接強制とは、義務者の身体または財産に対し、直接に実力を加え、義務が履行された状態を実現させる強制執行制度である。例えば、直接強制の例として「成田国際空港の安全確保に関する緊急措置法」（通称「成田新法」）3条6項がある。ここで、国土交通大臣が、規制区域内に所在する工作物につき、法律の定める用（「多数の暴力主義的破壊活動者の集合の用」等）に供され、または供さ

第3節　行政の実効性確保　　127

れるおそれがあると認めるときは、当該工作物の所有者等に対して、期限を付して、当該工作物をその用に供することを禁止することを命ずることができる（成田新3①）と定め、国土交通大臣は、当該禁止命令に係る工作物が当該命令に違反して法律の定める用に供されていると認めるときは、「当該工作物について封鎖その他その用に供させないために必要な措置を講ずることができる」（同3⑥）と規定しており、これは直接強制の手段として位置づけられる。

　直接強制は身体に直接実力行使を加えることも予定されているので、重大な人権侵害を招来する可能性がある。人権保障の立場からもより慎重な態度で臨むべきであり、実際にも、直接強制の一般法は存在せず、もっぱら個別法を根拠としており、その個別法も上記成田新法を含めごくわずかである（ほかに、学校施設の確保に関する政令21条等があげられている）。

（4）執行罰

　執行罰は、「間接強制」の手段といわれているもので、義務を履行しない者に対し「過料」を課す旨を通告することで、義務者に心理的圧迫を与え、義務を履行させる制度である。

　ここでいう過料のことを執行罰と呼ぶのであるが、これは金銭罰ではあるけれども、行政上の刑罰としての罰金とは性格が異なる。罰金は、過去の行政上の義務違反に対して科せられる制裁であるのに対し、執行罰は将来、当該の義務を履行させるために課せられるものであって、当該義務が履行されるまで何度でもかけることができる。

　旧行政執行法5条1項2号は、「強制スヘキ行為ニシテ他人ノ為スコト能ハサルモノナルトキ又ハ不行為ヲ強制スヘキトキハ命令ノ規定ニ依リ二十五円以下ノ過料ニ処スルコト」として執行罰の規定を置いていた。これからすると、執行罰は、非代替的作為義務や不作為義務に対して用いられていたということになるが、法律に根拠規定を置けば、代替的作為義務に対しても課すことができる。

　現在、執行罰は「砂防法」36条に500円の過料の定めがあるのみ（現在は適用されていないと思われる）で、他法律には存在しない。だが近年、これをもっと

128　第4章　行政活動の法的規律

活用すべきだという意見もある。

3　その他の義務履行確保の手段

(1)　**氏名等の公表**　　義務の不履行があった場合に、義務者の氏名や当該不履行の事実を公表するしくみを設けることで、義務者に心理的圧迫を加え、義務履行を実現せしめることがある。これは、行政指導への不服従があった場合にも行われることがある（国土利用26、リサイクル20など）。

　行政指導それ自体は事実行為であり、法的義務を課すものではないが、法律上の義務を前提として、当該義務を履行するように促す行政指導は、義務履行確保の点で大きな意味をもつ。

　ところで公表は、国民に対する情報提供が主な目的であるとされているが、特に行政指導の場合、公表は指導に応じなかったことに対する不利益な措置として把握される可能性があり、そうなると不利益な取扱いの禁止原則（行手32②）に抵触する。情報提供であるとするならば、当該情報を受けることで国民にどのような利益があるのかが問題となるであろう。例えば、国民の生命・健康といった重要な法益に係る情報（食品衛生に関する情報等）などであれば、その提供は積極的に行われるべきであるが、そうでない場合には制裁措置としての性格が強調されることになる。

　このように、制裁的側面も否定できないものであるから、公表には法律・条例の根拠が必要であると考えられている。

　公表に対する救済制度としては、国家賠償請求訴訟がある。取消訴訟については、公表が処分性をもつかどうかが議論となる。

(2)　**給付拒否**　　各種公共サービス等の給付を拒否する姿勢を示すことで、義務履行を確保するという手法がある。本章第1節 **3** で紹介した、宅地開発指導要綱に基づく行政指導に応じない事業者に水道水供給契約の締結を拒否するといったケースである。もっともこれ自体は水道法違反にあたる行為と評価されるし、教育施設負担金の納付などは法定の義務ではないので、義務履行確保の問題ではないといえる。

　しかし学説では、行政上の義務履行確保手段のひとつとして、このような公

共サービスの拒否や各種許認可（建築確認等）の発給拒否を担保として、行政上の義務履行を確保させるしくみを立法化すべきであるとの意見もある。

(3) **課徴金**　　一般に「課徴金」と呼ばれているものは多いが、行政上の義務履行確保の手段としての課徴金もある。独占禁止法7条の2第1項は、事業者が、不当な取引制限に該当する事項を行った場合、公正取引委員会は当該事業者に対し、「当該行為の実行としての事業活動を行った日から当該行為の実行としての事業活動がなくなる日までの期間」における当該商品または役務の売上額の一定割合を乗じた額に相当する額の課徴金の納付を命じる旨を規定している。また、金融商品取引法では、届出の受理がなされていないにもかかわらず有価証券を募集した者をはじめ、違反行為を行った者への課徴金の規定（金商172以下）が置かれている。

要するに、法律で許容されていない利益ないし行為に対して、制裁金として課徴金の納付を命じる制度を背景に、義務の履行を確保する手段である。

(4) **延滞税・加算税**　　延滞税とは、国税をその納付の期限までに納めない者に対し制裁として課せられるもので（税通60以下）、加算税とは、過少申告があったとき、無申告の場合等に、同じく制裁として課せられるものをいう（同65以下。なお、地方税では「延滞金」、「加算金」と呼ぶ（地税64以下、同72の46以下））。

両者とも制裁的機能を有し、当該機能を担保として、納税義務の履行を図るものである。

4　行政罰

行政罰とは、行政上の義務違反者に対する制裁として科せられる刑罰等をいう。これは、過去の義務違反を制裁するものであるが、このようなしくみを用意することで、行政上の義務の履行を担保することにもなる。その意味で、行政上の義務履行確保の観点からは、これを補完する機能を有する「間接強制」の手段として位置づけられており、上記の義務履行確保の諸手段と並んで解説することができるが、刑法、刑事訴訟法の適用を受け、司法手続をもって完了する制度を含むので、項を改めて解説する。

行政罰は、非代替的義務や不作為義務についても広く対象とするものであり、

130　第 4 章　行政活動の法的規律

義務履行確保の手段としてはむしろポピュラーなものである。

　行政罰の種類として、行政刑罰と秩序罰がある。

　(1)　**行政刑罰**　　行政上の義務違反に対して、刑法 9 条にある刑罰（懲役、禁固、罰金、拘留、科料）を科すものである（なお、条例違反者に対する刑罰については、懲役、禁固が 3 年以下、罰金が100万円以下として上限が法定されている（自治14③））。

　刑罰であるから刑法総則の適用があり、刑事訴訟法に基づき裁判所が科す。行政犯は刑事犯とは異なるので、刑法総則の適用を受けつつも特別な扱いが認められる（刑 8 ）。義務違反を行った行為者のほか、その者を使用する者（事業者）も併せて罰する制度（これを両罰規定という）がそれである。

　なお、道路交通法違反につき、現場の取締りにあたる警察官が容易に確認できる軽微な違反については、違反者に対して「反則金」の納付を通告し、違反者が期限内に反則金を納付すれば、当該違反行為について公訴を提起しない（行政刑罰を科す手続をしない）というしくみがある。これは、国税犯取締法等における通告処分を範としたものであるといわれている。道路交通法違反は、日常的に、各所で大量に摘発されており、これをすべて正規の科刑手続のルートに乗せると裁判所はかなりの負担となる。

　他方、違反者にとっても、公訴が提起されるという心理的な負担から逃れることができるという利点はあるが、学説では、それがかえって反則金の納付を強制している面があるので、反則金の通告を裁判で争うことができないかが問題になると指摘されている（稲葉馨ほか『行政法〔第 3 版〕』182頁 [稲葉馨執筆] 参照）。

　これについては、反則金納付通告が取消訴訟の対象となるか否かが争われた事件において、最高裁は、反則金の納付は義務ではなく、納付しなければ公訴が提起され、刑事手続が開始されるので、その中で違反事実がないことを主張するべきであり、取消訴訟において争うべきではないとしている（最判昭57.7.15民集36・6・1169）。

　(2)　**秩序罰**　　秩序罰とは、行政上の秩序維持のため、行政上の義務違反に対して課せられる金銭的負担であり、「過料」がこれにあたる（執行罰としての過料とは異なる）。比較的軽微な義務違反に用いられるといわれており、届出義務違反などがその例として挙げられる。だたし、届出義務違反が一律に軽微な

義務違反とはいえず、国立公園の普通地域における開発行為の届出のように、届出をしてから一定期間は開発行為に着手することはできず、その間に行政庁が必要な行政指導、禁止命令等を行うことができる着手制限のしくみ（自然公園33）がある場合、その届出義務は重要で、義務に違反した者に対しては30万円以下の罰金が科せられることになっている（同86Ⅴ）。

過料は刑罰ではないので、刑法総則の適用を受けない。手続については、法律上の義務違反と条例上の義務違反とで異なる。

法律上の過料については、非訟事件手続法の規定により裁判所が課すが、条例における過料は、自治体の長が行政処分の形式をもって課す。なお、条例では5万円が過料の金額の上限である（自治14③）。

このように、行政刑罰と比べて簡易であり、特に条例上の義務違反に関する過料は、まさに行政限りで課すことができるので、ややもすると多用される傾向がある。つまり、本来は罰金刑で対処すべきところを、過料で対応するという態度である。しかし、手続上煩瑣であるとの理由だけで過料を選択するというのは、行政罰制度体系上疑問の残るところである。

5 行政上の義務履行確保と司法権

最高裁は前記のとおり、強制執行制度が用意されているにもかかわらず、民事訴訟法上の強制執行の手段を用いることは許されないとして、いわゆるバイパス理論を採用した。

それにとどまらず、パチンコ店を建築しようとする者に対し、その建築工事の中止命令を発したがこれに従わないため、市が当該パチンコ店業者に対し工事を続行してはならない旨の判決を求めた事件において、「国又は地方公共団体が専ら行政権の主体として国民に対して行政上の義務の履行を求める訴訟は、裁判所法3条1項にいう法律上の争訟に当たらず、これを認める特別の規定もないから、不適法というべきである。」と判示している（最判平14.7.9民集56・6・1134）。この事案において問題となる市の条例は、命令違反に対する罰則規定を欠いていた。そうすると、このような義務履行確保のしくみが用意されていない場合には、司法権の手を借りることもできず、義務の不履行を甘受せざるを

132   第4章　行政活動の法的規律

えなくなる。

　しかし、行政権と司法権の役割関係として、両者は「協働」して法の趣旨を的確に実現すべき任務を遂行するものと把握することができるのであって（小早川光郎「行政訴訟改革の基本的考え方」ジュリスト1220号（2002）64頁参照）、行政関係法規において、特段の理由から義務履行確保の手続を用意できない場合にあっては、司法権がこれを担うものとする余地はあるように思われる。いずれにせよ、最高裁の法律上の争訟概念の理解は片面的であると批判されている（塩野宏『行政法Ⅰ〔第6版〕』247頁参照）。

第5章

行政救済法

この章のポイント

　私たちが行政の活動によって権利や法益を損なわれ、または損なわれようとしている場合に、どのような手段で救済を受けることができるだろうか。ここでは、適切な救済手段が用意されて初めて国民の権利・法益の保護が全うされるという観点から、行政活動に対する救済制度のあらましを学んでいく。

　行政活動一般に対する苦情解決のための制度としては、時間・費用等の点で簡便な行政相談等のしくみが国や自治体（自治体の中には条例等で行政オンブズマン（オンブズパーソン）の制度を設けているところもある）にあるが、本章では、違法または不当な行政処分に対して行政機関による簡易・迅速な救済を図ることを趣旨とする行政不服申立制度についてまず考える（第1節）。さらに、違法な行政処分等に対して裁判による救済を求める手段が行政事件訴訟であり、裁判所で的確な判断を得るために、事案に応じてどの種類の訴訟を選択すべきか、当該訴訟を起こすのにどのような条件を充足する必要があるかが、重要な問題となる（第2節）。

　また、行政活動により国民が実際に被害を受けたり、犠牲を被った場合には、その損害や損失がきちんと償われる必要がある。そのうち、国や自治体の違法な行政活動によって被害を受けた国民に対して金銭的な損害賠償を行うのが国家賠償制度である（第3節）。他方、行政活動が適法に行われたとしても、公共事業のために土地が収用される場合のように、特定の国民に特別の犠牲を強いることになるときにその損失を補填するのが損失補償制度であり（第4節）、この両者を併せて国家補償ということがある。

第1節　行政不服申立て

1　不服申立ての意義

　行政不服申立てとは、国民が行政活動に不服がある場合に、何らかの解決を期待して行政機関にこのことを申し立てることを指す。そこでここでは、解決の結果が、法的拘束力をもつ場合（狭義の不服申立て）と事実上の効力とする場

134　第 5 章　行政救済法

合（広義の不服申立て）の 2 つに分けて、捉えておくことにしよう。

（1）狭義の不服申立て（法的拘束力をもつ紛争解決）

　法的拘束力が伴う行政不服申立てとは、国民が行政活動の違法性または不当性を主張して行政機関に不服を申し立て、そのことに対し、行政機関自身が一定の救済措置をとるために審理を行う一連の諸手続（これを「審理手続」と称する）を指す。

　行政不服申立てにおける審理手続は、行政機関が自ら行うため、裁判所が行う訴訟手続とは異なることを前提とする。具体的には、行政活動の違法性にとどまらず不当性を含む幅広い救済のための判断を可能とすること、審理手続は行政手続そのものであるため、訴訟手続のように長期にわたる慎重な手続を踏むことがなく、簡易迅速に紛争が処理されるものと期待されること、などを特徴とする。

　以上のような行政不服申立ての特徴は、救済手続および行政手続のそれぞれの側面において、固有の特質を構成している点に、注意を要する。

（2）広義の不服申立て（事実上の紛争解決）

　国民が行政機関に対し不服を申し立てたことについて、その結果があくまで事実上の効果に過ぎない場合がある。このような不服申立てを「苦情申出」と称することがある。苦情申出とは、国民が本来行政に求めている内容に対し不満をもつ場合にその解消を願った申出（例、保育所の設置を増やしてほしい、防犯を強化してほしい等）があるが、警察職員の不正行為に対する苦情申出制度のように（警79）、制度化されている場合もある。したがって、一義的な性質を伴うものとはいえない。しかし、行政機関には、申出に対し応ずる義務があるわけではなく、あくまで任意の判断による点に共通した特徴がある。

　また、苦情申出の具体的方法として、直接国民が自治体の設置する相談窓口に申し出たり、行政相談委員や市民団体（わが国ではオンブズマンと呼ぶことがある）を通じて申し出ることがあるが、書面による正式なやり取りが制度化されているわけではない。

第1節　行政不服申立て　135

2　行政不服審査法の重要ポイント

　行政不服申立ての一般法は、行政不服審査法と呼ばれる法律である。本法は、明治23年法律第105号による訴願法に始まり、昭和37年法律第160号によって行政不服審査法へと名称が変更され（以下、「旧行服法」という）、約50年ぶりに平成26年法律第68号による全面改正（以下、「新行服法」という）によって、現在に至っている。このような改正経緯の中で、行政不服申立てに関する重要なポイントがある。これを、いくつか列挙しておく。

（1）対審的構造

　行政機関が国民からの不服申立てを受理し、救済のために審理が行われる。この一連の流れの中で、不服申立人、実際にその名前で処分を行った行政庁（処分庁）、および、審理手続を主催する行政庁（審査庁）の三者関係が成立するが、不服申立人および処分庁との間で行われる主張立証を審査庁が審理し判断する構造を、対審的構造と称することがある。

　対審的構造は、訴願法以来変化がないものの、旧行服法の下では、審査庁と処分庁は上下関係にある行政機関に属することを特徴としていた。このことは、審理手続において客観性を担保する上で決して十分とはいえないものであった。そこで、新行服法では、このような客観性を必ずしも担保しえない対審的構造を、審査庁や処分庁とは別の職員を審理員として任命し、原則的にこの審理員が主体となって審理手続を計画的に進行できるようにすることで、公正な審理を担保するしくみに近づけた。

（2）職権主義

　職権主義とは、審理手続を審査庁が自らの判断で行い進行することを指し、不服申立人または処分庁からの求めに応じてのみ審理手続が進行する当事者主義とは異なるものである。訴訟手続は当事者主義によるが、行政不服申立ての審理手続は、職権主義によるため当事者主義ではない。このことも、対審的構造と同様に、訴願法以来変わらない原則である。したがって、司法手続とは異なる行政不服申立ての大きな特徴であることに注意を要する。

136 第5章 行政救済法

━●━ コラム11 ━ 準司法手続・行政審判手続 ●●●●●●●●●●●●●●

　行政機関において準司法手続を行わせるし
くみは、第二次世界大戦後、GHQ（連合国
軍総司令部）の占領期にアメリカ型の法制度
を導入したことが発端と考えることができる。
すなわち、行政機関が裁判所になり代わって、
その専門技術的能力を用いて、行政上の不服
申立てを処理する。このことと同時に、裁判
所との関係では、実質的証拠法則が採用され
ているため、手続に特殊な効力が備わってい
るものと解されることになる。他方、当該行
政機関における職権行使の独立性のように、
他の行政機関からの干渉を受けないなど一定
の要件が備わって初めて実現するしくみとい
えるため、このような審理手続を行政審判手
続と呼ぶことがある。

　しかし、第二次世界大戦後に積極的に導入
された準司法手続・行政審判手続も、次第に
その姿を消すようになっている。この趨勢は、
近年にあっては、公正取引委員会による審判
手続がこの法則を採用していたところ、平成
25年法律第100号によって廃止されたことに
代表される。このように、準司法手続・行政
審判手続が廃止された背景には、公正な審理
手続をもって是とする視点よりも、人的側面
からの不信感がある。すなわち、不利益処分
に対し行政機関自らが裁判所を拘束できる事
実認定を行うことへの不信感、法曹によって
必ずしも審理されるわけではない行政手続よ
りも司法手続の方がより客観的で公正性の上
で望ましいと考える風潮などがあった。

　なお、証拠調べに関する職権主義について、行政不服審査法上、審理員は当
事者からの主張なく証拠調べができる職権探知主義まで認められるか、という
問題がある。学説・判例上肯定的に解されているが、この点は後述する（**4**
（2）C(3)参照）。

（3）特別法としての行政不服⊟立て

　行政不服審査法は、「行政庁の処分その他公権力の行使に当たる行為……に
関する不服申立てについては、他の法律に特別の定めがある場合を除くほか、
この法律の定めるところによる」と規定している（行服1②）。このため、行政
不服審査法は一般法であり、他に特別法として、行政上の不服申立てに関する
「特別の定め」を置く法律が存在することを意味する。

　特別法に基づく行政上の不服申立てのしくみには、いくつか存する。例えば、
電波法に基づき電波監理審議会による裁決（電波93の3）、公害紛争処理法に基づ
き公害等調整委員会による裁定等の処分（公害紛争46の2）、特許法に基づく特許
庁長官による査定等の処分（特許195の4）について、行政不服審査法の適用が除
外されており、これらの処分については、別途、専門技術的能力を有する行政

機関が審理を行うことが想定されている。この場合に共通するのは、その審理手続において、より対審的構造や証拠に関わる特殊な手続が設けられている点である。このような特殊な手続を司法手続に準ずるという意味で準司法手続と称される。

こうした準司法手続が設けられている場合、行政不服審査法に基づく審理手続以上に公正性を担保する上で慎重な手続を経由していることを理由に、その中で行われた事実認定に裁判所が拘束されることがある（例、電波96②、土地利用調整52②）。これを、実質的証拠法則と呼ぶ。

3 行政不服審査法（新行服法）の骨子

ここでは、行政不服審査法（断りのない限り新行服法を指す）の骨子について、見ておくことにする。

（1）目 的

行政不服審査法は、その目的を「国民が簡易迅速かつ公正な手続の下で広く行政庁に対する不服申立てをすることができるための制度を定めることにより、国民の権利利益の救済を図るとともに、行政の適正な運営を確保すること」と規定する（行服1①）。ここから、同法が国民の権利利益の救済と行政の適正な運営確保という行政救済法としての性格はもとより、①簡易迅速であり、かつ②公正な審理の2つの側面を同時に実現する不服申立手続が求められている。

本来、公正な審理を実現する上では、一定の時間をかけ、対審的構造の下、当事者間が対等関係を保つために、双方に反論の機会を設け、十分な時間を割くことなどが審理手続に求められるといってよい。しかし、司法手続ではないため、より早期の紛争解決を図ることも期待される。つまり、公正な審理に求められる諸手続では、逆に結果を得る上で長時間がかかってしまうため、早期に解決してほしい申立人の要求とは必ずしも合致しないこととなる。このように、行政不服審査法は、相矛盾する目的を兼ね備えながら、その両者を達成することに狙いがある。この実現の方法を（2）以下において取り上げることにする。

138　第5章　行政救済法

　他方、行政不服審査法は、処分の違法性のほか不当性も審理の対象に含めている。このことは、行政救済法のもうひとつの要としての行政訴訟手続とは大きく異にする点であり、処分を行った行政庁が裁量の範囲内において他の処分を行うことを可能にする点にある。したがって、審査請求に対し認容裁決が行われた際に審査庁が当該処分を変更できるものとしている（行服46②）。ただし、審査庁は当該処分を審査請求人の不利益に変更することができない（同48）。

（2）審理の対象

　行政不服審査法は、不服申立てに際し審理されるべき内容として、「行政庁の違法又は不当な処分その他公権力の行使に当たる行為」に関する不服申立手続を規定している（行服1①）。

　なお、このような規定から、具体的な審査の対象は個々に判断すべきことを意味するが、通説は、憲法適合性や訓令・通達の違法・不当性まで含めることには否定的である。

　(1)　**処分**　　行政不服審査法は、「行政庁の処分その他公権力の行使に当たる行為」を「処分」と称し、処分に関する不服申立てについて規定している（行服1②）。「処分」の意味として、公権力の行使にあたる事実上の行為（例、出入国管理法39条1項に基づく人の収容、関税法86条1項に基づく物の留置）が含まれることが、旧行服法上によって明文化されていたが、そうではない新行服法にあっても、同様に解される（新行服法46条・47条では、「処分」と「事実上の行為」に対する認容裁決の扱いについて、それぞれ規定を設けている）。

　しかし、「処分」の定義が同法の中では具体的に規定されていないため、解釈によって決することになる。このことは、行政事件訴訟法における抗告訴訟のうち取消訴訟が対象とする処分を「行政庁の処分その他公権力の行使に当たる行為」（行訴3②）と定義していることと同義である。この処分に関する解釈上の問題は、後述の訴訟手続における記述に委ねるが、行政不服審査法も、国民の救済のためには、あえて条文を抽象的にすることで、処分の範囲拡大を図っていることに留意しておきたい（概括主義の採用）。

　(2)　**不作為**　　行政不服審査法は、「法令に基づく申請に対して何らの処分

第1節 行政不服申立て　139

をもしないことをいう」(行服3) と明示している。したがって、不作為にあたるためには、申請行為がなければならず、その場合も、法令に基づく適法なそれである必要がある。したがって、申請行為を念頭に置かない処分について、それを期待していたにもかかわらず行われない場合、ここにいう不作為には該当しない。なお、法令に基づく適法な申請行為があるか否かは事実関係に照らして判断する必要性があるため、要件審理であるか本案審理であるかが微妙である場合もある (審理の違いとして口頭意見陳述の機会に係る審理対象の範囲については4 (2) d(2))。

(3) **適用除外**　行政不服審査法の特徴として、以上のような処分または不作為について、適用除外規定を設ける (行服7)。例えば、一般の行政機関とは異なる特別の機関による処分として、国会の議決や裁判により執行される処分などが、適用除外とされている (同Ⅰ～Ⅲ)。

ただし、このような適用除外に該当する事例でも、別に法令で不服申立制度を設けることは可能である (同8)。

(3) 不服申立ての種類

行政不服審査法は、不服申立ての種類を複数準備している。審査請求を基本とし、「再調査の請求」および「再審査請求」は例外として、それぞれを位置づけている。

(1) **審査請求**　行政不服審査法が定める不服申立ての基本的な請求手続である。条文の構造上も、審査請求手続を主に規定し、再調査の請求・再審査請求は審査請求に係る規定を準用する形をとる (行服61・66)。審査請求には、不服申立ての相手方が処分庁・不作為庁 (以下、「処分庁等」という) であるか、処分庁を指揮監督する上級行政庁であるかの違いはあるものの (同4)、第三者的視点として審理員が審理手続を主宰することを前提とする (審理員制度については後述 (5))、

(2) **再調査の請求**　処分庁に対する調査の要求を行う場合である。再調査の請求は、大量に行われる処分にあって、処分の要件を認定する上で処分庁自身が認定の有無を見直す必要性がある場合を想定している (例、税通75①・②等)。

140 第5章 行政救済法

審査請求のように一般的に認められる不服申立てではなく、法律に規定がある場合でなければできない（行服5①）。

　審査請求をしたときは、再調査の請求ができないが、再調査の請求を選択した場合はその決定があるまで審査請求ができない（同①・②）。再調査の請求は、審査請求・再審査請求のように審理員が主宰して審理されることはない。

　(3)　**再審査請求**　　2度目の審査請求を行う場合である。しかし、一度目の審査請求後に再度同じ申立てを行うよりも、裁判所に対し処分の取消し等を求めるのが理に適っている。そこで、再審査請求も審査請求のように一般的に認められる不服申立てではなく、法律に規定がある場合に限定される（行服6①）。

　再審査請求は審査請求を行った後にしか行うことができないが、その対象は、審査請求の対象となる処分または審査請求の裁決（原裁決）のいずれを選択してもかまわない（同6②）。

　再審査請求も審査請求と同じく、審理員が審理手続を主宰することに変わりない。しかし、審査請求とは異なるより客観的な視点に照らして審理するため、第三者機関が設置され、そこでの審理を行うしくみをとることがある（例、生活保護法66条1項に関する社会保険審査会等）。

（4）不服申立てができる者（不服申立適格）

　審査請求、再調査の請求および再審査請求は、いずれも請求できる者（以下、「不服申立人」という）について、定義されていない。このことから、誰が請求できる者であるかが問題となる、いわゆる不服申立人適格に関わる議論がある。再調査の請求および再審査請求は、ともに法律によって請求が可能な者が一義的に決まってくる。加えて、審査請求の場合であっても、自らが名宛人となる処分について不服を申し立てる者を指すのが一般的である（コラム12）。

　そこで、これまで問題とされてきた具体例として、不服申立人のうち審査請求人が直接処分の名宛人ではない第三者である場合がある。この点について、主婦連ジュース事件における最高裁判決（最判昭53.3.14民集32・2・211）では、不当景品類及び不当表示防止法12条6項（平成21年法律第49号による削除前）に基づき、全国主婦連合会（当時）が公正取引委員会によって受けた公正競争規約の認定

第1節　行政不服申立て　　141

> **コラム12**　　国の機関は不服申立適格を有するか
>
> 　不服申立適格が論じられるのは、審査請求人が第三者である場合であることは本論で取り上げた。しかし、国の機関であっても一般私人のように、不服申立適格を有するかについては、議論がある。
>
> 　すなわち、旧行服法下であるが、沖縄防衛局長が沖縄県知事による沖縄辺野古埋立承認処分の取消処分に対し審査請求および執行停止を申し立てた事例において、当該局長が審査請求人として認められている（平成27年10月27日付）。このことから、本来、国民の権利救済を念頭に置いた行政不服審査法にあって、国の行政機関が審査請求することまでは想定していないという疑問が残る。行政不服審査法は概括主義を採用する以上、このような解釈上の議論が生ずるのは必然的ともいい
>
> うる。
>
> 　他方、新行服法では、国の機関または地方公共団体その他の公共団体もしくはその機関に対する処分の場合、「その固有の資格において当該処分の相手方となるもの及びその不作為については、この法律の規定は適用しない」と規定されること（行服7②）に照らせば、国の機関としての沖縄防衛局長が「その固有の資格」において県知事による取消処分の不服申立てを提起することは、同法上想定していないと読むことができる。
>
> 　なお、執行停止申立決定を受けた沖縄県知事は、国地方係争処理委員会に対し当該決定を「国の関与」として審査の申出を行ったが（平成27年11月2日付）、却下されている（平成27年12月28日付）。

について取消しを求める不服申立てを提起したが、最高裁は申立人の利益を「公益の保護の結果として生ずる反射的な利益ないし事実上の利益」と解し、不服申立適格を否定した。

　このような最高裁の否定的な判断は、その是非が問われるが、そのほかにも、不服申立適格と行政事件訴訟法における原告適格と同様の考え方をとることの是非が問題となる。判例の中には、同事件判決を引用するものもあるが（最判平元2.17民集43・2・56［新潟空港事件］、最判平4.9.22民集46・6・571［もんじゅ事件第一次］）、学説上、この点に否定的な立場をとる例も見られるからである（原告適格に関する詳細は第2節Ⅱ2（2）C参照）。

　行政不服申立てをそれ自体において完結する制度と理解すれば、学説のような反論は説得的であるが、一般的には、訴訟手続の前段階として位置づければ、判例のように解するのが妥当であろう。

　なお、新行服法に照らして不服申立適格を検討すれば、より一元的な審理権限を有することになった審理員に対し、申立人にどの程度不服申立人適格を認めるべきかを判断することの難しさがあることは否定できない。結局は、「処分」の定義について概括主義がとられることに見る審査請求人への救済の趣旨

142　第5章　行政救済法

に鑑み、原告適格の範囲拡大を目指して柔軟化している裁判所の判断傾向を斟酌する運用が求められよう。

（5）審理員制度

審査請求を受けた行政庁（審査庁）は、事件を審理するために審理員を指名する。このしくみは、審理員制度と称され、新行服法の特徴のひとつである。

審理員は、審査請求を受けた行政庁（審査庁）が審査庁に所属する職員のうちから指名され、審理手続を主宰する。行政不服審査法は、審査請求人やその親族・代理人などの利害関係人はもちろん（行服9②Ⅱ～Ⅶ）、審査請求に係る処分、当該処分に係る再調査の請求についての決定に関与した者および不作為に係る処分に関与しまたは関与することとなる者（同②Ⅰ）を除斥し、このことによって審査庁のラインから外れた者による一層の公正な審理手続を実現することで対審的構造を強化するといった人的配慮がなされている。

かかる審理員制度の特徴は、4で見る審理手続の原則に掲げられる諸種の手続を主宰する権限が一元的に付与されている点にある。この諸権限は、行政手続法における不利益処分において、聴聞手続における主宰者のレベルに匹敵するものである。

また、審査庁となるべき行政庁は、審理員となるべき者の名簿を作成する努力義務が課され、作成した場合は公表する義務が課されている（同17）。

ただし、上記に触れたように、この制度が適用されるのは、審査請求および再審査請求である。

4　行政不服審査法における審査請求・審理手続

対審的構造とはいっても、司法手続におけるそれと必ずしも一致するものではない。ここでは、審理手続を審理員に一元化された点に鑑み、審理員がとるべき審理手続に関する内容、そして、審査請求人から見た審理手続における諸権利を、それぞれ見ておくことにする。

第 1 節　行政不服申立て　　143

（1）請求手続

a　書面による審査請求手続

　審査請求は審査請求書を提出しなければならない旨、定められており、口頭での審査請求は、「他の法律」（条例に基づく処分については、条例）に規定されている場合に限られている（行服19①。例えば、介保192等）。書面による審査請求において提出すべき書面の記載事項は、明文で列挙されている（行服19②）。これらの規定は、再調査の請求および再審査請求について準用される（同61・66①）。

　書面による審査請求の場合、陳情書を可とするかは、当事者の意思解釈の問題とするのが判例（最判昭32.12.25民集11・14・2466）である。

　口頭による審査請求の場合、審査請求書に記載される事項を口頭にて陳述する必要があるが、陳述を受けた行政庁が陳述内容を録取し、陳述人に対し読み聞かせて誤りがないことを確認し押印させるものとしている（同20）。なお、陳述の内容を録取した書面を「審査請求録取書」という（同21②）。

b　審査請求期間

　不服申立適格者が不服を申し立てる審査請求期間について、行政不服審査法は「処分があったことを知った日の翌日から起算して3月以内」と規定し（行服18①）、再審査請求にも準用される（同66①）。ただし、再調査の請求が行われた場合は、当該請求において決定があったことを知った日の翌日から起算して1月（同18①括弧書）、再調査の請求が単独で行われた場合は「処分があったことを知った日の翌日から起算して3月」（同54①）をそれぞれ経過したときである。

c　執行停止手続

　審査請求の対象となる処分がそのまま執行されると、重要な不利益を被る可能性も考えられる。行政不服審査法は、処分の効力、処分の執行または手続の続行が審査請求によって中断しないことを前提としつつも（執行不停止の原則）、申立てが認容されればその停止があることを想定している（行服25）。

　さらに、行政不服審査法は、審査庁が「処分、処分の執行又は手続の続行により生ずる重大な損害を避けるために緊急の必要があると認めるとき」に執行停止を義務づけている（同25④）。ここにいう「重大な損害」とは、「損害の回復

144 第 5 章 行政救済法

の困難の程度を考慮するものとし、損害の性質及び程度並びに処分の内容及び性質をも勘案するものとする」といった解釈の基準が明記されている（同⑤）。この文言の意味は、単に生命・身体に関わる利益への侵害といったように不遡及的な不利益のほかにも、形式的には事後的回復が可能な金銭的損害であっても、その内容がどの程度「回復の困難の程度」であるかによって認容されることを認めるものである。

　なお、執行停止申立制度は、行政不服審査法における仮の救済手続であるが、行政事件訴訟法においても同じ手続が存在する（行訴25）。

（2）審理手続の原則

a　計画的進行

　審理手続は審理員によって計画的に進行するため、不服申立人をはじめ、処分庁、そして、当該処分に利害関係のある第三者たる参加人を含む審理関係人が、審理員に協力する義務を課せられている（行服28）。これを、審理手続の計画的進行と呼ぶ。行政不服審査法は、この立場に立って、公正な審理を求める一方、それが簡易かつ迅速な手続であることも同時に要求している（同1）。手続が計画的に進行しなければ、効率的な審理は求められないことから、新行服法では、これに向けた審理関係人と審理員の協力を明文によって義務化したのである。

　具体的には、審理手続の効率性を高める上で、審理関係人を招集して事前に意見聴取を計画的に遂行することを求めること（同37）のほか、審理員は、「必要な審理を終えたと認めるとき」（同41①）、「相当の期間」内に弁明書、反論書等、証拠書類等、物件の提出が求められるにもかかわらず（同29②・30①・32③・33）、それがなされなかった場合にも、審理手続を終結させることができるとした（同41②）。

　なお、行政不服審査法では、明文により原則が定められていないものの、審理手続の計画的進行が求められることに伴い、以下に見るように、口頭意見陳述の機会付与を除き、書面のやり取りが中心となる（書面審理中心主義）。

第1節　行政不服申立て　　145

b　弁明書・反論書・意見書の提出

(1)　弁明書　　処分庁等が自らの処分の正当化を主張する書面として、弁明書を審理員に対し提出するものとしている（行服29②）。条文上は審理員が「処分庁等に対し、弁明書の提出を求めるものとする」と規定しているものの、審理員に対し処分庁等が弁明書の提出を義務づけられているわけではない。弁明書には、処分または不作為の審査請求について、それぞれの内容および理由を記載することが求められる（同③）。そこで、弁明書に記載すべき内容がどの程度かが問題となるが、すでに処分（申請に対する拒否処分または不利益処分）の段階において十分に示されていれば、再度その事項を記載すれば足りるが、「処分段階で示された内容および理由の通り」といった形式的な記載方法は認められない。

(2)　反論書　　審査請求人は「弁明書に記載された事項に対する反論を記載した書面」として、弁明書に対する反論書を審理員に提出することができる（行服30①）。反論書の定義から、それが有効に成立するのは、弁明書に記載された事項に対する反論部分ということになる。処分庁等により審理員に対し弁明書の提出がなかった場合、反論書の提出を求めることを要しないと解される（旧行服法に係る東京地判昭52.4.27行集28・4・375）。

(3)　意見書　　参加人は審理員に対し「審査請求に係る事件に関する意見を記載した書面」として、意見書を提出できる（行服30②）。意見書は、「審査請求に係る事件に関する意見」と定義するように、弁明書の記載事項を前提とした書面ではない。

c　証拠提出・証拠閲覧手続

(1)　証拠提出の意義　　審査請求人または参加人は、「証拠書類又は証拠物」を提出できる（行服32①）。「証拠書類」は民事訴訟法上の書証、「証拠物」は同法上の検証の対象となる。もっとも、行政不服審査法は、提出された証拠書類等をどの程度審理員が審理対象とすべきかにつき明示的には規定していないため、そのすべての検討を要しない（旧行服法の裁判例として、東京地判平6.3.8判時1544・50）。

(2)　証拠書類等の閲覧・複写制度　　証拠書類等は、審査請求人または参加人の閲覧に供されるほか、当該書類の写しもしくは電磁的記録に記録された事項

146　　第 5 章　行政救済法

を記載した書面の交付を求められるため (行服38①)、証拠書類等のコピーを可能としている。ただし、条文上、閲覧等の対象に供する証拠書類等につき「第29条第 4 項各号に掲げる書面又は第32条第 1 項若しくは第 2 項若しくは第33条の規定により提出された書類その他の物件」としているため、これらに該当しなければ閲覧等の対象にはならない。

　旧行服法32条 2 項の規定は、「処分庁から提出された書類その他の物件の閲覧を求めることができる」としていたため、処分庁から提出された書類等のみとするのが条文の趣旨と解されてきた。このため、審査庁が自ら処分庁に出向き自ら作成する「調査メモ」にまで閲覧制度の対象は及ばないのではないか、とする点が問題となったが、当該調査メモの実質に照らして閲覧対象と認める肯定説 (大阪地判昭44.6.26行集20・5 = 6・769、大阪地判昭45.9.22行集21・9・1148) と条文の文言を厳格に読む否定説 (大阪地判昭46.5.24行集22・8 = 9・1217) とに分かれていた。

　しかし、新行服法は上記のように閲覧等の対象につき明確化したとはいえ、例えば、審理員が作成した裁決に影響を与える重要なメモ帳を閲覧請求の対象に含めるべきかは、問題となる余地が依然としてある。このことについて、新行服法にあっても、審理員審理を踏まえた上で最終的に裁決する権限者は審査庁であるとの前提で、消極的に解される。つまり、閲覧等の請求権が、審査請求人による処分庁の反論に対するものであること、閲覧等請求の対象となる「提出書類等」が38条 1 項によって明記されていること、審理員の裁量的判断に依存するのが新行服法の立場であって、従前の裁決権を有する審査庁が自ら処分庁に出向いた上で作成したという、職権主義の下での調査メモの閲覧請求とは事情が異なること、法改正に伴う一層の対審的構造化によって審理員がより客観的に審理手続を進行するものと考えられること、などからすれば、審理員自身が作成した調査メモを閲覧等の請求対象とすることは妥当でない。

　(3)　**職権探知主義の是非**　　証拠の提出をめぐり、審理員が自ら職権によって証拠を集めることができるといった職権探知主義を認めるべきかが、問題となる。司法手続では、当事者が提出した証拠によってのみ審理を行うという弁論主義に基づき、このことは認められない。これに対して、訴願法時代においてこのことを認める判例 (最判昭29.10.14民集 8・10・1858) があり、旧行服法におい

ても結論においてこの判断が継承されてきた。その背景には、制度上、申立人が自己に有利な主張を展開できる条件に欠けるといった点を挙げることできる。

　もっとも、審理員制度を導入し、対審的構造を強化することでより司法手続化すれば、職権探知主義まで容認されるべきではないとの解釈も考えられる。このことに対し、不服申立手続は簡易迅速性を基調とする以上、当事者主義を貫徹すべき厳密な司法手続とは異なることにも合理性はある。加えて、新行服法では、公正な審理手続の一層の促進が期待されているため、今後は職権探知主義のメリットを活用しながら、当事者主義的要素を可能な限り導入していくことが課題となろう。

d　口頭意見陳述手続

(1)　**職権主義と当事者主義の関係から**　　審理員の前において、申立人が審理員に対し処分の違法性または不当性を口頭により意見陳述を行うことを、口頭意見陳述と呼ぶ。行政不服審査法は、審査請求人または参加人が口頭意見陳述を申し立てた場合に、審理員はその機会を与えることを義務づけられている（行服31①）。しかし、同法が職権主義を基調としていることに鑑み、当事者主義的要素が強い口頭意見陳述は例外的に認められる審理手続のひとつとされてきた。このため、例えば、審査請求が法定期間経過後になされたり、不適法なものであって補正ができないことが一見して明らかである場合には、申立てを却下することになると解される（旧行服法に関する名古屋高金沢支判昭56.2.4行集32・2・179）。もっとも、審査請求人にとって認容または棄却・却下といった裁決結果がとりわけ実体面において明らかとはいっても、対審的構造を重視する行政不服審査法の趣旨に鑑みれば、審査請求人または参加人の申立てがあれば当然口頭意見陳述の機会を付与すべきと解される。

(2)　**口頭意見陳述可能な範囲**　　口頭意見陳述が可能な範囲について、審査請求の適法要件それ自体よりも実体審理が行われる本案審理に限定すべきか否かが問題となることがある。行政不服審査法は「審査請求に係る事件に関する意見」を述べることとされ、要件・実体を区別せず、およそ「審査請求に係る事件」であれば陳述は審理員によって適法とみなされる。

(3)　**口頭意見陳述の形式**　　新行服法では、口頭意見陳述の方式として、審

148 第5章 行政救済法

理員が期日・場所を指定し全審理関係人を招集すること（行服31②）、申立人は審理員の許可を得て補佐人とともに出頭できること（同③）、申立人が事件に関係のない事項にわたる場合等には陳述の制限ができること（同④）、申立人が処分庁等に対し質問権を有すること（同⑤）が明記されている。

　しかしながら、条文に記載のない諸手続を口頭意見陳述と審理員等の調査内容とが公正な手続を実現する上で問題となる場合があることも事実である。例えば、固定資産評価審査委員会が口頭審理を行うにあたり、それ以外において職権で事実の調査結果や収集した資料を判断の基礎として採用した場合であっても、調査の結果等を口頭審理に上程するなどの手続を経る必要はないという判例（最判平2.1.18民集44・1・253）がある。このように、審理方式にはその審理を主宰する者（行政不服審査法であれば審理員）の裁量が働くものと解されている。このほかにも、固定資産評価審査委員会において原処分庁の職員が審査申出の適否について審議し棄却することを決定する場に同席していたとしても、その過程において何らかの関わりをもったことや影響を与えることをうかがわせる事実はないことを理由に、棄却決定を取り消すほどの瑕疵はないとされた判例（最判平14.7.9判自234・22）がある。

e　その他の審理手続

　以下の審理手続は、物件の提出（行服33）と並び、いずれも審査請求人もしくは参加人の申立て、または、審理員の職権により行われるものである。

　(1)　**参考人陳述・鑑定手続**　　当事者や利害関係人ではない審理員が適当と認める第三者に対し、参考人として、参考となる意見の陳述を求めたり、学識経験によって知りうる法則に関する供述を意味する鑑定を行ったりする手続である（行服34）。

　(2)　**検　証**　　証拠調べの一環として、審理員が実際事物にあたって証拠資料を得ることを指す手続である（行服35）。審理員がある場所に出向いて行うこと（同①）、申し立てた審査請求人または参加人に対し、立会いの機会を与える義務があること（同②）とされる。

　(3)　**審理関係人への質問**　　審理関係人の主張の趣旨・内容が不明確であるなど、迅速な審理ができないと考える場合に、審理員が質問できるものとする

（行服36）。質問の対象は「審査請求に係る事件」に限定されていることは、口頭意見陳述の場合と同様である。

（3）行政不服審査会への諮問

審理員は、審理手続を終結したときに審理員意見書を作成し審査庁に提出する（行服42）。しかし、審査庁は、行政不服審査会への諮問を原則として義務づけ、審査会から答申を受けた上で裁決するものとされている（同43①・44）。行政不服審査法は、総務省に委員9名（常勤職員3名とすることが可能）からなる行政不服審査会を設置する（同67①・68）。委員は、審査会の権限に属する事項に関し公正な判断をすることができ、かつ、法律または行政に関して優れた識見を有する者のうちから、衆参両議院の同意を得て総務大臣が任命する（同69①）。

このように、行政不服審査会は、不服申立てを受けた行政機関が第三者から構成される合議制機関を通じて案件を審理し、裁決にあたり第三者的視点を経ることになる。もっとも、情報公開法制のように、不服申立てに伴い、実施機関は内閣府情報公開・個人情報保護審査会に対し諮問を行うことが義務づけられている（情報公開19①）。そこで、このような第三者機関の審議を通じて審査が行われた不服申立ての場合、行政不服審査法が原則として採用する審理員制度の適用の是非が問題となる。しかし、行政機関情報公開法18条では、これまでにあった審査会を通じた諮問手続を存続させ、新たな審理員による審理手続は適用除外とすることで立法的整理を行っている（自治体との関係は（6））。

（4）教示制度

a 意 義

行政不服審査法は、行政上の不服申立てを行うすべての人に対し、教示制度が設けられている。教示制度とは、処分の相手方に対し不服申立てができること、できる場合にその対象となる行政庁、そしてできる期間を事前に行政機関が知らせる制度である。同法に規定された教示制度は、単に審査請求、再調査の請求および再審査請求だけではなく、他の法令に基づく不服申立てについても適用される（行服82①）。

150　第 5 章　行政救済法

b　教示が行われる場合

　本来、行政不服審査法が国民に対する救済制度の活用という観点から、教示は行政庁が自ら率先して行うべき事柄である。したがって、職権によりこれが行われるべきことを原則とするが (行服82①)、利害関係人からの要求に応ずる形で教示が行われることもある (同②)。後者の場合、書面による要求であれば書面で教示が行われなければならない (同③)。

c　教示に問題がある場合

　(1)　**教示の誤り**　　行政不服審査法では、処分庁が誤って審査請求をすべき行政庁でない行政庁を、審査請求をすべき行政庁として教示した場合を想定する。この場合、教示を受けて誤った行政庁に審査請求がされたときは、本来の行政庁に対し審査請求書を送付し、かつ、その旨を審査請求人に通知しなければならない (行服22①)。

　このほか、再調査の請求をすることができない処分については、これをできる旨誤って教示した場合は、はじめから審査庁となるべき行政庁に審査請求されたものとみなされる (同③・⑤)。

　再調査の請求をすることができる処分について、審査請求と再調査の請求とが自由選択に拠っていることから (同5)、教示の誤りがあることの効果として次の2とおりが想定されている。

　ひとつに、審査請求をすることができる旨教示しなかった場合、一方の請求のみできるとする教示は問題がある。そこで、再調査の請求人から審査請求として扱うことが申し立てられた場合に、本来必要とされる再調査の請求に対する決定を経ずに、はじめから審査請求がなされたとみなす (同22④・⑤)。

　もうひとつに、再調査の請求をすることができる旨教示しなかった場合、審査請求人からの申立てがあった場合には、はじめから再調査の請求がなされたものとみなす (同55①・③)。

　(2)　**教示の懈怠**　　教示をしなかった場合に、当該処分に不服がある者は当該処分庁に対し不服申立書を提出することになるが (行服83①)、それが処分庁以外の行政庁に対して審査請求をすることができる処分であるときは、はじめから当該行政庁に審査請求または当該法令に基づく不服申立てがはじめからな

第 1 節　行政不服申立て　　151

されたものとみなされる（同③・④）。

d　残された課題

　行政不服審査法が定める教示制度は、いずれも行政上の不服申立てが積極的に行われることを想定している。しかし、教示がなされなかった場合に、そのまま審査請求期間が徒過してしまうが、このことに伴う救済手続を行政不服審査法は定めていない。旧行服法の裁判例も、教示の懈怠があったとしても処分を取り消すべき違法性を帯びるとは解しておらず（東京地判昭54.8.21行集30・8・1410、東京地判昭43.2.5行集19・1＝2・168）、新行服法にあっても同じ課題が残る。

（5）裁決の種類と効力

a　裁決の種類

　審査請求および再審査請求に対する審査庁による処分を裁決と呼ぶ。裁決の種類として、行政不服審査法は、請求が不適法である場合は却下（行服45①）、請求に理由がない場合は棄却（同②）、処分の全部もしくは一部の取消しまたは変更の場合は認容（同46①）の3種類の裁決を規定する。

　以上のほか、例外的措置として、審査請求または再審査請求について、「処分が違法又は不当ではあるが、これを取り消し、又は撤廃することにより公の利益に著しい障害を生ずる場合」に棄却裁決が行われる場合がある。これを事情裁決と呼ぶが、審査請求人または再審査請求人の受ける損害の程度、その損害の賠償または防止の程度および方法その他一切の事情を考慮した上で、処分または原裁決の取消し、または撤廃することが公共の福祉に適合しないと認めるときに行える裁決である。したがって、当然ながら、極めて例外的な事情がなければ、事情裁決はできないが、それに伴う損失補償の要否が論議されることに注意を要する。

b　裁決の効力

　裁決は、行政庁による処分であるため、行政処分の効果に準ずる。しかし、このほかにも、特殊な効力が備わっていると考えられる。

⑴　**不可変更力**　　一度認容裁決が出されたのち、それをむやみに変更することは、審査請求人の不利益になることが考えられる。このため、認容裁決に

は不可変更力が備わっていると解し、行政不服審査法では審査請求人に対する不利益変更の禁止を明示している（行服48）。

(2) **拘束力**　このほかにも、審査請求人の利益を考慮した裁決の効果として、行政不服審査法では「関係行政庁を拘束する」と規定している（行服52①）。

c　訴訟との関係

裁決と訴訟手続との関係性も問題となる。例えば、処分の取消しを求めた審査請求人が却下または棄却裁決を受けたことで、これに不服があるとして訴訟を提起することになる。この場合、行政事件訴訟法は、法律の規定により審査請求に対する裁決を経た後でなければ取消しを提起できない場合（審査請求前置主義）を除き、処分を対象として抗告訴訟を提起することができる（行服8①）。

次に、処分の取消しと審査請求に対する裁決の取消しの両者が提起可能な場合、行政事件訴訟法では「裁決の取消しの訴えにおいては、処分の違法を理由として取消しを求めることができない」と規定している（同10②）。このことから、審査請求の対象となる処分の取消しを原則として（原処分主義）、裁決固有の瑕疵がある場合（例、審理手続が不公正な場合など裁決手続に違法性が認められる場合等）に裁決を取消しの対象とすることができる。なお、裁決の取消しを対象とすることが法定されている場合があるが（例、電波96の2等）、これは専門的な知見に照らして、慎重な手続を経た上で出される処分であることを前提に、その取消しを求める場合である（裁決主義）。

（6）自治体との関係

行政不服審査法は、一般法として自治体の機関が行う行政処分についても適用がある。このため、上記に掲げた審理手続の原則は、自治体のそれにもあてはまることになる。このことは、行政手続法が自治体の機関が行う行政処分のうち、条例または規則を根拠とするものについては適用除外とし（行服3③）、それに伴い、行政手続条例が各自治体において制定されている場合とは大きく異なる。

もっとも、自治体は国とは異なり、その規模に大小あるのも事実である。このため、国のようなシステムを自治体においてもそのまま構築することは、困

難が生ずることも考えられる。例えば、審理員の指名は、職員の数が少ない自治体であれば、選択肢が狭くなり、その結果、指名を受けた審理員ひとりが何度も指名を受けるなど、過度な負担を強いることにもなりかねない。もちろん、その分事件数が少ないことにもなるだろうが、仮に不服申立てがあった場合に、審理員意見書の作成など、法的素養を身に着けておかなければ即座に対応できない事態も生じかねない。

このほかにも、自治体がすでに設置している情報公開・個人情報保護審査会や建築審査会といった第三者的な諮問機関が存する場合には、審理員を指名する必要はなく（同9①Ⅲ）、行政不服審査会への諮問義務もない（同43①Ⅰ）。このように、審理手続に第三者的な要素を含む場合は、そのことだけですでに裁決の客観性・公正性を担保できると考えられるからである。

第2節　行政事件訴訟

Ⅰ　概　　説

1　行政訴訟制度の沿革と意義

⑴　**明治憲法下の行政裁判**　現行行政訴訟制度の意義を理解するために、まず明治憲法（大日本帝国憲法）下では行政の活動に対する裁判の組織やしくみがどのようになっていたかについて、その概要を説明しておくことにしたい。

明治憲法61条は、「行政官庁ノ違法処分ニ由リ権利ヲ傷害セラレタリトスルノ訴訟ニシテ別ニ法律ヲ以テ定メタル行政裁判所ノ裁判ニ属スヘキモノハ司法裁判所ニ於テ受理スルノ限ニ在ラス」と定め、通常の民事・刑事の裁判を行う司法裁判所（司法権に属する裁判所）のほかに、「行政裁判所」という特別の裁判所を行政権の中に設けることとした。これは、通常の民事事件では司法裁判所が対等当事者間の法である私法を適用して紛争解決にあたるのに対して、行政の活動とりわけ権力的行政作用をめぐる紛争解決に関しては、行政権と国民とは対等な当事者ではなく、行政権の国民に対する本質的優越性や公益優先性への配慮が強く要請されるのであり、したがってこれを司法裁判所に委ねるわけ

154　第5章　行政救済法

にはいかず、行政裁判所が（私法とは異なる）公法の法理を適用して審理するべきだとされたことによると考えられる。

　行政裁判所制度の具体的内容は、行政裁判法（明治23年10月1日施行、昭和22年5月3日廃止）という法律で定められた。それによれば、行政裁判所は東京に置かれ、審級制をとらない第一審にして最終審の裁判所であった。また、同裁判所の裁判官にあたる評定官の資格に「5年以上高等行政官ノ職ヲ奉シタル者」が含まれるなど、行政活動を行う職との関係が多分に流動的で、一般行政権からの人的・組織的な分離が不十分であったことから、裁判の公正・中立性が確保されていたとは言い難いものであった。さらに、出訴できる事項が法律・勅令で明示されたものに制限され（出訴事項の限定列記主義）、上級行政庁への訴願を経た後でなければ出訴できなかったこと（訴願前置主義）などから、裁判的救済の制度としては極めて限定的なものにとどまった。

　このような明治憲法下の行政裁判所制度は、行政組織の内部で上級行政機関が下級行政機関を（国民からの訴えを契機に）監督するのと実質はさほど変わらず、行政権がその活動の適否を自らの組織で事後審査するという点で、本質的には行政権による自己裁判体制であったということができる。

(2) 現行憲法下の行政事件訴訟

第1章第2節で述べたとおり、現行憲法は司法国家的な法治行政（司法権の独立）の原理を採用し、「行政機関は、終審として裁判を行ふことができない」（憲76②）とされたため、行政裁判所制度のような特別裁判所の設置は憲法上認められないこととなった。裁判権が司法組織に一元化されたことから、行政裁判所は廃止され（裁3①・同付則②）、行政事件も司法裁判所が扱うようになったのである。

　このような裁判体制の変革に合わせるため、1947（昭和22）年に日本国憲法の施行に伴う民事訴訟法の応急的措置に関する法律、次いで1948（昭和23）年に行政事件訴訟特例法（行特法）が制定された。しかし、この法律は短期間のうちに急いで立案されたこともあり、次第に規定の不備や解釈上の疑義が生じるようになってきた。そこで、1962（昭和37）年に制定されたのが行政事件訴訟法（行訴法）である。同法は、行政事件に関しては一般的に適用される訴訟手続法であるが、「この法律に定めがない事項については、民事訴訟の例によ

る」（行訴7）としており、民事訴訟法に対する特別法的な性格をもっている。

　かくして現行憲法下の行政事件訴訟制度は、行政活動の適否に関して、行政権から独立した司法権による中立・公正な裁判を保障するものになったということができる。元来、「裁判」とは、争っている当事者双方から中立的な立場にある第三者が両者の主張を公平に聴いて公正な判断を下すべきものであり、国民の権利・法益の本格的な救済を図るためには行政権に対して独立第三者的に裁判を行う体制が必須と考えられる。諸外国の中には行政裁判所制度自体の抜本的改革によりそのような体制を整えた国（フランス、ドイツなど）もあるが、わが国は、イギリスやアメリカにならって、裁判権の司法組織一元化により行政権に対する独立第三者的な裁判体制を確立したことになる。

　(3)　行政事件訴訟法の改正　　行政事件訴訟法は、2004（平成16）年に約40年ぶりに大幅な改正が行われた（2005年4月1日施行）。これは、司法制度改革の一環として国民の権利・法益のより実効的な救済手続を整備することを目的とするものであり、抗告訴訟の種類として義務付け訴訟と差止訴訟が新たに法定されたほか、当事者訴訟の一類型として公法上の法律関係に関する確認訴訟が明示的に規定され、行政を相手に国民が裁判を起こす場合の訴訟種別の選択が広がることとなった。また、抗告訴訟の被告適格の簡明化、管轄裁判所の拡大、仮の救済制度の整備、さらに取消訴訟に関しては原告適格の判定基準の法定、出訴期間の延長などがなされ、総じて行政事件訴訟を従前よりも国民にとって利用しやすくして救済の実を上げようとする観点から、制度の拡充が図られたといえる（詳しくは後述参照）。

2　行政事件訴訟の類型

　(1)　行政事件訴訟の4類型　　行政事件訴訟には、抗告訴訟、当事者訴訟、民衆訴訟、機関訴訟の4つの種類がある（行訴2）。抗告訴訟とは「行政庁の公権力の行使に関する不服の訴訟」（同3①、公権力不服訴訟）のことをいい、権力行政作用に対する最も基本的な訴訟類型である。当事者訴訟のうち、「当事者間の法律関係を確認し又は形成する処分又は裁決に関する訴訟で法令の規定によりその法律関係の当事者の一方を被告とするもの」（同4前段、形式的当事者訴

156 第5章 行政救済法

訟）は、個別法によって法定された場合にのみ認められる訴訟であるのに対し、「公法上の法律関係に関する確認の訴えその他の公法上の法律関係に関する訴訟」（同4後段、実質的当事者訴訟）は、公法上の法律関係があると解される場合に一般的に認められる訴訟である。

　これら2つの訴訟は、国民各人が自らの権利・法益の救済を求めて提起する訴訟であってこれを主観訴訟というが、民衆訴訟と機関訴訟は、行政の適法性の確保などの客観的な法秩序の維持を目的とするもので客観訴訟の性格をもっている。民衆訴訟は、「国又は公共団体の機関の法規に適合しない行為の是正を求める訴訟で、選挙人たる資格その他自己の法律上の利益にかかわらない資格で提起するもの」（同5）であり、公職選挙法上の選挙無効・当選無効訴訟や地方自治法上の住民訴訟の例がある。また、機関訴訟は、「国又は公共団体の機関相互間における権限の存否又はその行使に関する紛争についての訴訟」（同6）であり、地方自治法に、長と議会との間の違法議決に関する訴訟や、国の関与に関する自治体の訴訟、自治体の不作為に関する国の訴訟などが定められている。客観訴訟は国民の権利・法益の救済を本旨とする裁判の役割からすると異例であるため、この民衆訴訟と機関訴訟は、「法律に定める場合において、法律に定める者に限り、提起することができる」（同42）例外的な訴訟類型とされている。

(2) 抗告訴訟中心主義　　上述の4つの訴訟のうち抗告訴訟と実質的当事者訴訟は、特に別の法律で個別に法定されなくても行政事件訴訟法を直接の根拠として提起できる一般的な訴訟である。その中でも同法は抗告訴訟に関して詳細な規定を置いており（同第2章）、これに対して当事者訴訟については、ごくわずかな特則的定め（同第3章）を除いて審理手続は民事訴訟の場合とほとんど異ならない。このように同法が規定する条文の大部分を抗告訴訟が占めているという事実は、権力行政作用に対する「抗告訴訟」の制度が現行の行政事件訴訟の基本にあることを示すものであるが（これを抗告訴訟中心主義と呼んでいる）、2004年の同法改正後は実質的当事者訴訟も次第に活用され始めてきたため、具体的な事案の性質等により、両訴訟の間での訴訟選択の適否が問われるようになってきている。

Ⅱ 抗告訴訟

1 抗告訴訟の全体像

(1) **抗告訴訟とは**　前節で見たように、行政事件訴訟は主観訴訟と客観訴訟に分けて理解されるのが一般的であり、そのうちここで取り上げる抗告訴訟は前者に該当する訴訟である。行訴法は抗告訴訟を「行政庁の公権力の行使に関する不服の訴訟」と定義する（行訴3①）。通常、民事訴訟では原告や被告（＝当事者）の法律関係（≒権利義務関係）を争う。例えば、BがAから借りた金銭を期限までに返済しなかった場合、AはBを被告として提訴し、自身へ当該金銭（加えて遅延損害金）の支払を求める。そこで裁判では、果たして本当にAがBに対して債権（＝権利）を有し、BがAに対して債務（＝義務）を負うかどうかが基本的な争点となる。これに対して、抗告訴訟とは、「公権力の行使」という行政庁が行った行政活動そのものの違法性を争う訴訟である。行政活動の原因あるいはそれに基づき形成される法律関係ではないという意味において、一般的な民事訴訟とは争い方が異なる。そのため、主観訴訟における抗告訴訟

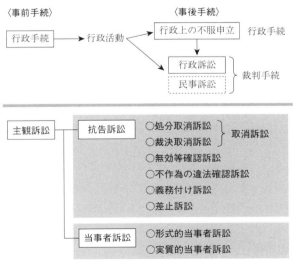

図5－1　行政訴訟の全体像

158　第5章　行政救済法

は、特殊な訴訟ということができる。そして、従来の民事訴訟と同様に法律関係を争う行政訴訟は、抗告訴訟との対比で「当事者訴訟」(Ⅲ参照) として規定されている。

　(2)　**抗告訴訟の類型**　　行訴法3条は、抗告訴訟をいくつかの類型に分けて規定している。すなわち、処分の取消しの訴え (行訴3②)、裁決の取消しの訴え (同③)、無効等確認の訴え (同④)、不作為の違法確認の訴え (同⑤)、義務付けの訴え (同⑥)、および差止めの訴え (同⑦) の6つである (図5-1参照)。このうち「処分の取消の訴え」と「裁決の取消の訴え」の2つが取消訴訟と呼ばれるものである。そして、行訴法では取消訴訟についての規定で大部分が占められ、それらの規定がその他の抗告訴訟に準用されるという構成になっている。長らく取消訴訟中心主義と呼ばれてきた所以である。

2　取消訴訟

(1) 取消訴訟の特色

　(1)　**意　義**　　処分の取消しの訴えは「行政庁の処分その他公権力の行使」(以下、「処分」とする) の取消しを求める訴訟であり (行訴3②)、裁決の取消しの訴えは不服申立てに対する「行政庁の裁決、決定その他の行為」(以下、「裁決」とする) の取消しを求める訴訟である (同③)。ここでいう「裁決、決定」等もまた処分であり、それは行訴法自体が裁決を処分の取消しの訴えの対象から除外していることからも明らかである (同②括弧書)。つまり双方とも「行政庁の処分その他公権力の行使」の取消しを求めるものにほかならないため、双方併せて取消訴訟と呼ばれている。取消訴訟はこれら処分が違法である場合に、それを裁判判決によって取り消してもらうことで、それに起因する不利益を除去、回避、あるいは失われた利益を回復させる訴訟なのである。

　訴訟において原告は処分が違法であって取り消されるべきであることを主張することになる。つまり取消訴訟の訴訟物 (審判の対象となる請求の内容ないし対象) は処分の違法性ということになる。

　行訴法はこのように処分・裁決について取消訴訟という争い方を規定してい

るが、法律があえてこうした特殊な訴訟ルートを規定したという点に着目すれば、「処分を争うには取消訴訟を利用せよ」と解釈することもできる。このように、処分を争うには原則として取消訴訟の利用が強いられ、他の訴訟の選択が制限されることを「取消訴訟の排他的管轄」と呼ぶ。

　後に触れるように、ここでいう「処分」について、これまでいわゆる行政処分が念頭に置かれてきた。そして行政処分については、それがたとえ違法であるとしても、権限ある機関がその処分を取り消してくれるまでは、一応通用力があるものとみなす効力を「公定力」と呼んでいた（第4章第1節**2**参照）。この公定力と取消訴訟の排他的管轄の関係には2つの考え方が成り立ちうる。すなわち、一方で、処分には公定力があるのだから、それを断ち切るために取消訴訟が存在するとする考え方がある。他方、行訴法があえて取消訴訟という制度を設けたのだから、そこで取り消されるまでの間は、処分にも一応の通用力があるとする考え方がある。以前は前者の考え方が一般的であったが、この考え方によれば特段法的な根拠もなしに違法な処分に有効性を付与するということになりかねない。そのため、現在では後者の考え方によるのが有力となっている。ただし、民事訴訟においても判決が確定するまでは従来の法律関係が一応維持されるのであるから、取消訴訟においてのみあえて公定力という用語を用いることには疑問も呈されている（なお、「取消」訴訟がある一方で、「無効」等確認訴訟という抗告訴訟も用意されている。これは特に従来の公定力概念を強く反映したものともいえるが、無効等確認訴訟のところで改めて触れる）。

　(2)　**原処分主義**　　前述のとおり、取消訴訟には処分の取消訴訟と裁決の取消訴訟があるが、それではなぜこのように2つの争い方を規定しているのであろうか。例えば、ある許可の申請が認められず拒否処分を受けたとしよう。これに不満な申請者は、行政不服審査法に基づいて不服申立てを行うことができる。審査庁は不服申立てについて審査を行い、裁決を行う。さらにこの裁決にも不満ならば、申請者は裁判所に処分の取消訴訟を提起することができる（もちろん処分によっては直接出訴することも可能である）。ではこの場合に争うべき「処分」とは何であろうか。ここでは、2つの処分が存在することになるため、訴訟の選択上整理が必要となる（図5-2参照）。そこで、もともとの処分（これを

「原処分」という）に不満であって、その違法性を争いたいのであれば、原処分の取消訴訟を提起しなければならないとされている。これを「原処分主義」という。他方、裁決の取消訴訟においては、「処分の違法を理由として取消しを求めることができない」（行訴10②）。つまり、不服申立ての審理において提出した証拠が考慮されなかった、あるいは理由の付記に不備があった、といった裁決固有の瑕疵しか主張できない。このようにして、2つの取消訴訟は振り分けがなされているのである。

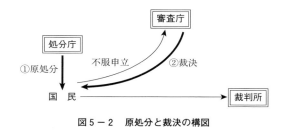

図5－2　原処分と裁決の構図

（2）訴訟要件

　取消訴訟の流れを時系列に沿って追ってみよう。原告が裁判所へ訴訟を提起した場合、まず裁判所において、提起された訴訟が法律所定の手続に従ったものであるかが審査される。これを要件審理といい、訴訟を適法とするために満たすべき要件を「訴訟要件」と呼ぶ。つまり訴訟要件を満たさなければ、訴えは不適法として却下される（却下判決）、いわゆる「門前払い」である。訴訟要件を満たすことで初めて、訴えの中身である原告の請求の当否自体についての審理がなされる。これを本案審理という（図5－3参照）。なお、訴訟要件は訴訟の終結まで充足し続けていなければならない。

　取消訴訟の訴訟要件のうち、処分性、原告適格、および狭義の訴えの利益についてこれまで多くの議論がなされてきた。これらは併せて「（広義の）訴えの利益」と呼ばれている。そこでまずは、これら訴えの利益以外の訴訟要件について見てみよう（以下では便宜上、原則として「取消訴訟」の語を処分の取消しの訴えのみを念頭に置いて述べていくこととする）（図5－4参照）。

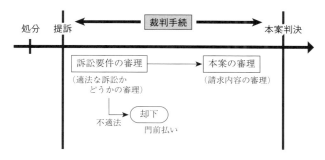

図5-3 訴訟の流れ

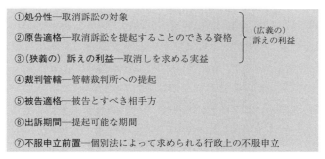

図5-4 取消訴訟の訴訟要件一覧

a 「広義の訴えの利益」以外の訴訟要件

(1) **被告適格**　取消訴訟の対象となる処分は行政庁によってなされるが、取消訴訟においてその被告とされるのは当該処分をした行政庁の所属する国または公共団体である（行訴11①）。ここでいうところの国または公共団体は、行政組織のところで学んだように行政主体のことを指す（第3章第1節参照）。通常の民事訴訟において、訴訟当事者となるには権利能力が必要であるが、行政主体の下で活動する行政庁は、単なる行政機関に過ぎず、訴訟当事者にはなれない。しかし、以前は実際に処分を行った行政庁を被告とすることが便宜であることから特別に行政庁を被告とするものとされていた。だが実際には原告にとって被告となる行政庁を特定するのが困難な場合が多く、被告を誤ったり、その間に出訴期間を徒過したりすることがあったため、2004年の行訴法の改正によって被告は行政主体へと改められた。

処分を行った行政庁が国または公共団体に所属していない場合には、当該行政庁を被告として提訴することが認められている（同②）。例えば、弁護士会が所属弁護士に対して行う懲戒処分は、取消訴訟の対象となる処分であると解されているが、弁護士会は国または公共団体に所属するものではないため、当該処分につき取消訴訟を提起する場合には、当該処分を行った弁護士会を被告とすることになる。なお、故意または重過失によらないで被告を誤った場合には、被告の変更が認められる可能性も残されている（行訴15）。

(2) 出訴期間　取消訴訟には出訴できる期間が定まっている。訴訟の利用にタイムリミットが設定されているのである。取消訴訟は処分があったことを知った日（厳密には民法の例にならってその翌日。以下同じ）から6か月以内に提起しなければならず（同14①）、また処分から1年が経過した際には提起することができない（同②）。つまり、処分から1年という枠内で、処分を知った日から6か月の期間制限がかかることになる（図5-5参照）。また、行政上の不服申立てを行っていた場合には、その不服申立てへの裁決があったことを知った日から6か月、または裁決から1年が経過するまでに訴訟を提起しなければならない（同③）。行政上の不服申立てを行っている間に、原処分の出訴期間が徒過するのを防止するためである。

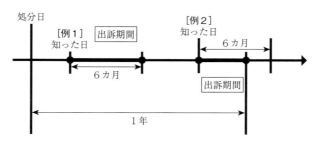

図5-5　出訴期間

出訴期間制度は法律関係を早期に安定させることを目的とするものであるが、他方で、国民の裁判を受ける権利を制約するおそれがある。そのため、正当な理由がある場合には、例外的に出訴期間を徒過した場合でも提訴を認める規定が置かれている（同①～③各項但書）。他方、正当な理由がなければ取消訴訟にお

いて処分の違法性を争う機会を失うことになる。行政処分のところではこれを不可争力と呼んでいた。しかし、それでは裁判を受ける権利が奪われることになってしまうため、争訟方法についても解釈上工夫がなされている（詳しくは3 無効等確認訴訟を参照）。

なお、ここでいう「処分を知った日」とは、通知書面の交付を受けた等により処分の存在を現実に知った日のことを意味するが、社会通念上「知り得べき状態におかれたとき」にはその推定がなされる。

(3) 不服申立前置　　行政不服審査法のところで学んだように、行政訴訟を提起するに先立って、行政上の不服申立てをする必要はない（行訴8①、自由選択主義）。しかし、個別の法律によって不服申立てを行い、それに対する裁決を待ってから訴訟の提起をするよう求められることがある（同①但書、不服申立前置主義ないし審査請求前置主義）。この場合、あらかじめ裁決を経ていることが訴訟要件となる。他方、①審査請求があった日から3か月を経過しても裁決がないとき、②処分、処分の執行または手続の続行による著しい損害を避けるため緊急の必要があるとき、③その他裁決を経ないことにつき正当な理由があるとき、には裁決を経ずとも取消訴訟を提起することができる（同②Ⅰ～Ⅲ）。

(4) 裁判管轄　　裁判管轄とは訴訟を担当する権限の分担を示すものである。つまりはここでは取消訴訟を扱う裁判所がどこかという問題が関わってくる。なお管轄権を有しない裁判所に提訴された場合であっても、職権または申立てによって管轄裁判所に移送される（民訴16）。

事物管轄　　第一審の訴訟事件の裁判権は、民事訴訟においては通常訴額によって振り分けられることになるが、法律に特別な定めがない限り、取消訴訟はすべて地方裁判所の管轄とされ（裁24Ⅰ・33①）、また支部はこれを扱わない。

土地管轄　　それではどこの地方裁判所に提訴すべきであろうか。この土地管轄は事件の内容等によって異なっており、こうした管轄と事件や当事者との関係を裁判籍と呼ぶ。そして、事件の内容如何にかかわらず一般的に認められる裁判籍を普通裁判籍と呼ぶが、行訴法は土地管轄について「被告の普通裁判籍の所在地を管轄する裁判所又は処分若しくは裁決をした行政庁の所在地を管轄する裁判所に属する」と規定する（行訴12①）。他方、処分を行った（つまり被

164　第5章　行政救済法

告となる）国・公共団体が原告の居住地から遠く離れている場合、提訴するには原告の負担が大きくなってしまう。そのため、行訴法は国または独立行政法人もしくは行政事件訴訟法の別表に掲げられた法人を被告とする場合、「原告の普通裁判籍の所在地を管轄する高等裁判所の所在地を管轄する地方裁判所」（特定管轄裁判所）に提訴できるものとしている（同④。例えば、原告が福島に居住している場合には、仙台高裁が設置されている地域を管轄する仙台地裁に提訴できる）。また、土地の収用、鉱業権の設定その他不動産または特定の場所に関する取消訴訟の場合、その不動産または場所の所在地の裁判所に提起することができる（同②）。さらに、処分に関して事案の処理にあたった下級行政機関の所在地の裁判所にも提訴が可能である（同③）。

　教　示　　行政上の不服申立てと同様に、取消訴訟においても教示が義務づけられている。すなわち、処分を書面で行う場合に処分の相手方に対して、①被告とすべき者、②出訴期間、③不服申立前提の有無、を書面で教示すべきことを規定する（行訴46①）。ただし、処分を口頭で行う場合はこの限りではない（同項但書）。

b　処分性

(1)　**（広義の）訴えの利益**　　取消訴訟を含む抗告訴訟も裁判所に対する訴えの一類型であるため（つまり主観訴訟であるため）、訴訟を通じて最終的な判決を得る正当な利益あるいは必要性がなければならない。これを「訴えの利益」という。訴えの利益は、最も広い意味において、①訴訟の対象となりうる一般的資格、②当事者となりうる資格、③裁判所が原告の請求の当否について判断するだけの具体的必要性のことをいう（狭い意味では③のみを指す）。そして取消訴訟においては、①は処分性（取消訴訟の対象）、②は原告適格（原告となりうる資格）、③は狭義の訴えの利益（訴える実益）として表れる。前述のとおり、取消訴訟の訴訟要件においてこの3要件の占める比重は非常に高く、そのため以下ではこれら3要件について詳しく見ていこう。

(2)　**処分性とは**　　処分性は取消訴訟の対象に関する要件である。行訴法は取消訴訟の対象を「処分その他公権力の行使」と規定している（行訴3②）。ある行政活動がこの「処分その他公権力の行使」に該当する場合、その行政活動

には「処分性がある」という。処分性のない行政活動を対象として取消訴訟を提起した場合、その訴訟は却下されることになる。ここでいう「処分」はいわゆる行政処分のことを指す。そして行政処分でなくとも「その他公権力の行使」に該当すれば処分性を有する、という整理が一応可能であるが、行訴法はこれについて特段説明する規定を設けていないため、特に典型的な行政処分に該当しない行為に処分性が認められるか否かが問題とされてきた。

　この点について、最高裁の判例によれば、「行政庁の処分とは……行政庁の法令に基づく行政の行為のすべてを意味するものではなく、公権力の主体たる国または公共団体が行う行為のうち、その行為によって、直接国民の権利義務を形成しまたはその範囲を確定することが法律上認められているものをいう……」（最判昭39.10.29民集18・8・1809）。つまり、その行政活動に「公権力性」と、「法効果性」があるかどうかが判断基準となる。ここでいう「公権力性」であるが、この言葉は「一方的に」という言葉と置き換えることも可能である。確かに、許認可等を受ける場合には国民の側からの申請が必要であり、また行政活動を行うに先立って、行政庁は所定の手続を踏むことが求められるため、「一方的に」とは言い難い側面があることは否定できない。しかし、最終的に、行政活動を行うのは行政庁であり、それは調査等で得られた事実を法律にあてはめて現実に適用する行為である（なお、この法律自体は、われわれ国民が選出した国会によって定められたルールであって、一般的・抽象的な意味で国民の側との合意はできていると見ることもできる）。個別の国民との契約ないし交渉によって行政活動の内容が定まる性質のものではなく、法律の定める内容が法律の定めた手続に従って行政庁によって執行される、という意味において「一方的に」行われるものに「公権力性」が見出されるのである。次に「法効果性」であるが、当該行為によって国民の権利義務に直接影響を与える、あるいはその法的な地位を確定させる効果を指す。それは間接的なものではなく、あくまでもその活動によって直接的に影響を受けることが求められる（そのため法効果性については直接性のみならず、個別性まで含めて検討される傾向にある）。

　上記の説明によれば、いわゆる行政処分に処分性があることは間違いない。さらに、行政不服審査法がその審査の対象として規定する、人の収容や物の留

166　第 5 章　行政救済法

置などの継続的な性質を有する事実行為（行服 2 ①）もまた処分性を有する。これらは「法効果性」を有しない（＝事実行為）ものであるが、「公権力性」ある行為であって、国民に直接的に不利益を強いる力を有するため処分性が認められている。また、たとえ当該行政活動がいわゆる行政処分ではなくとも、個別の事件ごとにその活動の性質を検討し、前記の定義に照らして処分性の有無を判断するのが近時の最高裁の傾向である。つまりいわゆる行政処分以外の行政活動にも処分性が認められているのである。以下では行政活動の諸形式ごとに処分性の有無を検討してみよう。

(3)　行政活動の諸形式と処分性

立法行為　　法律や条例は一般的抽象的な法規範であって、その内容は当該法律等の制定後に行政等によって個別の事例へと適用される。そのため、法律や条例そのもの、あるいはその制定行為がそれ自体で個々の国民の権利義務に直接影響を及ぼすことはなく、処分性は認められない。しかし、適用を受ける人の範囲が限定されており、かつ具体的な執行行為を伴うことなく国民の権利義務に直接影響を及ぼす場合には例外的に処分性が認められる場合がある。最高裁も一般論としては処分性を否定しつつも、前記のように解して公立保育園廃止条例の処分性を認めている（最判平21.11.26民集63・9・2124）。

　行政機関が決定した事項を広く一般に知らせる行為または形式を告示という。告示の場合にも立法行為と同様に解することが可能である。行政決定の名宛人が具体的に示されていないからといって当然に処分性が否定されるわけではなく、個別の事例に応じて検討される。例えば、建築基準法42条 2 項に基づくいわゆる 2 項道路（みなし道路）について、告示によって一括的に指定された場合であっても、道路の敷地所有者はその利用について具体的な制限を受けるため処分性が肯定されている（最判平14.1.17民集56・1・1）。

行政計画　　行政計画とは行政が中長期的な観点から目的を設定し、その達成手段を規定したもので、まさしく行政が策定した計画である（第 4 章第 1 節 1 参照）。そのため行政計画は特定の個人を対象としているものではない。また計画に基づいてより具体的な行政活動が後続するのが通常である。しかし、実際には計画段階において特定個人の側に不服が生じることもあり、行政計画決

定自体の処分性の有無が取消訴訟で争われることがある。

　かつて最高裁は、いわゆる「青写真」判決（最大判昭41.2.23民集20・2・271）において、土地区画整理事業計画（当該事業の全体像については図5－6参照）の処分性を否定していた。すなわち、事業計画は特定個人に向けられた処分ではなく、事業の基本的な事項について一般的抽象的に決定したもの（＝青写真）に過ぎない。そして計画策定によって区域内の土地の形質を自由に変更できなくなるが、それは事業の円滑な進行のために特に法律が認めた付随的効果にとどまる。また計画策定後の具体的な事業活動においてなされる処分に対して取消訴訟が提起できるのであるから、計画段階で訴訟を認めるには紛争としての成熟性を欠く、といったものであった。こうした最高裁の立論には学界からの批判も強かった。いったん事業計画が策定されれば、あとは粛々と事業が進行し、後に

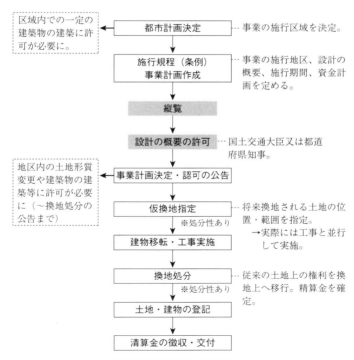

図5－6　**土地区画整理事業の流れ・概略**（自治体施行の場合）

168　　第 5 章　行政救済法

訴訟を提起してももはや後戻りできないことも多い。つまり事業が実施されて
しまえば泣き寝入りの状況となってしまうのである。

　その後、最高裁は前記昭和41年判決を変更して土地区画整理事業計画の処分
性を認めた。事業計画の決定によって、土地所有者等が規制を伴う土地区画整
理事業の手続に従って換地処分を受けるべき地位に立たされるため、その意味
で法的な地位に直接的な影響が及ぶとして当該計画の処分性を肯定したのであ
る。さらに換地処分がなされた段階で取消訴訟を提起しても、事情判決がなさ
れる可能性が高く（後述（4）a）、実効的な権利救済を図るためには計画段階
でそれを対象とした取消訴訟の提起を認めるのが合理的であるとして権利救済
の観点からその結論を補足している（最大判平20.9.10民集62・8・2029）（図 5 - 6 参照）。

　内部行為　　　行政内部における行為はそれが内部にとどまる限り処分性を有
しない。上級行政機関による下級機関に対する命令を通達と呼ぶが（第 4 章第
1 節 1 参照）、通達は内部行為であるとして処分性が否定されている（最判昭
43.12.24民集22・13・3147）。しかし、通達であっても、それが内部にとどまらず直
接国民の具体的な権利義務に重大な影響が及び、またその通達を争う以外に有
効な救済手段がないときには、処分性が認められることがある（東京地判昭46.11.
8 行集21・11 = 12・1785）。

　行政指導　　　行政指導は、その相手方に法的な義務を課すものではないため、
処分性が否定される（第 4 章第 1 節 3 参照）。しかし、法令の規定上、それに従わ
ない場合に制裁が予定されているような行政指導に対しては、取消訴訟が提起
できる可能性も示されている。最高裁は、旧医療法に基づく県知事による病院
開設中止勧告の処分性を認めた。すなわち、病院開設には都道府県知事の許可
が必要となるが、地域医療計画に定める一定地域の必要病床数に達する場合に、
知事は病院開設等につき勧告することができるとされていた。この勧告自体は
行政指導にすぎないが、他方で健康保険法に基づく保険医指定機関（つまり健
康保険が適用される医療機関）の指定申請に対して、一定の場合にはそれを拒否で
きるとの規定があり、旧厚生省の通達によれば前記勧告に従わなかった場合が
想定されていた。そのため、勧告に従わない場合には相当程度の確実さをもっ
て保険医の指定が受けられないことになる。しかし、ほぼすべての者が保険医

指定機関としての病院の受診を前提としている日本においては、指定を受けられなければ病院の開設を断念せざるをえない。こうした勧告が指定に及ぼす効果と、病院経営における指定の性質を考慮して当該勧告に処分性が認められた（最判平17.7.15民集59・6・1661）。

通 知　通知には、催告や請求のように一定の意思を伝えるが、そこから直接的に導かれる法律効果の発生を目的としないもの（意思の通知）と、意思を含むことなく単に事実を伝えるもの（観念の通知）がある。双方とも、法律が当該通知へ一定の法効果を付与しているものと解されるならば、処分性が認められている。前者について、行政代執行法に基づく戒告やその通知は（第4章第3節参照）、後に続く代執行と一体となって一連の手続を構成し、通知がなされれば代執行が行われることがほぼ確実な上、後の段階では救済の実を挙げえない等から処分性が認められると解されている。後者について、輸入に際してなされた輸入禁制品該当の通知は、輸入申告者にとって当該貨物を適法に輸入する途を閉ざされることになるため、こうした制約は通知によって生ずる法律上の効果であるとして処分性が認められている（最判昭54.12.25民集33・7・753）。

処分性の有無と行政処分該当性　これまで見てきたように、最高裁の定式によれば、いわゆる行政処分以外の行政活動であっても、個別の検討の結果、処分性が認められるものがある。ただしそれはあくまで個別的に認められたに過ぎず、一般的に認められたものではないことに注意が必要である。また、処分性が認められないとしても、当事者訴訟といった他の訴訟形式によって争うことが可能なものもあり、「取消訴訟が利用できない＝訴訟の途が絶たれる」、というわけではない。さらに、処分性の有無は、あくまでも訴訟選択上の問題にとどまる。つまり処分性が認められた行政処分以外の行政活動が、直ちにあたかも行政処分であるかのように扱われ、それゆえに行政手続法や行政不服審査法の規定が適用されることになるわけではないことにも留意しておきたい。

c　原告適格

(1)　**原告適格とは**　原告適格とは、訴訟において原告となることのできる資格を指す。処分性を有する行政活動について誰でも取消しを求めることができるわけではなく、（主観訴訟であることからも）一定の利害関係が必要とされる。

170　第5章　行政救済法

この点、行訴法9条1項は「当該処分の取消しを求めるにつき法律上の利益を有する者」に原告適格を付与しているが、問題となるのはその範囲である。処分の相手方、例えば、行政庁から禁止命令を受けた者や、申請拒否処分を受けた者（これを「名宛人」と呼ぶ）に原告適格が認められることに異論はない。処分が違法であれば、それによって直接的に不利益を被ることが明らかだからである。ただし、現代社会においては、様々な問題を事前に予防すべく、行政の介入が幅広く行われている。その結果、行政活動によって影響を受ける者もまた非常に広範に及ぶようになってきている。廃棄物処理施設と周辺住民の関係を例に挙げてみよう。一般廃棄物処理施設の設置には都道府県知事の許可が必要である（廃棄物8①）。しかし、違法な許可が出されたために周辺住民に被害が生ずるとすれば、当該住民にとってこの許可処分は自己の利益に直接関わってくるものとはいえないだろうか。そして、そうであるとすれば、どこまでが利害関係を有する「周辺住民」に該当するのであろうか。さらにいえば、行政法が広く社会で発生する問題に対し、行政をして対処させるために策定されたものであるとすれば（第1章第3節）、行政活動によって影響を受ける者は数限りなく存在することにもなりかねない。このように、特に処分の名宛人以外の第三者の原告適格が認められるか、認められるとしてどこまでか、という問題は画一的に解答が出てくるものではなく、これまで多くの議論がなされてきた。

(2)　法律上保護された利益説と法律上保護に値する利益説

法律上保護された利益説　「法律上の利益」の意味については、まず「法律上保護された利益説」という立場がある。これは判例の基本的な立場でもあるが、この考え方によれば「『法律上の利益を有する者』とは、当該処分により自己の権利若しくは法律上保護された利益を侵害され、又は必然的に侵害されるおそれのある者をいうのであり、当該処分の定めた行政法規が、不特定多数者の具体的利益を専ら一般的公益の中に吸収解消させるにとどめず、それが帰属する個々人の個別的利益としてもこれを保護すべきものとする趣旨を含むと解される場合には、このような利益もここにいう法律上保護された利益に当たり、当該処分によりこれを侵害され又は必然的に侵害されるおそれのある者」（最大判平17.12.7民集59・10・2645）に含まれる。つまり、①当該処分によって原告が

有する利益が侵害される、またはそのおそれがあることを前提に（侵害要件）、②その利益が当該処分の根拠となる個別の法令によって保護される利益に含まれること（保護範囲要件）、かつ③その個別の法令の趣旨が、その利益を一般的な公益としてではなく原告らの利益として個別的に保護するものであること（個別保護要件）が必要とされる。例えば、法律がある活動について許可制を採用しているとしよう。これは対象とされた活動を自由になすがままにすれば、

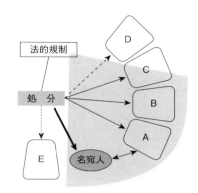

図5－7　法律によって保護された利益の概念図

他者の権利利益を侵害する可能性があるために設けられた規制である。ではこの規制の枠組みが保護しようとした利益とは何か、これが前記②に関わる問題である。そして、その利益は国民一般が享受するものであるのか、それともより特定された者に向けられたものであるのかが前記③に関わる問題となる（また、逆に規制が当該活動を行う者自身の保護のためになされているとしても、その枠組みが同時に他者の権利利益の保護のために構築されていると解することができる場合もある）。通常、法律はこうした制度が保護すべき者や利益を明確に規定していない（図5-7参照）。そのため、処分がなされる要件の中にこうした利益を保護するための手立てが含まれているかどうかという観点から原告適格の有無が判断される傾向にあった（処分要件説）。例えば、許可要件の中に、「○○m以内の周辺住民へ生活環境上の悪影響がないようにすること」と定められた場合には、その範囲内の住民には当該許可処分を争う原告適格が認められると判断するのである。しかし、これが厳格に解されると、法律にその利益を保護する明確な規定がなければ、原告適格が認められないということになりかねない。

法律上保護に値する利益説　こうした問題点に対して、法律上保護された利益説では漏れてしまう利益についても、救済に値するものについては法律上の利益に含めて、第三者の原告適格を広く認めるべきとする考え方がある。そして、その利益が救済に値するかどうかは、それが処分によって受けている不

利益の性質や程度など、その利益に対する被害の実態を考慮して判断されることになる。

(3) 判例の動向と 9 条 2 項　前述のとおり、判例は法律上保護された利益説の立場をとっているが、第三者の法律上の利益の判断については次第に柔軟な姿勢を見せるようになる。法律上保護された利益説を基礎としつつも法律上保護に値する利益説の立場を取り込むような判断を行っているのである。こうした判例の蓄積を明文化したのが行訴法 9 条 2 項である。この規定は、第三者の法律上の利益の有無を判断するにあたっての考慮事項を定めたものである。すなわち、「裁判所は、①処分又は裁決の相手方以外の者について前項に規定する法律上の利益の有無を判断するに当たつては、②当該処分又は裁決の根拠となる法令の規定の文言のみによることなく、③当該法令の趣旨及び目的並びに④当該処分において考慮されるべき利益の内容及び性質を考慮するものとする。この場合において、⑤当該法令の趣旨及び目的を考慮するに当たつては、当該法令と目的を共通にする関係法令があるときはその趣旨及び目的をも参酌するものとし、⑥当該利益の内容及び性質を考慮するに当たつては、当該処分又は裁決がその根拠となる法令に違反してされた場合に害されることとなる利益の内容及び性質並びにこれが害される態様及び程度をも勘案するものとする」と規定する（①〜⑥は引用者）。

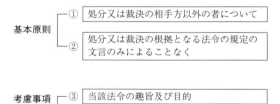

図 5 − 8　行訴法 9 条 2 項の構造

まず、この規定は第三者の原告適格を判断する際に利用されるものである（①）。前述のように処分の名宛人については当然に原告適格が認められるためである。そして、法律の規定

第2節　行政事件訴訟　　173

> ### ● コラム13　小田急高架化訴訟（最大判平17.12.7民集59・10・2645）
>
> 　東京都知事は、小田急線の一部区間を高架式により連続立体交差化することを内容とした都市計画法に基づく都市計画事業を計画し、旧建設大臣からその認可を得た。これに対して、事業によって騒音や振動等の被害を受けるとして沿線住民が当該認可処分の取消しを求めた。本件においては処分の名宛人ではない沿線住民が原告適格を有するかどうかが問題となったが、最高裁は、まず原告適格9条2項に定める③と⑤（本文参照）を適用し、都市計画法上の規定に加えて、関連規定として公害対策基本法や東京都の環境影響評価条例の趣旨目的をも参酌して、「事業に伴う騒音、振動等によって、事業地の周辺地域に居住する住民に健康又は生活環境の被害が発生することを防止し、もって健康で文化的な都市生活を確保し、良好な生活環境を保全することも、その趣旨及び目的とするものと解される」とした。その上で、④と⑥を適用して、「都市計画法又は関連法令に違反した違法な……都市計画事業の認可がされた場合に、騒音、振動等による被害を直接的に受けるのは、
>
> 事業地の周辺の一定範囲の地域に居住する住民」に限られるものの、こうした被害は「住民の健康や生活環境に係る著しい被害にも至りかねない」ため、「被害の内容、性質、程度等に照らせば、この具体的な利益は、一般的公益の中に吸収解消させることが困難」であるとする。結論として、都市計画法の規定は「公益的見地から都市計画施設の整備に関する事業を規制するとともに、騒音、振動等によって健康又は生活環境に係る著しい被害を直接的に受けるおそれのある個々の住民に対して、そのような被害を受けないという利益を個々人の個別的利益としても保護すべきものとする趣旨を含む」と判示して一部の沿線住民に原告適格を認めた。なお、個別保護要件の判断においては、さらに進んで現実にどの範囲の者までに原告適格が認められるかについての検討がなされる傾向にある。本判決では東京都環境評価条例の定める関係地域内に居住する者がそれにあたるとされていた。このようにして、行訴法9条2項を駆使して法律上の利益が判断されている。

を文言どおりに受け取ることなく合理的な解釈を行うことを求める（②）。こうした原則を踏まえた上で、2つの考慮要素を提示する。つまり、根拠となる法律の趣旨・目的を考慮すること（③）、第二に、第三者が主張する利益の内容や性質を考慮すること（④）、である。また、③については他に関連する法令がある場合にはその趣旨・目的を参考にすべきこと（⑤）、④については主張された利益が侵害された場合にどのような被害が生ずるかも念頭に置くべきこと（⑥）、が求められている。つまり③と⑤、④と⑥はそれぞれ一体として考慮要素を構成していることになる。特に④と⑥の要件は、原子炉設置許可処分につき周辺住民の原告適格を認めたもんじゅ訴訟（最判平4.9.22民集46・6・571）において明確にされたものであって、裁判上保護に値する利益説の立場を取り込んだものと評価されている。

174　第 5 章　行政救済法

d　狭義の訴えの利益

　行政活動の処分性が認められ、またその取消しを求めるについて原告適格が認められたとしても、それを取り消す現実の必要性がなければ訴えは却下される。このように、処分を現実に取り消す必要性ないし実益のことを「狭義の訴えの利益」（あるいは単に「訴えの利益」）という。前述のように、処分性、原告適格および（狭義の）訴えの利益を含めたものを広義の訴えの利益という。また、行訴法 9 条 1 項の「法律上の利益」という表現が用いられることもある。つまり、この「法律上の利益」という文言は原告適格と狭義の訴えの利益の二重の意味をもつ。さらに行訴法 9 条 1 項括弧書は、処分の効果がなくなった場合の「法律上の利益」について、「処分又は裁決の効果が期間の経過その他の理由によりなくなつた後においてもなお処分又は裁決の取消しによつて回復すべき法律上の利益を有する者を含む」と規定している。以下ではそれぞれの場面においてどのように解されているのかを見てみよう。

(1)　**処分後の事情の変更**　　処分が撤回等によってその効力を失った場合、当該処分を取り消す実益はなくなる。判例は、税務署長による更正処分に対する取消訴訟が提起されている間に増額再更正処分がなされたとき、当該再更正処分はもともとの更正処分を取り消した上でなされた新たな処分であるとして、更正処分の取消しを求める訴えの利益は失われるとする（最判昭55.11.20判時1001・31）。

　また、法令の改廃等により制度が変更された場合にも取り消す実益はなくなる。例えば、農地委員会の解散命令に対する無効確認訴訟提起中に法令によって農地委員会が廃止されたとき（最判昭30.4.19民集 9・5・534）、教科書検定不合格処分の取消訴訟提起中に学習指導要領が改訂されたとき（最判昭57.4.8判時1040・3）には、訴えの利益は失われる。

　さらに、原告の死亡によって訴えの利益がなくなる場合がある。生活保護の一部廃止処分の取消訴訟提起中に原告が死亡した場合、生活保護請求権は一身専属的な権利であることから、原告の死亡により訴えの利益はなくなる（最大判昭42.5.24民集21・5・1043）。他方、公務員の免職処分の取消訴訟提起中に原告が死亡したとしても訴えの利益は存続する（最判昭49.12.10民集28・10・1868）。免職処

分の取消しによって生存中の給与請求権が認められ、かつそれが相続の対象となるので、遺族等が訴訟を承継できるためである。

(2) **期間の経過**　期間の経過によって処分の効果が消滅する場合、前述のように回復すべき法律上の利益が存続しない限り、訴えの利益は失われる。メーデー開催に関連していた皇居外苑使用不許可処分の取消訴訟提起中に、5月1日が経過してしまった場合、もはや訴えの利益は失われる（最大判昭28.12.23民集7・13・1561）。宅地建物取引業者に対する業務停止処分につき停止期間が満了した場合も同様である（最判昭55.1.25判時1008・136）。他方、自動車運転免許の効力停止処分の取消訴訟提起中に停止期間が過ぎた場合、処分の日から無事故・無違反で1年を経過したならば、その処分の取消しによって回復すべき法律上の利益は失われる（最判昭55.11.25民集34・6・781）。過去1年以内の免許停止処分の前歴は、道路交通法違反に基づく処分に際して考慮されることになるため（つまり点数が残るため）、処分後1年間は訴えの利益が存続するとされているのである。しかし期間の経過によって前歴がなくなったとしても、免許停止処分を受けたという不名誉は消えることはないであろう。前記判例に照らせば、名誉の失墜や信用の低下といった精神的な利益は、取消訴訟によって回復すべき法律上の利益ではなく、損害賠償の方法で解決すべき問題ということになる。

(3) **事業の完了**　処分が一定の事業や工事等を適法に実施できるようにさ

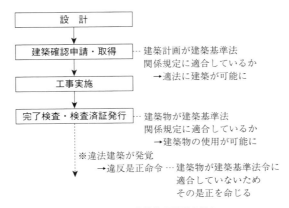

図5－9　建築物の建設の流れ

176 第5章 行政救済法

せる法効果を有する場合、当該工事等が完了すれば訴えの利益は失われる。建築基準法に基づく建築確認は、建設を予定している建築物の適法性を工事前に判断するものであって、これを受けなければ当該工事を開始することができないという法効果が与えられているにすぎないため、当該工事が完了すれば、建築確認の取消しを求める訴えの利益は失われる（最判昭59.10.26民集38・10・1169）。すでに完成された建築物の適法性を確保する手立てとして措置命令制度が設けられているが（建基9①）、建築確認が適法に出されたとしても、措置命令の発動が妨げられるわけではない（つまり建築確認と措置命令は連動する関係にはない）。

　他方、土地改良事業の施行認可処分の取消訴訟提起中に工事が完了したとしても、訴えの利益は失われない（最判平4.1.24民集46・1・54）。当該認可は、施行者へ当該事業を施行する権限を与えるのみならず、当該認可が有効であることを前提として後続の一連の手続や処分が実施されるという構造になっているため、処分が取り消されればこれら後続の手続等にも影響が及ぶからである。

　また処分の取消し以外の措置によって原告の利益が回復される場合にも、訴えの利益は消滅する。そのため保安林の指定解除処分の取消訴訟中に、代替施設の設置により洪水等の危険が解消され、保安林の存続の必要性がなくなった場合には、訴えの利益は失われる（最判昭35.3.9民集14・3・355）。

（3）取消訴訟の審理

⑴　**民事訴訟との関係**　　行政事件訴訟法は自己完結的な法律ではなく、審理についても詳細な定めを置いているわけではない。そこで、行政事件訴訟の本質に反しない限りで民事訴訟が適用されることになる（行訴7）。民事訴訟の審理においては、基本的に当事者、つまり原告と被告が主導的な役割を果たす（当事者主義）。民事訴訟における紛争が市民間のそれであり、その解決も当事者相互で図るべき事柄だからである。こうした原則は取消訴訟においても妥当するが、取消訴訟特有の規定も置かれている。取消訴訟においては争点に関する情報が主に行政側にあり、また訴訟を進めるにあたっての資源も行政側が優位にあるという現実があるためである。

⑵　**職権証拠調べ**　　ある事実に争いがあるとき、その立証活動は当事者が

行うのが原則であるが、当事者が適切に立証活動を行わない場合に、裁判所は自ら証拠を収集することができる（職権証拠調べ、行訴24）。他方、さらに進んで、裁判所が当事者の主張しない事実も取り上げること（職権探知）ができるかどうかについては、特別な法律の根拠なしには認められないとするのが通説である。

(3)　**釈明処分の特則**　2004年の行訴法改正によって、裁判所は訴訟関係を明瞭にするため、処分または裁決の理由を明らかにする資料や審査請求にかかる事件の記録等を行政庁に対して求めること等ができるようになった（行訴23の2）。民事訴訟法上の釈明処分の対象となる文書は、訴訟において引用された文書で当事者の所持するものに限られているが（民訴151①Ⅲ）、この特則に基づく対象文書には、そうした限定がない。

(4)　**立証責任**　前述のように、事実の証明については原則として当事者がそれを行う。しかし、主張される事実について当事者間で争いがあり、かつ、その存否について証拠によって認定することができないとき、その不利益をどちらに負担させるべきか（立証責任）という問題がある。取消訴訟についていえば、処分の違法性（ないし適法性）を立証すべきなのはどちらか、という問題となる。この点、民事訴訟の基本的考え方によれば、処分の違法性については原告が立証責任を負うべきこととなるが、すべてにおいて原告に負担させるのが果たして公平といえるかどうかについては異論も多い。最高裁も「原子炉施設の安全審査に関する資料をすべて被告行政庁の側が保持していることなどの点を考慮すると、被告行政庁の側において、まず、その依拠した前記の具体的審査基準並びに調査審議及び判断の過程等、被告行政庁の判断に不合理な点のないことを相当の根拠、資料に基づき主張、立証する必要があり、被告行政庁が右主張、立証を尽くさない場合には、被告行政庁がした右判断に不合理な点があることが事実上推認される」と判示して、原告の側の立証責任の負担軽減を図ったものがある（最判平4.10.29民集46・7・1174）。

(5)　**主張制限：原告側**　民事訴訟と同様に、取消訴訟においても当事者は行政処分の違法性一般についてあらゆる主張をすることが可能である。しかし、取消訴訟においては、自己の法律上の利益に関係のない違法を理由として取消

178　第5章　行政救済法

しを求めることはできない（行訴10①）。周辺住民の原告適格を広く認めた新潟
空港訴訟判決において、原告は定期空港運送事業の免許の違法事由として、着
陸帯や滑走路の供用上の違法、利用客の大部分が遊興目的であることや、相互
乗り入れによる輸送力の過剰等を主張していたが、これらは自己の法律上の利
益に関係のない違法とされ、請求は棄却された（最判平元2.17民集43・2・56）。し
かし、行訴法10条1項の規定は、原告の利益とは全く無関係な法令の違反の主
張を認めない規定と解すべきであろう。つまり、原告本人の利益を保護する趣
旨の規定の違反に限らず、一般的な公益保護の観点から設けられた規定の違反
であっても、原告と利害関係がある以上は自己の法律上の利益に関連するもの
としてその違反の主張が認められるべきである。

　(6)　**主張制限：被告側**　　同様に、被告である行政側にも主張制限の問題が
あり、具体的には、取消訴訟において処分時とは異なる理由を提示することで
処分の適法性を主張することが許されるか、という理由の追加や差し替えの可
否として論じられる。前記のような民事訴訟の原則からすれば、訴訟における
攻撃防御方法として、処分の同一性が失われない限り（つまり全く別の処分を行っ
たものとみなされない限り）、理由の追加や差し替えは制限されないことになろう。
最高裁も「別異に解すべき特段の理由のないかぎり……当該処分の効力を維持
するための一切の法律上及び事実上の根拠を主張することが許される」とする
（最判昭53.9.19判時911・99）。他方で、常に理由の追加や差し替えが認められるとす
れば、原告側の訴訟上の負担は少なくない。かといって完全に制限されるとす
れば、後に別理由で同一の処分がなされて、紛争が一回で解決しないことにも
なりかねない。そのため、理由の追加・差し替えの可否は、これらの要素を踏
まえて個別に判断されるべきである。また、行政手続法上の聴聞手続（第4章
第2節2参照）においては、審理の範囲が通知書の範囲内に限定されるため、そ
れを逸脱するような理由の追加や差し替えは許されないと解される。

　(7)　**訴訟参加**　　訴訟の結果について利害関係を有する第三者は当事者の一
方の側を補助するために訴訟に参加することができる（補助参加、民訴42）。そし
て補助参加人は当事者と同様に訴訟行為をすることができる代わりに当該訴訟
の判決の効力は補助参加人にも及ぶ（参加的効力、同46）。また、訴訟当事者は補

助参加が可能な者に対して訴訟の告知をすることで参加を促すことができるが、参加が強制されるわけではない。しかし、告知を受けた者は、参加しなくとも判決の効力が及ぶことになる（同53）。これらの規定は取消訴訟にも適用されるが、それに加えて、行訴法は訴訟の「結果により権利を害される第三者」について訴訟参加の規定を置いている（行訴22）。取消判決の効力が第三者にも及ぶことから（後述）、こうした訴訟参加は必要なものといえよう。なお、処分庁以外の行政庁も訴訟に参加することができる（同23）。

(8) **違法判断の基準時**　前述のとおり、取消訴訟の訴訟物は処分の違法性であるが、そこでその違法をどの時点で判断すべきなのか、という問題がある。つまり、処分がなされた時と、その処分の取消訴訟への判決がなされる時（正確には口頭弁論終結時）との間には必然的にタイムラグが生じ、この間に事実の変更や法令の改廃がありうる。そこで、どの時点を基準にして違法性を判断すべきか（違法判断の基準時）が問題となるのである。この点、取消訴訟の本質が違法状態の排除にあるという観点等から判決時を基準とすべきとする説もある（判決時説）。しかし、取消訴訟は行政処分の事後審査であるという観点から処分時説を支持するのが大勢であり、判例も原則としてこの立場をとっている（最判昭27.1.25民集6・1・22）。

（4）取消訴訟の判決

a　訴訟の終了と判決の種類

(1) **判決の種類**　取消訴訟の本案審理は、以上のような枠組みにおいて、処分の適法・違法について当事者による主張立証を中心として進行され、最終的に裁判所が処分の適法性についての判断を下すことになる。まず、訴訟が訴訟要件を満たさない場合、訴訟は不適法として却下される（却下判決）。いわゆる門前払いであるが、処分の適法性が裁判上確定するわけではない。そして、訴訟が訴訟要件を満たして本案審理を経た後、原告の請求に理由がない（つまり処分が違法ではない）場合に請求は棄却される（棄却判決）。他方、請求に理由がある（つまり処分は違法である）場合、裁判所は原告の請求を認め、処分は違法として取り消される（認容判決）。これら判決それぞれについて、不服がある場合

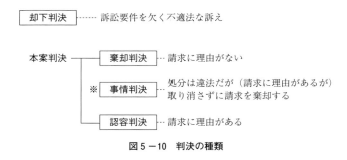

図 5-10　判決の種類

には控訴ないし上告が可能である（図5-10）。

なお、原告は請求を取り下げることで訴訟を終了させることができる。

(2) 事情判決　　前記3つの判決以外に行訴法は特殊な判決を規定している。例えば、海浜の埋め立て工事がほぼ完成した時点で当該工事を認めた処分が違法であるとして取り消されてしまえば、完全に元に戻すにはかなりの困難が伴い、時間的・経済的損失も大きい。そこで、処分が違法であるとしても「これを取り消すことにより公の利益に著しい障害を生ずる場合において、原告の受ける損害の程度、その損害の賠償又は防止の程度及び方法その他一切の事情を考慮したうえ、処分又は裁決を取り消すことが公共の福祉に適合しないと認めるときは、裁判所は、請求を棄却することができる」（行訴31①）。これを事情判決と呼ぶ。つまり事情判決がなされると、原告は処分が違法であるにもかかわらず訴訟には負けてしまうことになる。この点、裁判所は判決主文で処分が違法であることを宣言しなければならない（同②）。これによって処分が違法であることは裁判上確定することになり、それを前提として後に損害賠償等の請求が可能となる。最高裁は、事情判決制度の趣旨が法の一般原則であるとして、議員定数配分規定が法の下の平等に反する違憲なものであると宣言するとともに選挙無効の請求を棄却した（最判昭51.4.14民集33・3・223）。ただし、国家賠償請求において故意・過失の要件が存在することや（第5章第3節1（6）参照）、違法な処分の存在が事実上肯定されてしまうことからすれば、その運用には慎重となるべきで、裁判所としてはそれ以外の執行停止等（（5）参照）による対応をまずは検討すべきであろう。

第2節 行政事件訴訟　181

b　取消判決の効力

(1)　形成力と第三者効　　前述のように、請求が認容されると処分は違法とされて取り消されることになる。これによって処分は当初からなかったものとされる（形成力）。そして取消判決は、第三者に対しても効力を有する（行訴32）。つまり、通常、裁判判決の効力は当事者間にのみ及ぶものであるが、取消判決については当事者のみならず、それ以外の者にもその効力が及ぶ。

(2)　既判力　　判決が確定した場合、当事者は後の訴訟において、判決で判断されたことについて再び裁判所へ判断を求めることはできず、裁判所もこれを取り扱うことはない。これを既判力と呼ぶ。つまり紛争の蒸し返しを防止するものであり、取消訴訟においては、処分が違法であったことが確定される。

(3)　拘束力　　取消判決は第三者効を有し、さらに「処分又は裁決を取り消す判決は、その事件について、処分又は裁決をした行政庁その他の関係行政庁を拘束する」（行訴33①）。そのため、行政庁は判決の趣旨に従った行動をとることが求められる。具体的には、申請を却下ないし棄却した処分が判決によって取り消された場合、処分庁は、判決の趣旨に従って、改めて申請に対する処分をすることになる（同②）。また手続に瑕疵があったために取り消された場合には、改めて適法な手続を経て処分を行う（同③）。

(4)　反復禁止効　　取消判決がなされた場合、行政庁は同一事情において同一理由に基づく同一内容の処分をすることはできない。逆にいえば、同一事情でも別の理由であれば同一内容の処分を行うことができる。

（5）仮の救済－執行停止

(1)　制度の概要　　処分がなされ、それに不服があるために（行政上の不服申立てを経た上で）取消訴訟を提起するとしても、最終的な判決を得るまでに一定の時間がかかることは避けられない。その間に、事実が積み重なった結果、原状回復が困難となる等、原告が不利益を受けることが考えられる。また、取消訴訟を提起しただけでは、処分の効力、処分の執行または手続の続行が自動的に停止するわけではない（執行不停止原則、行訴25①）。民事訴訟においては、民事保全法によって本案の権利の実現を保全するための仮処分等の制度が整備さ

れているが、行政庁の処分または公権力の行使にあたる行為については、仮処分をすることができない（同44）。代わりに、行訴法は執行停止の制度を設けている。「……処分、処分の執行又は手続の続行により生ずる重大な損害を避けるため緊急の必要があるときは、裁判所は、申立てにより、決定をもつて、処分の効力、処分の執行又は手続の続行の全部又は一部の停止……をすることができる」（同25②）。取消訴訟提起中のみではあるが、処分の効力等が停止される、つまり実際にはあたかも処分が取り消された状態に置かれることになる（取消判決の第三者効や一定の拘束力の規定も準用される（同32②・33④）、ただし執行停止の効果自体は将来に向かってのみ生ずる（将来効））。仮の「救済」といわれる所以である。

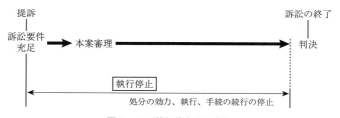

図5－11　執行停止のしくみ

(2) 種類　執行停止は、処分の効力の停止、処分の執行の停止および手続の続行の停止の3種類からなる。処分の執行の停止とは、外国人の退去強制処分に基づく退去強制令書による収容の停止のように、処分内容の実現のために取られる行為を停止させることである。手続の続行の停止とは、課税処分の不遵守の際に後続する滞納処分のように処分を前提として後続する行為を停止させることである。これに対して処分の効力の停止は、処分本体の効力を停止させることであり、前述の2つの停止手段は効力の停止に包含される概念である。そして、過剰な停止を防止する観点から、これらの手段によって目的が達成されない場合にのみ処分の効力の停上が認められる（行訴25②）。

(3) 要件　執行停止をするには、本案訴訟が適法に係属していなければならない。あくまで訴訟に伴う停止制度であるためである。また、重大な損害を避けるための緊急の必要性が求められる（行訴25②、積極要件）。そして、この判断については、「損害の回復の困難の程度を考慮するものとし、損害の性質

及び程度並びに処分の内容及び性質をも勘案する」（同③）。従来は「回復困難
な損害」とされていたが、硬直的な適用を回避する観点から現在の規定へと改
正された。さらに、執行停止ができない要件（消極要件）として、「公共の福祉
に重大な影響を及ぼすおそれがあるとき」または「本案について理由がないと
みえるとき」が規定されている（同④）。後者の要件について、執行停止制度は
最終的に原告が勝訴することを前提として、訴訟提起中に仮の救済を付与する
ものであることから、本案について理由がある、つまり勝訴する見込みがある
ことが求められている。なお、消極要件の主張・疎明の責任は被告側にある。

　(4)　**内閣総理大臣の異議**　　裁判所に執行停止の申立てがなされた場合、内
閣総理大臣はこれに異議を述べることができ、異議があったときには、裁判所
は執行停止をできないし、すでになされた執行停止を取り消さなければならな
い（行訴27①・④）。異議については、公共の福祉に重大な影響を及ぼすおそれの
ある事情を示す必要があり（同③）、やむをえない場合でなければ、異議を述べ
てはならないし、また、異議を述べたときは、次の常会において国会にこれを
報告しなければならない（同⑥）。しかし、この制度は行政権による司法権への
重大な介入行為であるとして違憲とする説が有力に存在する。

3　処分が無効である場合の争い方──無効等確認訴訟

　(1)　**無効な行政処分の争い方とその選択**　　行政処分の瑕疵のところ（第4章第
1節2）で学んだように、行政処分の瑕疵には取り消しうる瑕疵と無効な瑕疵
の区別がある。行政処分が無効であれば、当初から行政処分の効力が生ずるこ
とはないので、あえて裁判所にその無効を求める必要はない。行政処分に伴う
紛争について裁判所で争う場合には、当該行政処分が無効であることを前提と
して、「現在の法律関係」に関する訴訟を提起すればよい。つまり取消訴訟の
利用を強制されることはない。「現在の法律関係」を争う場合には、行政訴訟
の一類型である当事者訴訟（厳密には実質的当事者訴訟）と、争点訴訟がある（後
述）。

　しかし、原告にとっては何が取り消しうる瑕疵で何が無効な瑕疵かは判別が
困難である。瑕疵が取り消しうる瑕疵にとどまる場合には取消訴訟を利用しな

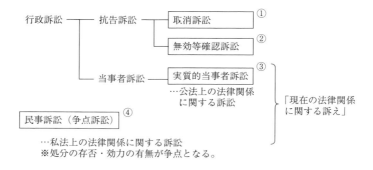

図 5-12 処分が無効な場合の選択肢

ければならない。さらに、原告が無効であるとして処分を無視したとしても、行政の側は適法であることを前提に法を執行するためにその後の行政活動によって不利益を被ることもありうる。そこで行訴法は抗告訴訟として無効等確認訴訟という争い方を設けているが、ここで抗告訴訟内での（つまり取消訴訟との）役割分担と、「現在の法律関係」に関する訴訟（つまり当事者訴訟と争点訴訟）間での役割分担を整理する必要がある。

なお、行訴法は「無効『等』確認の訴え」と規定しているが、この「等」は無効確認訴訟以外に、例えば、不存在確認訴訟といった争い方があることを前提としている。しかし実際には無効確認訴訟以外の訴訟が利用されることはほとんどない。そこで以下では無効確認訴訟を念頭に置いて検討する。

(2) **取消訴訟との関係**　前述のように、取消訴訟との関係では、瑕疵が取り消しうるものか無効なものかが訴訟選択上の基準となりそうだが、その判別は原告にとって非常に困難である。他方で、取消訴訟も無効確認訴訟も処分の効力を否定する点では同じである。そこで、実際には、処分が取り消しうるものであろうと、無効なものであろうと、取消訴訟の出訴期間内（処分を知った日から6か月、処分から1年）に訴訟が提起された場合には、すべて取消訴訟として扱われる。そして出訴期間を徒過してしまい、もはや取消訴訟が利用できない

行訴法36条

「無効等確認の訴えは、
Ⓐ当該処分又は裁決に続く処分により損害を受けるおそれのある者
Ⓑその他当該処分又は裁決の無効等の確認を求めるにつき
　法律上の利益を有する者。
　　　"で、"
Ⓒ当該処分若しくは裁決の存否又はその効力の有無を前提とする現在の法律
　関係に関する訴えによって目的を達することができないものに限り、提起
　することができる。」

図5-13　無効確認訴訟の原告適格

場合には、無効確認訴訟を利用するという振り分けがなされている。つまり無効確認訴訟は準取消訴訟として機能する。無効確認訴訟が「時機に後れた取消訴訟」と呼ばれる所以である。なお、無効等確認訴訟については、取消訴訟のような出訴期間の制限はない。

(3) **現在の法律関係に関する訴訟との関係**　無効等確認訴訟と当事者訴訟ないし争点訴訟との間での選択については、行訴法が無効等確認訴訟を利用できる場合を定め、それに該当しないならば当事者訴訟ないし争点訴訟を利用するという形をとっている。すなわち、「Ⓐ無効等確認の訴えは、当該処分又は裁決に続く処分により損害を受けるおそれのある者Ⓑその他当該処分又は裁決の無効等の確認を求めるにつき法律上の利益を有する者で、Ⓒ当該処分若しくは裁決の存否又はその効力の有無を前提とする現在の法律関係に関する訴えによつて目的を達することができないものに限り、提起することができる」（行訴36Ⓐ〜Ⓒは引用者）。この規定の読み方については、Ⓒの文言がⒶにかかるか否かで見解の対立がある。一方では、36条をⒶとⒷ＋Ⓒの2種類に分ける考え方（二元説）と、他方でⒶ＋ⒸとⒷ＋Ⓒの2種類に分ける考え方（一元説）がある。この点、立法者は二元説を想定しており（結局は「、」の打ち場所の問題であった）、最高裁もⒶについての訴訟を認めるような判決をしている（最判昭51.4.27民集30・

186　第 5 章　行政救済法

3・384）。Ⓐは無効と主張された処分を前提として、後続する処分によって損害を受ける場合にそれを防止する目的で提起されるものである（予防訴訟）。例えば、無効な課税処分を受けたとしてそのまま放置したとしても、行政側が適法であることを前提に滞納処分をする可能性があるため、それを予防するために課税処分の無効確認訴訟を提起する場合がこれにあたる。Ⓑ＋ⒸはⒶのほか、現在の法律関係に関する訴訟では満足する結果を得られない場合に提起が可能とされる（補充訴訟）。

　また、Ⓒの要件の「目的を達することができない」について、現在の法律関係に関する訴訟が利用できない場合であると解すれば、無効確認訴訟が認められる余地が非常に狭くなってしまう。そこで、訴訟の目的を権利保護にあると捉え、現在の法律関係に関する訴訟が利用できるとしても、より有効な権利保護が図られる場合には無効確認訴訟を認めるべきである。なお、一元説の立場でもⒸの要件をこのように柔軟に捉えることで予防訴訟も認められると解されている。

(4)　当事者訴訟と争点訴訟　　後に触れるように、ここでいう当事者訴訟とは実質的当事者訴訟のことを指し、「公法上の法律関係に関する確認の訴えその他の公法上の法律関係に関する訴訟」のことをいう（行訴 4 ）。そして、争点訴訟とは、「処分若しくは裁決の存否又はその効力の有無が争われ」る「私法上の法律関係に関する訴訟」のことを指す（同45①）。争点訴訟は行政訴訟の一類型ではなく、処分の無効を前提とする民事訴訟のことをいっているにすぎない。ただ争点訴訟においては、処分の存否や効力の有無が争点とされるため、行訴法にある処分庁の訴訟参加と釈明処分の特則および職権証拠調べの規定が準用されることが規定されている（同②～④）。当事者訴訟と争点訴訟の違いであるが、これは行訴法の規定上は前者が「公法上の」法律関係に関する訴訟であるのに対して、後者が「私法上の」法律関係に関する訴訟である点に求められる（詳細についてはⅢ当事者訴訟を参照）。

4　不作為の違法確認訴訟

(1)　意　義　　ある許認可を求めて国民が行政庁に対して申請を行ったとし

よう。ところが当該申請に対していつまで経っても行政庁が処分をしなかった場合、どうすれば良いだろうか。申請はしたものの処分はいまだ出されていないために、取消訴訟ないし無効確認訴訟は利用できない。そこで行訴法はこのように、行政庁が申請に対し、相当の期間内に何らかの処分または裁決をしないこと（不作為）についての違法の確認を求める訴訟を設けている。つまり、申請に対して何もしないのが違法であることを裁判所に認めてもらうのである。

(2) **訴訟要件**　　不作為の違法確認訴訟は、申請をした者に限り提起することができる（行訴37）。これが当該訴訟の原告適格要件となる。また、その際、当該申請は法令に基づくものであることが求められる（同3⑤）。法令に基づく申請であるがゆえに、行政側には応答する義務が生ずるのである。なお、申請が不適法で却下されるべきものであることは訴訟の提起を妨げるものではない。行政側の不作為そのものが問題とされるからである。

(3) **本案勝訴要件と限界**　　認容（本案勝訴）判決を得るためには、申請に対して相当な期間が経過したにもかかわらず、何らの対応もなされないことが必要となる。通常必要とする期間を基準として、それを経過した場合にはその不作為は違法とされるが、その「通常必要とする期間」は事案ごとに判断される。なお、行政手続法に定める標準処理期間が設定された場合でも（第4章第2節参照）、その期間の徒過が直ちに不作為の違法と判断されるわけではないが、裁判所の判断の際の重要な考慮要素となる。

　不作為が違法であるとの判決が出された場合、行政庁は申請に対して何らかの応答をする義務が課せられる（認容判決には拘束力も生ずる（行訴33・38））。ただし、「何らか」の応答をすればよいため、申請に対して拒否処分をしても構わない。原告としては、やはり申請を認めてもらいたいという気持ちから提訴するだろうから、拒否処分に不服があれば、改めてその取消訴訟を提起することになる。これでは紛争は一回で解決せず、原告側の負担も大きい。そこで次に触れる義務付けの訴えがこの短所をカバーするよう機能する。

188　第 5 章　行政救済法

5　義務付け訴訟

（1）義務付けの訴えの概要

⑴　**義務付けの訴えとは**　　義務付けの訴えは差止めの訴え（後述 6 参照）とともに2004年の行訴法改正により法定化された抗告訴訟である。改正前においても、いわゆる法定外抗告訴訟としてその可否が議論されてきたが、認められる余地が非常に狭かったことから、改正に伴って新たにその規定が整備された。義務付けの訴えとは、「行政庁がその処分又は裁決をすべき旨を命ずることを求める訴訟」である（行訴3⑥）。つまり行政庁に何らかの処分を出させたい場合に利用される訴訟なのである。

　義務付けの訴えは、主に以下の 3 つのパターンを想定している。まず、①市民が許認可を求めて行政庁に申請をしたが、申請拒否処分を受けた場合である。市民側としては、申請を認めてもらいたい。そこで、これに不服ならば当該拒否処分を取り消してもらうために取消訴訟を提起する、または出訴期間が徒過している場合には無効確認訴訟を提起することが考えられる。もしこれら訴訟において処分が違法であるとして認容判決を勝ち取ったとしても、事案がいったん行政庁側に戻されて再度申請が検討された結果、別の理由等で改めて申請拒否処分を受ける可能性がある。この処分にも不満であるならば、さらに拒否処分の取消訴訟等を提起することになる。そこで再度処分が違法であるとして認容判決を勝ち取れば（行政庁による再度の申請の検討の結果）晴れて申請認容処分を得ることができるであろう。しかし、やはり何度も訴訟を提起することは特に原告たる市民にとっては負担も大きい。そこで、拒否処分を取り消してもらった上で、（事案を行政庁に差し戻すことなく）行政庁に認容処分を出すよう裁判所に命じてもらうことを求めるのが最初のパターンである。

　次に、②ある市民が許認可を求めて行政庁に申請をしたが、申請に対して何らの対応もなされていない場合である。この場合、当該不作為について、不作為の違法確認訴訟を提起することが考えられる。しかし、前述のように、当該訴訟において認容判決を勝ち取ったとしても、行政庁としては申請に対する何らかの対応をすればよいわけであって、拒否処分を受ける可能性は否定できな

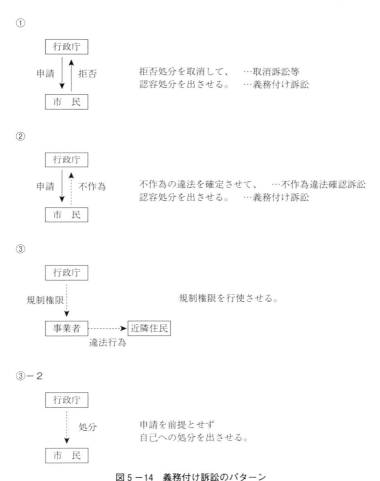

図 5 −14　義務付け訴訟のパターン

い。そこで、不作為の違法を確認してもらった上で、行政庁へ申請認容処分を出すよう裁判所に命じてもらうことを求めるのが第二のパターンである。以上①および②は第一段目に取消訴訟または無効確認訴訟、もしくは不作為の違法確認訴訟があり、第二段目として義務付けの訴えが位置づけられるというしくみになっている。前記の抗告訴訟を基礎部分あるいは一階部分とすれば、ここでの義務付けの訴えは二階部分に相当する訴訟ということになる。

190 第 5 章 行政救済法

最後に、③第三者が行政庁へ処分としての規制権限の発動を求める場合である。例えば、ある事業者が行政庁から許可を受けて廃棄物処理事業を行っていた。しかしその後、処理の過程で生じた廃液等を違法に流出させ、周辺住民の住環境に悪影響を生じさせる、または生じさせるおそれが出てきたとしよう。周辺住民としては、自己に対する不利益を除去するため、直接当該事業者に対して事業の差止めや、不法行為に基づく損害賠償を求めることが考えられる。他方で、当該事業者の事業の監督官庁である行政庁に対して、当該事業者に違法行為の是正を命じるよう求めること、または当該事業者への許可処分の取消しをするよう求めることもありうる（これら事業者に対する処分が「規制権限」と呼ばれるものである）。このように、行政庁に対し適正な事業活動の維持のため法の執行を求めるのが第三のパターンである。さらに、①や②のように法令上の申請制度が整備されていないが、自身に対して受益的な処分を求める場合もこれに含まれる（③−2）。

(2) 申請型（申請満足型）と非申請型（規制権限発動型）　このように、義務付けの訴えは前記①〜③のパターンが念頭に置かれている。行訴法も義務付けの訴えについて、「行政庁が一定の処分をすべきであるにかかわらずこれがされないとき」（行訴3⑥Ⅰ）、または「行政庁に対し一定の処分又は裁決を求める旨の法令に基づく申請又は審査請求がされた場合において、当該行政庁がその処分又は裁決をすべきであるにかかわらずこれがされないとき」（同Ⅱ）に利用可能なものである旨を規定している。前者には③が、後者には①および②が対応することになる。そして、①および②においては、申請制度が存在し、原告がそれを利用していることが前提とされている。そのため、これらの状況において求められる義務付けの訴えは申請型義務付け訴訟（または申請満足型義務付け訴訟）と呼ばれる。他方、③はこうした申請を前提としていないため、非申請型義務付け訴訟（または直接型義務付け訴訟）と呼ばれている。

（2）申請型義務付け訴訟

⑴ 訴訟要件と本案勝訴要件　取消訴訟と同様に、義務付けの訴えも、訴訟が提起された場合にまず適法な訴えであるかどうかの審理が行われ、次いで請

求の内容の審理が行われる。以下では申請型および非申請型について、それぞれ訴訟要件および本案で勝訴するために必要な要件を検討する。

(2) **訴訟要件** 申請型義務付け訴訟の訴訟要件としては、第一に、前記の①ないし②の状況にあることが求められる。すなわち、「法令に基づく申請又は審査請求に対し相当の期間内に何らの処分又は裁決がされないこと」(行訴37の3①Ⅰ、②に相当)、あるいは「法令に基づく申請又は審査請求を却下し又は棄却する旨の処分又は裁決がされた場合において、当該処分又は裁決が取り消されるべきものであり、又は無効若しくは不存在であること」(同Ⅱ、①に相当)である。前記の基礎部分ないし一階部分の状況にあることが要件とされるのである。

第二に、訴訟を提起できる者は、前記第一の状況にあって法令に基づく申請または審査請求を行った者に限られる(行訴37の3②)。これは取消訴訟での原告適格に相当する要件である。申請型においては、申請を行った者のみが義務付けの訴えを提起できることになる。

第三に、前記の①ないし②の状況に応じて、基礎部分の訴訟を併合して提起することが求められる。すなわち、「法令に基づく申請又は審査請求に対し相当の期間内に何らの処分又は裁決がされない」ときに、義務付けの訴えを求める場合には、当該不作為の違法確認訴訟を併せて提起する(同③Ⅰ)。また、「法令に基づく申請又は審査請求を却下し又は棄却する旨の処分又は裁決がされた」ときに、義務付けの訴えを求める場合には、当該処分の取消訴訟または無効等確認訴訟を併せて提起しなければならない(同Ⅱ)。これを「併合提起」と

図5-15 **申請型義務付け訴訟の概念**

192 第5章 行政救済法

呼ぶ。前述のとおり、申請型義務付け訴訟は二階部分の訴訟に該当するため、まずは基礎部分の訴訟も併せて提起させておき、もし基礎部分である取消訴訟や無効等確認訴訟のみで紛争解決に十分ということであれば、基礎部分の勝訴判決を出すのみで済ませることが可能となる。つまり、義務付けの訴えと併合提起される訴訟の弁論および裁判は分離されることなく進められるが（同④）、争訟の迅速な解決に資すると認められるときは、併合提起された訴訟についてのみ終局判決を出すことが可能である（同⑥）。この場合、裁判所は義務付けの訴えの裁判手続を中止して、併合提起された訴訟の成り行きを見守ることも可能である。

　なお、義務付けの訴えにおいて求められる「一定の処分」が何かについて、どの程度特定する必要があるかが問題となりうる。しかし、これは裁判所が判断可能な程度に特定されていればよく、厳格な特定までは求められていないと解されている（この点は後述の非申請型の場合も同様である）。

　(3)　**本案勝訴要件**　　本案で認容（本案勝訴）判決を勝ち取るためには、第一に、前記訴訟要件を充足していること。第二に、併合提起された訴訟について請求に理由があること（つまり勝訴できること）が求められる（行訴37の3⑤）。繰り返しになるが、申請型は二階部分の訴訟であって、基礎部分での勝訴が前提となるためである。そこで、前記①の場合には、拒否処分が違法であり取り消されるべきものであること、あるいは無効であることが必要となる。前記②の場合には相当の期間内に何ら対応がなされていないことが違法であることが必要となる。

　第三に、前二要件が満たされることを前提として、義務付けの訴えで求められている処分について、「行政庁がその処分若しくは裁決をすべきであることがその処分若しくは裁決の根拠となる法令の規定から明らかであると認められ」ること、あるいは「行政庁がその処分若しくは裁決をしないことがその裁量権の範囲を超え若しくはその濫用となると認められる」ことが必要となる。つまり、処分すべきことが認定されなければならない。前者についていえば、行政庁がある客観的な要件を満たしていないとして拒否処分をしたが、裁判審理の結果、原告がその要件を満たしており、結果として認容処分をすべきこと

が明らかとなった場合が想定される。後者についていえば、求められた処分を
するかしないかが行政庁の裁量に委ねられているとしても、処分をしないと判
断したことが個別の事案の事実に照らして裁量権の踰越・濫用にあたる場合が
これにあたる。

　義務付け判決が出されると、被告たる行政主体の所属下にある行政庁は義務
付けを命じられた処分を行うべく拘束される（この点、取消訴訟の判決の拘束力も
準用されている。行訴38①）。なお、義務付けの訴えに係る違法判断の基準時は判
決時（口頭弁論終結時）となる。

（3）非申請型義務付け訴訟

(1)　**訴訟要件**　　申請型とは異なり、非申請型においては、併合提起の要件
は課せられていない。前述のとおり、二階建て構造を有するものではないため
である（「直接型」とも呼ばれるのはこのためである）。そして、申請制度が整備され
ていない状況で行政庁に一定の処分を求めること、または裁判所が行政庁へ一
定の処分を命ずることは、特別な場合に限られるという観点から訴訟要件が法
定されている。

　第一に、「一定の処分がされないことにより重大な損害を生ずるおそれ」が
あることが必要とされる（行訴37の2①、損害の重大性）。なお、この重大性は、取
消訴訟での執行停止の場合と同様に、「損害の回復の困難の程度を考慮するも
のとし、損害の性質及び程度並びに処分の内容及び性質をも勘案」して判断さ
れる（同②）。

　第二に、第一の要件で示された重大な損害についてそれを避けるため他に適
当な方法がないことが必要となる（補充性、同①）。ここでいう「他に適当な方
法」とは、例えば、前記③の例で示されたような、違法な廃液を流出させてい
る事業者に対して直接提起される民事訴訟等を指すものではない。このような
訴訟を「他に適法な方法」に含めるならば、非申請型義務付け訴訟が認められ
る余地は非常に狭くなってしまう。この要件で排除される「他に適法な方法」
とは行政事件訴訟法が規定する他の訴訟類型や、個別の行政法規が定める特別
な手続等を指す。

194　第5章　行政救済法

　第三に、原告は行政庁に対して一定の処分を求めるにつき法律上の利益を有することが必要となる（同③）。これは原告適格要件であり、取消訴訟の訴訟要件における「法律上の利益」と同様である。前記③で見たように、非申請型で処分を求める原告は、当該処分の名宛人以外の第三者であることが想定されるため、取消訴訟と同じような原告適格要件が課されているのである。そしてこの法律上の利益の判断は、取消訴訟の規定である9条2項に定められた考慮要素に基づき行われる（同④）。

　(2)　本案勝訴要件　　認容（本案勝訴）判決を勝ち取るためには、第一に、前記の訴訟要件を満たしていること。第二に、義務付けの訴えで求められる処分について、「行政庁がその処分若しくは裁決をすべきであることがその処分若しくは裁決の根拠となる法令の規定から明らかであると認められ」ること、あるいは「行政庁がその処分若しくは裁決をしないことがその裁量権の範囲を超え若しくはその濫用となると認められる」ことが必要となる。この部分の要件は、申請型の場合と同様である（行訴37の2⑤）。

（4）仮の義務付け

　（申請型か非申請型かを問わず）義務付けの訴えについて、訴訟が係属している間のみであるが、裁判所は申立てにより決定をもって、仮に行政庁へ処分をするよう命ずることができる（行訴37の5①）。これが「仮の義務付け」と呼ばれるものである。仮の義務付けが認められるためには、義務付けの訴えが適法に提起されていることを前提として、積極要件として、「償うことのできない損害を避けるため緊急の必要」があること、さらに「本案について理由がある」ことが必要となる（同①）。加えて、消極要件として「公共の福祉に重大な影響を及ぼすおそれがあるとき」が規定されている（同③）。執行停止と比較すると、損害の重大性について「償うことのできない損害」とされ、また本案について理由があることが積極要件とされており、その要件が厳格となっている。この点、障害を有する児童が「保育園に入園して保育を受ける機会を喪失するという損害は、その性質上、原状回復ないし金銭賠償による填補が不能な損害である」として仮の入園が認められた（東京地決平18.1.25判時1931・10）。

6　差止訴訟

（1）差止めの訴えとは

　義務付けの訴えのところで述べたとおり、差止めの訴えは2004年の行訴法改正によって法定化された抗告訴訟である。差止めの訴えとは、「行政庁が一定の処分又は裁決をすべきでないにかかわらずこれがされようとしている場合において、行政庁がその処分又は裁決をしてはならない旨を命ずることを求める訴訟をいう」(行訴3⑦)。つまり、いまだ処分が出されていない状態において、処分の発動を未然に防止する訴訟である。差止めの訴えもまた、改正前において法定外抗告訴訟として許容されると解されていたが、裁判所が事前に行政の活動を止めるのは許されないとして、非常に限定的に扱われていた。改正法はこうした考え方を転換させたものである。違法な処分は最初から発生させない方が望ましいのである。

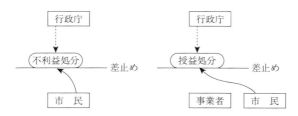

図 5 −16　差止訴訟

（2）訴訟要件と本案勝訴要件

(1)　**訴訟要件**　差止めの訴えの訴訟要件と本案勝訴要件は、義務付けの訴えと類似する点が多い。訴訟要件については、第一に、「一定の処分又は裁決がされることにより重大な損害を生ずるおそれ」があることが必要となる (行訴37の4①、損害の重大性)。この損害の重大性を判断する際の考慮要素も非申請型義務付け訴訟と同様に定められている (同②)。

　第二に、第一の要件で求められた重大な損害を避けるため「他に適当な方法があるとき」は提起することができない (同①、補充性)。この要件は、非申請

196　第5章　行政救済法

コラム14　鞆の浦埋め立て架橋訴訟 (広島地判平21.10.1判時2060・3)

　広島県福山市の鞆町は「鞆の浦」として知られる港町であり、湾曲した海岸線とそこから臨む瀬戸内海とが趣ある景観を形成し、瀬戸内海国立公園にも指定されている。また、「常夜灯」と呼ばれる灯台や波止場など江戸時代から続く港湾設備も残っている歴史的風情のある地域でもある。他方で、道幅が狭く、交通事情の改善や下水道等生活基盤の整備が地域の課題でもあった。そこで、こうした対策の一環として、湾の西部を埋め立てて公園や駐車場を整備し、その埋立地から湾の東部へ橋を架ける事業の計画が持ち上がった。これに対して、付近住民や漁民らが広島県知事を被告とし、前記のような歴史的・文化的な価値を有する鞆の浦の景観が破壊されると主張し、事業者たる県と市が申請した公有水面の埋め立てへの免許の付与処分の差止めを求めた。

　裁判所は「景観利益は、生命・身体等といった権利とはその性質を異にするものの、日々の生活に密接に関連した利益といえること、景観利益は、一度損なわれたならば、金銭賠償によって回復することは困難な性質のものであることなど」から「本件埋立免許がされることにより重大な損害を生ずるおそれがある」とする。そして「鞆の景観の価値は……私法上保護されるべき利益であるだけでなく、瀬戸内海における美的景観を構成するものとして、また、文化的、歴史的価値を有する景観として、いわば国民の財産ともいうべき公益である。しかも、本件事業が完成した後にこれを復元することはまず不可能となる性質のものである」ため「これについての政策判断は慎重になされるべきであり、その拠り所とした調査及び検討が不十分なものであったり、その判断内容が不合理なものである場合には、本件埋立免許は、合理性を欠くものとして、行訴法37条の4第5項にいう裁量権の範囲を超えた場合に当たるというべきである」とした上で、「事業者らが本件埋立及び架橋を含む本件事業の必要性、公共性の根拠とする各点は、……調査、検討が不十分であるか、又は、一定の必要性、合理性は認められたとしても、それのみによって本件埋立それ自体の必要性を肯定することの合理性を欠くものである。……したがって、広島県知事が本件埋立免許を行うことは……裁量権の範囲を超えた場合に当たるというべきである」と判示して免許付与処分の差止めを認めた。被告側は控訴したものの、後に知事が計画の撤回を表明して、県は当該申請を取り下げた。

　型義務付け訴訟とは異なり、消極要件とされている。つまり、原告としては、第一の要件（と後述の第三の要件）を満たせば訴訟要件を充足したことになり、他の適法な方法がないことを積極的に立証しなければならないものではない。なお、「他に適当な方法」とは、処分が現実に出されたことによって生じた損害の賠償請求といった事後的な対応や、損害の拡大を防止するために行政上の不服申立てないし取消訴訟によって処分を取り消してもらうこと等はこれに含まれない。あくまで重大な損害の発生そのものを回避しうる手段に限られる。

　第三に、原告が処分の差止めを求めるにつき「法律上の利益」を有することである（同③）。差止めの訴えにおいては、差止めを求められる処分の名宛人以

外の者が、処分の差止めを求めることが想定されることからこうした規定が置かれている。この点も非申請型義務付け訴訟と同様に解され、取消訴訟の原告適格についての９条２項が準用されている（同④）。

なお、差止めの訴えにおいて求められる「一定の処分」の特定性については、義務付けの訴えと同様に、裁判所が判断可能な程度に特定されていればよく、厳格に解されていない。さらに、処分がなされる蓋然性についても同様に厳格に求められてはいない。

(2) **本案勝訴要件**　処分の差止判決を勝ち取るためには、第一に、訴訟要件を充足していることを前提として、第二に、「行政庁がその処分若しくは裁決をすべきでないことがその処分若しくは裁決の根拠となる法令の規定から明らかであると認められ又は行政庁がその処分若しくは裁決をすることがその裁量権の範囲を超え若しくはその濫用となると認められる」ことが必要となる。この要件についても、義務付けの訴えの場合と類似したものとなっている。

（３）仮の差止め

義務付けの訴えと同様に、差止めの訴えについても、訴訟が係属中の間、裁判所は申立てに基づき、決定をもって仮に行政庁へ処分をしてはならない旨を命ずることができる（行訴37の５②）。仮の差止めが認められるための要件は、仮の義務付けと同様に、本案が適法に係属していることを前提とし、積極要件として、償うことのできない損害を回避するための緊急の必要性、および本案について理由があると見えること、それに消極要件として公共の福祉に重大な影響を及ぼすおそれがないこと、である（同②・③）。

Ⅲ　当事者訴訟

1　概　　要

行政事件訴訟法の定める訴訟類型のうち、主観訴訟は抗告訴訟と当事者訴訟からなる。そのうち、前者は「行政庁の処分その他公権力の行使」という行為に対する不服の訴訟である。他方で、原告と被告（＝当事者）の法律関係（≒権利義務関係）を争う訴訟が当事者訴訟にあたる。抗告訴訟のところで触れたよ

うに、通常の（民事）訴訟は当事者間の法律関係を争うものであり、ただ行訴法が抗告訴訟という特別な訴訟を規定している関係上、従来型の争い方を当事者訴訟と呼んでいるにすぎない。

　行訴法は当事者訴訟を「当事者間の法律関係を確認し又は形成する処分又は裁決に関する訴訟で法令の規定によりその法律関係の当事者の一方を被告とするもの」そして「公法上の法律関係に関する確認の訴えその他の公法上の法律関係に関する訴訟」と規定する（行訴4）。つまり2種類の当事者訴訟が存在し、前者は形式的当事者訴訟、後者は実質的当事者訴訟と呼ばれている。

2　形式的当事者訴訟

　土地収用法は、道路建設等の公共事業のために土地を必要とする場合に、当該土地の収用（＝強制的な取得）について定める法律である。そして、都道府県に設置される収用委員会の裁決によって収用に関する決定がなされる。収用裁決は公共事業等のために土地を必要とする起業者と、当該土地を所有する土地所有者の間での法律関係についての処分である。そしてこうした裁決のうち、損失補償額については、土地収用法上、起業者と土地所有者を訴訟当事者として争うことが求められている（収用133②・③）。このように、実際には収用裁決（＝処分）の損失補償部分を争っているが、訴訟としては当事者（起業者と土地所有者）間で争う形式をとっているため、形式的当事者訴訟と呼ばれている。法

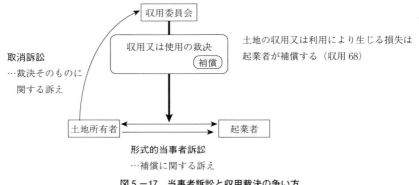

図5－17　当事者訴訟と収用裁決の争い方

律関係についての「処分」を争うわけであるから、抗告訴訟を利用すべきところ、法律によって特別に法律関係を争う形式をとらせたものである。そのため、法律に特別な規定がない限りは形式的当事者訴訟を利用することはできない。

　なお、当事者（原告と被告）間の紛争について、通常の民事訴訟として裁判所に訴えた場合、裁判所は最終的に当事者間の法律関係についての判決を下すことになる。これに不服があるならば、上訴することが可能である。ここで、上訴した側は実際には判決内容に不服があって自己に有利な判決を求めているのだが、上訴審では判決を下した原審の裁判所が被告となるわけではない。あくまでも紛争は原告と被告の間のものとして扱われるのである。こうして見ると、当事者の法律関係についての処分と形式的当事者訴訟とは、通常の民事訴訟における第一審判決とそれに対する上訴審の関係に類似したものだということもできる。

3　実質的当事者訴訟

(1)　**概　要**　　私人間の法律関係についての紛争であって、行政庁の処分が問題となる場合、法律に特段の規定がある場合には前述のように形式的当事者訴訟を利用することになる。しかし、こうした規定が存在しないならば、原則に戻って民事訴訟で争うことになる。では行政主体（国・公共団体）との法律関係に関する紛争である場合はどうであろうか？　行訴法は、法律関係には公法上のものと私法上のものが存在するという考え方（公法私法二元論）に基づき、公法関係については、公権力の行使を争う場合には抗告訴訟で、その他公法上の法律関係を争う場合には行政訴訟たる当事者訴訟で争うという整理をしている。行訴法４条後段の規定する「公法上の法律関係に関する訴訟」はこれを指すものであって、形式的当事者訴訟と区別して実質的当事者訴訟と呼ばれる。そして、私法上の法律関係については、行政が関わるか否かを問わず民事訴訟で争うものとしたのである。しかし、現在においてはこうした公法私法二元論は少なくとも実定法の支持を得ていないし（第1章参照）、また実質的当事者訴訟が民事訴訟と相当に異なるしくみを採用しているというわけでもない。この訴訟については一方当事者が行政主体であることから、取消訴訟についての規

200　第5章　行政救済法

定のうち、行政庁の参加、職権証拠調べ、判決の拘束力等が準用されるに過ぎない（行訴41）。これまでも、公務員の俸給請求や課税処分の無効を前提とする過誤納税金の不当利得返還請求等で利用されるのみであった。

　他方で、近時、抗告訴訟で扱うのは不可能であるが、かといって民事訴訟で扱うにもふさわしくないような紛争を取り扱うものとして実質的当事者訴訟に着目する考え方が示されている。2004年の行訴法改正において4条後段に「公法上の法律関係に関する確認の訴え」という文言が加わったのもこうした意図の現れである。そこで、行政主体を一方当事者として実質的当事者訴訟で争われるものとしては、処分の無効等を争点とするが、法律関係が個別法の法律等で規律され、私人間でも存在するものと同種であるとはいえないものが該当する。さらに、紛争の対象である行政活動が典型的な公権力の行使ではないため、抗告訴訟で争うことはできないが、それに準ずるような場合もこれに含まれる。

　(2)　**確認訴訟の実例**　　国籍法2条は子供が生まれた際に、日本国民である父または母との間に親子関係があるときは、その子が生来的に日本国籍を取得することを定める。さらに、旧国籍法3条1項は「父母の婚姻及び認知により嫡出子たる身分を取得した子で20歳未満のもの（日本国民であったものを除く。）」に法務大臣に届け出ることで日本国籍を取得できることを定めていた。そうすると、母が外国人で父が日本国民の場合に、父が出生後に認知したものの、婚姻しないならば日本国籍を取得することができない（4条以下の帰化手続をとることになる）。そこで、この旧国籍法3条1項の規定が憲法の定める法の下の平等に反するとして、国籍取得届の受け取りを拒否された子らが日本国籍を有することの確認を求めた。最高裁は当該規定が憲法に違反する合理的な理由のない差別であるとした上で、「父から出生後に認知された子は、……日本国籍を取得することが認められる」とした（最判平20.6.4）。その後、当該規定の上記傍点部分は削除された。本件は実質的当事者訴訟が憲法訴訟として機能した一例である。

　前述のように、実質的当事者訴訟は、抗告訴訟の対象である処分ではない行政活動の違法性を争うものとして機能する側面も有する。最高裁は、旧薬事法施行規則が第一類および第二類医薬品の販売につき、原則として対面での販売

を義務づけ、ネット販売を禁じていたことが旧薬事法の委任の範囲を越えた無効なものであると判示したが（最判平25.1.11民集67・1・1）、この訴訟自体は、当該施行規則の規定の無効を主張して郵便等販売をすることができる権利ないし地位を有することの確認等を求めたものであった（第4章第1節1参照）。

Ⅳ　民衆訴訟

民衆訴訟とは、「国又は公共団体の機関の法規に適合しない行為の是正を求める訴訟で、選挙人たる資格その他自己の法律上の利益にかかわらない資格で提起するもの」（行訴5）であり、客観訴訟のひとつである。

民衆訴訟の具体例は、公職選挙法203条以下の選挙訴訟、および地方自治法242条の2に定める住民訴訟である。

住民訴訟は、地方自治法242条の住民監査請求を監査委員に対して行った者のみが提起できる（監査請求前置主義）のであるが、住民監査請求自体、自治体の住民たる資格があれば誰でも請求できるので、住民訴訟の原告となれる者の範囲はきわめて広い。

住民監査請求、住民訴訟ともに、対象は自治体の財務会計行為の違法であるが、住民監査請求は、違法だけでなく不当にもわたって監査される。

住民訴訟は、違法な公金の支出、財産の取得、管理もしくは処分、契約の締結もしくは履行もしくは債務その他の義務の負担または違法な公金の賦課もしくは徴収もしくは財産の管理を怠る事実（住民監査請求の対象から「不当」性を除いたもの）を対象とするもので、「当該執行機関又は職員に対する当該行為の全部又は一部の差止めの請求」（自治242の2①Ⅰ）、「行政処分たる当該行為の取消し又は無効確認の請求」（同Ⅱ）、「当該執行機関又は職員に対する当該怠る事実の違法確認の請求」（同Ⅲ）、「当該職員又は当該行為若しくは怠る事実に係る相手方に損害賠償又は不当利得返還の請求をすることを当該普通地方公共団体の執行機関又は職員に対して求める請求」（同Ⅳ）という4つの訴えが法定されている。

このうち最も件数が多いのは、4号に規定された損害賠償請求訴訟である（これを「4号請求」と通称している）。

202　第5章　行政救済法

　住民訴訟は財務会計行為の違法に限られるものではあるが、裁判では財務会計行為の原因となる行為についての違法性が追及され、審査されることになる。処分性や原告適格の点で取消訴訟などでは提起しえない問題も対象となりうるので、自治体行政にとっては厳しい訴訟であるといえよう。

V　機関訴訟

　機関訴訟は、「国又は公共団体の機関相互間における権限の存否又はその行使に関する紛争についての訴訟」である（行訴6）。この訴訟は、私人が提起するものではなく、もっぱら国や自治体の機関同士で争うものである。

　機関訴訟の例は、自治体議会の議決または選挙を取り消す裁定を不服として、議会または長が提起する訴訟（自治176⑦）のほか、国の関与に関する訴訟（同251の5）、各大臣が都道府県知事に対し法定受託事務の執行を求めて提起する訴訟（同245の8③）、都道府県の関与に関し市町村の執行機関が提起する訴訟（同251の6）、市町村の不作為に対する都道府県知事の違法確認訴訟（同252）などがある。

第3節　国家賠償

　前節まで、行政活動によって生じる不利益の是正や予防などを求める救済方法について検討してきた。以下では、行政救済法における金銭的救済制度について検討する。これには、国家賠償（第3節）と損失補償（第4節）制度があり、金銭的救済機能としての共通性に着目して、講学上両者を合わせ国家補償と呼ぶことがある。まず本節では、国家賠償の概要について学ぶ。

1　国家賠償法1条

　これまで検討してきたとおり、われわれは行政活動に起因する不利益を予見し、あるいはそれが実施され不利益を被った場合、抗告訴訟や公法上の確認訴訟を適宜選択して訴訟提起し、不利益の予防・排除を求めることができる。しかし、例えば取消訴訟が訴訟要件を欠く場合には訴訟を提起することはできず、その場合には、行政活動に起因して発生した損害の金銭的賠償に甘んじるほか

ない（例えば最判平18.2.7民集60・2・401［呉市公立学校施設使用不許可事件］、最決平17.6.24判時1904・69［東京建築検査機構事件］の事案を参照）。行政救済法の体系において、損害賠償訴訟が行政争訟2法と双璧をなし、これを補完するものとして期待されるゆえんである。

　ところで明治憲法下では、権力作用に関する国と公務員の賠償責任は否定されていた（主権無答責の法理。これに対し、非権力的な行政活動のうち土地の工作物責任についてのみ民法717条が適用されていた。大判大5.6.1民録22・1088［徳島小学校遊動円棒事件］）。しかし現憲法は、17条において「何人も、公務員の不法行為により、損害を受けたときは、法律の定めるところにより、国又は公共団体に、その賠償を求めることができる。」と規定しており、国家賠償法（1947年）はこれを淵源として成立したものである。

　国家賠償法（以下、国賠法という）は6か条からなり、「公権力の行使」として行われた違法活動の賠償責任を定める1条と、公共施設に瑕疵がある場合の賠償責任を定める2条が中心的な条文である。以下ではまず国賠法1条から検討するが、その解釈にあたっては、特に主権無答責の法理を克服した歴史的意義に留意しなければならない。

（1）国賠法1条責任の本質

　国賠法1条1項は、「国又は公共団体の公権力の行使に当る公務員が、その職務を行うについて、故意又は過失によつて違法に他人に損害を加えたときは、国又は公共団体が、これを賠償する責に任ずる。」と規定する。個々の要件については（3）以下で検討することとして、まずは国賠法1条の条文上、公務員の違法な公権力の行使によって生じた賠償責任を国又は公共団体（以下「国」とだけ表記する）が負うとする構造の意義について考えておこう。

　まず、公務員個人が負う賠償責任を国が代わって負担するものと捉える代位責任説がある。国賠法1条1項は公務員個人の故意・過失の充足を賠償要件としていること、民法715条1項と異なり使用者の免責に触れていないこと、公務員＝被用者に対する求償権を認めていること（国賠1②）などが理由である。この見解に依れば、国や自治体の賠償責任は公務員の賠償責任とは別物ではな

204　第 5 章　行政救済法

いので、公務員個人に賠償請求することは否定的に理解しやすい（最判昭53.10.20民集32・7・1367、最判平19.1.25民集61・1・1など、判例は公務員個人の賠償責任を否定している）。

　これに対し、自己責任説は国賠法 1 条 1 項について国自体の賠償責任を規定するものと捉える。国家の権力作用は違法に行使されてしまう危険性が常にあり、公務員をしてそれが発現し国民に損害を与えた場合、危険責任論の見地からは国は直接に責任を負うべきである。実際、国賠法 1 条 1 項の条文上も「公務員に代わって」といった文言はなく、「国又は公共団体が、これを賠償する責に任ずる」と規定している。この説に立つと、公務員個人の賠償責任は国賠法 1 条による国の賠償責任とは別に成立する余地がある。また、国賠法 1 条 1 項の要件を考察する上で、「過失」をより組織的に捉えたり（東京高判平 4 .12.18判時1445・3）、加害公務員の特定要件を緩和する考え方が導かれやすい（最判昭57.4.1民集36・4・519）。

　しかし、例えば自己責任説の立場からも公務員個人の賠償責任を否定する結論を構想することは十分可能であるし、また判例は代位責任説に立ちつつ「過失」を柔軟に理解してきたとも考えられる。したがってこの議論は、個々の具体的論点の結論を決定づける性質をもつものではない。しかし、そのことは国賠法 1 条責任の本質の重要性を失わせるものではない。個々の賠償問題の性質に応じて、自己責任説的な考え方を要件解釈にもち込むのが適当である。

（2）「国又は公共団体」の「公務員」

　「国又は公共団体」や「公務員」が何を指すのか、おおよそわれわれはイメージをもっている。しかし、「国又は公共団体」の「公務員」が行った活動に関わる賠償問題が常に国賠法 1 条 1 項の対象となるわけではない。当該公務員が「公権力の行使」に従事していたかどうかが問題なのであり、公務員法上の公務員であっても、公権力を行使していなければ国賠法 1 条 1 項は適用されず、民法（公務員個人に対する709条、および国に対する715条）の問題となる。例えば国家公務員の定期健康診断をした公務員の医師は国賠法 1 条 1 項の「公務員」ではない（前掲・最判昭57.4.1）。

逆に私人であっても「公権力の行使」に従事すれば、私人が国賠法１条１項の適用上「公務員」となり、国家賠償法が適用され、その賠償責任を負う「国又は公共団体」がどの団体かは、個別法のしくみによることになる。例えば、弁護士会の懲戒委員会の委員長らは「公権力の行使に当る公務員」であり、弁護士会が「公共団体」に該当するが（東京高判平19.11.29判時1991・78）、民間施設に入所措置（児福27①Ⅲ）された要保護児童の養育看護にあたる民間施設職員は「公権力の行使に当る公務員」であり、都道府県が「公共団体」に該当する（最判平19.1.25民集61・1・1）。建築基準法の指定確認検査機関による建築確認行為の賠償主体が、当該指定機関自体か、それとも建築主事が置かれた自治体なのかについては議論がある（行訴法21条による訴えの変更に関し、前掲・最決平17.6.24参照）。

　したがって国賠法１条１項の要件のうち、まず検討すべきは「公権力の行使」該当性である。「公権力の行使」該当性が民法あるいは国家賠償法の適用関係を決定し、またそこから「国又は公共団体」、および「公権力の行使に当る公務員」が解釈されるからである。では公権力の行使とは何か？

（3）「公権力の行使」

　公権力の行使の範囲については、①国家統治権の優越的な意思の発動たる作用のみを指すとする狭義説、②権力作用に限らず、純然たる私経済作用および公の営造物の設置管理作用（これは国賠法２条の対象事項である）を除いた非権力作用をも含むとする広義説、③国・公共団体のすべての活動を含むとする最広義説がある。行政処分や公権力的事実行為についてはどの説に立とうともここでの「公権力の行使」なので、「公権力の行使」該当性が争点となるのはそれ以外の場合、例えば行政指導や学校事故についてである。②広義説が通説・判例であるといわれている。

　しかし、例えば行政指導について見ると、裁判例は行政指導が申請受理権限を背景としてなされるものである点や（京都地判平12.2.24判時1717・112、名古屋地判平14.3.20判自240・102）、相手方に行政指導に従うか否かの完全な自由が認められていないことなどを理由としており（厚生大臣による予防接種の勧奨について、東京地判昭59.5.18判時1118・28、札幌高判平16.1.16判時1861・46）、国賠法１条１項の「公権力の

206 第5章 行政救済法

行使」が非権力作用をも含むから行政指導も「公権力の行使」に該当すると形
式的に判断しているわけではない（最判平5.2.18民集47・2・574、最判平22.4.20裁集民
234・63参照）。

　公務員である医者の医療行為については、受診者の健康の維持を目的とする
限り私経済作用として「公権力の行使」に含まれないが、予防接種など医療行
為が公共目的の下で実施されれば、「公権力の行使」として国家賠償責任が問
題となる場合がある（最判平17.12.8判時1923・26）。なお、判例は国公立学校におけ
る教師の教育活動は「公権力の行使」に含まれるとするので（最判昭62.2.6判時
1232・100）、学校事故の場合は身分上の「公務員」や行政組織法上の「国又は公
共団体」概念が適用法条を決定すると考えるほかない。

　このように「公権力の行使」概念をめぐって諸説存在するが、「公権力の行
使」に該当しなければ民法709条および715条の適用の余地があるのであり、広
義説や最広義説によらなければ損害賠償が請求できないというものでもない
（具体的に国家賠償法と民法とでどのような差異があるかについては、図5−18を参照。①
②については、実務上は大きな差異はないといわれている）。

	国賠法1条	民法709条及び715条
①国又は公共団体の免責規定	なし	あり（715①但書）
②公務員に対する求償要件	故意又は重過失（1条2項）	軽過失で足りる（715③）
③公務員個人への責任追及	判例上できない	使用者だけでなく被用者も責任追及可能
④賠償責任主体の多元性	3条	なし
⑤相互保証主義	6条	なし

図5−18　国賠法と民法の差異

（4）「その職務を行うについて」

　①職務行為自体のほか（東京高判昭61.8.6判時1200・42）、②職務行為そのもので
はないが社会常識上これと密接な関連を有すると認められる行為（東京地判平
17.6.8判時1918・32）は異論ないとして、さらに被害者救済の観点から、③職務行
為の外形を有する行為も含まれる（最判昭31.11.30民集10・11・1502）。

（5）「違法に」

　「違法」の意味内容をめぐる論点は判例実務と有力学説との間で見解の一致が見られない分野のひとつである。取消訴訟の場合、原告勝訴要件である「違法」とは、法治主義の帰結として法規範（根拠規範や規制規範など）への不適合性を指す。これに対し、国賠「違法」については、議論の次元に応じて様々な考え方が提示されている。

　まず基礎理論として、(a) 国賠訴訟と取消訴訟等とで裁判対象が一致するのであれば「違法」の意味は当然に同一であると考える立場（①違法性一元論）と、それぞれの訴訟目的の違いを理由に「違法」の意味が同一である必要はないとする立場（②違法性相対論）の対立がある。次に、(b) 国賠「違法」を被害者救済の観点から認定する立場（①結果不法論）と、客観的な行為規範から認定する立場（②行為不法論）がある（③双方を相関的に考察する立場もある）。(c) 最後に具体論として、①行政処分や公権力的事実行為のように発動要件が法令で規定されるものについては、その発動要件欠如を国賠違法と解する公権力発動要件欠如説と、②公務員が国民に対する関係で所定の職務上の注意義務に違反したかどうかにより国賠違法を評価すべきとする職務行為基準説の対立がある。

　したがって、(c) ①公権力発動要件欠如説と (c) ②職務行為基準説は、ともに (b) ②行為不法論に所属するが、(c) ①公権力発動要件欠如説は (a) ①違法性一元論に帰着し、違法性と（故意・）過失はそれぞれ別個独自に審査される。これに対し、(c) ②職務行為基準説では違法性と（故意・）過失判断の内容は実質的に重複するため、違法性が認定されれば過失もほぼ自動的に認定される（違法一元的判断）。また公務員の注意義務違反が認定されなければ「違法」と評価されないので、論理は (a) ②違法性相対論に帰着する。なお、(b) ①結果不法論は当然 (a) ②違法性相対論である。

結果不法論			→	違法性相対論
行為不法論	→	職務行為基準説	→	違法性相対論
	→	公権力発動要件欠如説	→	違法性一元論

208　第 5 章　行政救済法

　一般に国賠訴訟の原告は公権力発動要件欠如説か結果不法論を、被告（国・自治体側）は職務行為基準説を論理構成として採用する場合が多い。判例では、公権力発動要件欠如説の構成をとるものは少数で、多くは職務行為基準説の構成をとっている（判例は、結果不法論は採用していないと解される（最判昭61.2.27民集40・1・124参照））。以下では、公権力発動要件欠如説と職務行為基準説について検討する。

　もともと職務行為基準説は、行政処分以外の特殊な「公権力」分野の「違法」の考え方として展開されてきたものである（検察官の公訴提起・追行につき、最判昭53.10.20民集32・7・1367、裁判作用につき、最判昭57.3.12民集36・3・329、最大判平元3.8民集43・2・89、立法作用につき、最判昭60.11.21民集47・4・2863、最大判平17.9.14民集59・7・2087参照）。例えば前掲・最判昭60.11.21は、「国家賠償法 1 条 1 項は、国又は公共団体の公権力の行使に当たる公務員が個別に国民に対して負担する職務上の法的義務に違背して当該国民に損害を加えたときに、国又は公共団体がこれを賠償する責に任ずることを規定するもの」であり、「国会議員の立法行為（立法不作為を含む……）が同項の適用上違法となるかどうかは、国会議員の立法過程における行動が個別の国民に対して負う職務上の法的義務に違背したかどうかの問題であつて、……仮に当該立法の内容が憲法の規定に違反する廉があるとしても、その故に国会議員の立法行為が直ちに違法の評価を受けるものではない」と述べ、国賠「違法」は、公務員たる国会議員が国民に対する関係で所定の行為規範に違反したかどうかにより評価すべき問題としていた（なお「公権力の行使」は行政活動のみならず、このように立法活動や司法活動も含まれる）。

　このような思考方法は、裁判および立法作用という特殊な意思形成の仕方に関わるゆえの特殊な判断とも解しうるが、理論的には行政処分への適用も排除されず、実際、最判平 5.3.11民集47・4・2863は、行政処分の国賠違法判断につき職務行為基準説を適用してみせた。この事件は、税務署長が不十分な税務調査の結果に基づいて青色申告者に対し更正処分を行ってしまい、更正処分の取消判決確定後に、更正処分に起因する慰謝料等の損害賠償が求められた事案である。公権力発動要件欠如説によれば、すでに前訴・更正処分取消訴訟で処分の違法性が確定している以上、国賠法でも違法性は認定されるはずである。

しかし平成 5 年最判は、「税務署長のする所得税の更正は、所得金額を過大に認定していたとしても、そのことから直ちに国家賠償法 1 条 1 項にいう違法があったとの評価を受けるものではなく、税務署長が資料を収集し、これに基づき課税要件事実を認定、判断する上において、職務上通常尽くすべき注意義務を尽くすことなく漫然と更正をしたと認め得るような事情がある場合に限り、右の評価を受けるものと解するのが相当」と述べ（傍点筆者）、(a) ②違法性相対論＝ (c) ②職務行為基準説を採用している。調査官解説（井上繁規「判解」最高裁判所判例解説民事篇平成 5 年度、368頁）によれば、「国家賠償請求訴訟における違法性は、損害塡補の責任を誰に負わせるのが公平かという見地に立って行政処分の法的要件以外の諸種の要素も対象として総合判断すべきものである……。したがって、右の違法性の有無は、行政処分の法的要件充足性の有無（取消訴訟における違法性）のみならず、被侵害利益の種類、性質、侵害行為の態様及びその原因、行政処分の発動に対する被害者側の関与の有無、程度並びに損害の程度等の諸般の事情を総合的に判断して決すべき……」と述べている。そして平成 5 年最判は、過少申告を行ったのは納税者本人であり、税務調査時に過少申告の疑いを告知しているなどとして違法性を否定した。

　最高裁はその後も職務行為基準説を他の行政処分に、さらには行政処分以外の幅広い行政分野について適用し続けている。

　いくつか議論を整理しよう。第一に、裁判実務はなぜ職務行為基準説を採用するのであろうか。国賠法での「違法」という用語は、国家賠償法制定当時の有力な民法学説（相関関係説）に影響を受けて採用された用語といわれている。民法709条は「故意又は過失によって他人の権利又は法律上保護される利益を侵害した者」と規定するのみで、国賠法 1 条 1 項と異なり「違法」という言葉はないが、解釈上、被侵害利益の種類・性質と侵害行為の態様との相関関係から「違法性」を判断すべきものとされている。裁判実務としては、不法行為法として民法と国家賠償法を統一的に運用しているだけなのかもしれない。また国賠違法につき公権力発動要件欠如説と職務行為基準説のいずれの立場を採用しても、事件に現れた諸要素は「違法」「過失」いずれかの要件ですべからく判断されるので、金銭的救済機能の発揮という点では差異はなく、大きな問題

210　第 5 章　行政救済法

ではないともいえる。

　しかし、国家賠償に期待される機能のうち、違法行為抑止機能、制裁的機能といった取消訴訟類似の機能の発揮の程度については違いが生じる。公権力発動要件欠如説であれば、仮に「違法」はあるが「過失」なしとして請求が棄却されたとしても、取消訴訟と同じ意味での「違法」を裁判所が認定したことに行政法上の意義が見出される。他方で違法性相対論である職務行為基準説では、違法行為抑止機能などは部分的にしか期待できないのである（また職務行為基準説にあっては、裁判官の思考パターンとして国賠違法を抑制的に捉える傾向を生み出しかねないことにも留意が必要であろう）。

　したがって第二に、公権力発動要件欠如説が職務行為基準説を批判するのは、行政処分や、行政代執行などの公権力的事実行為といった明確な発動要件が存する行政活動を対象とする場合である。同説にあっても特殊な権力分野（裁判、立法行為）や学校事故（最判昭62.2.6判時1232・100）、政策変更（最判昭56.1.27民集35・1・35）、公表・情報提供（東京高判平15.5.21判時1835・77）、行政指導（最判平 5.2.18民集47・2・574）、行政手続違反（名古屋高金沢支判平15.11.19判タ1167・153）など要件適合性審査が期待できない分野については、違法性と過失が一体化した相関関係的な論理を否定するものではない（裁判実務は国賠 1 条の「公権力の行使」概念につき広義説を取る点に注意）。

　なお、行政処分が違法であることを理由として国家賠償の請求をするについては、あらかじめ右行政処分につき取消判決を得なければならないものではない（最判昭36.4.21民集15・4・850）。国賠「違法」その他の要件充足があり請求認容判決が下されても、処分の効力自体に影響はないからである。この点は、課税処分の瑕疵を理由とした過納金相当額を損害とする国家賠償請求についても妥当する（最判平22.6.3民集64・4・1010）。

（6）「故意又は過失によって」

　「故意」とは権利侵害だけでなく違法性をも認識しつつ行為に及んだこと、過失とはこれらを認識すべきであったのに、認識しなかったことを意味する。民法では違法性の認識までは不要とされるが、権力行政の場合、公務員は個別

法の要件を充足する限り適法に私人の利益を侵害することが許されているから、公務員は私人の利益侵害は当然認識している。したがって国家賠償法の故意・過失としては、利益侵害の認識のみならず、その違法性の認識まで要すると解される（東京高判昭29.3.18判時23・3）。公務員が私人の利益侵害を適法なものとして認識しているだけであれば、仮に金銭的救済が問題になるとすれば、それは後述の損失補償である。

　主として問題となるのは過失である。その内容は、民法での議論と同様に、行為者公務員の主観的心理ではなく、抽象化された客観的注意義務違反と解されるようになっている。

　過失の問題には、法令そのものの違法無効の認識可能性に関するもの（最判平3.7.9民集45・6・1049）や、正しい法解釈の選択に関するものがある。法令解釈について学説・判例が分かれている場合には、公務員がひとつの法解釈を正当と解して公務を処理したが結果的にそれが違法であったとしても、「その解釈自体が相当の根拠を有するものであるときは、公務員に過失はない」とされる（最判平16.1.15民集58・1・226）。法令解釈について見解が確立している場合には、それに従う限り過失は否定される。そもそも準拠すべき学説・判例が存在しない場合であっても、公務員はその立場（通達発出者であるかどうか）や私人に対する解釈の侵害性の度合いに応じ、調査義務を尽くして「相当の根拠」ある正しい法解釈を目指していなければ、やはり過失は認められる（最判平19.11.1民集61・8・2733）。

（7）不作為の賠償責任

　「公権力の行使」には、公権力の不行使（不作為）も含まれる。不作為の賠償責任が問題となる場面は、抗告訴訟の場合と同じく、申請の有無に応じて2種類に区別することができる。ひとつは申請者が許認可の申請をしたにもかかわらず相当な期間内に行政庁から応答がないことを問題とする申請不作為型（二面関係型）であり、もうひとつは、自己に侵害を加える第三者に対して行政庁に監督処分の発動を求める規制権限不行使型（三面関係型）である。

　申請不作為型の国賠訴訟においてひとつ問題となるのは、不作為の違法確認

212 第5章 行政救済法

訴訟（行訴3⑤）において違法確認判決が確定している場合に、後の国家賠償請求において裁判所は同じく「違法」と認定することになるのかという問題である。

水俣病患者が公害健康被害補償法（当時）などによる水俣病の認定処分が遅延したことについて慰謝料を求めたケースにおいて、最判平3.4.26民集45・4・653（熊本水俣病認定遅延事件）は、「申請者の焦躁、不安の気持を抱かされないという利益は、内心の静穏な感情を害されない利益として、……不法行為法上の保護の対象になり得る」とした上で、処分庁の条理上の作為義務違反の要件として、「①客観的に処分庁がその処分のために手続上必要と考えられる期間内に処分できなかったことだけでは足りず、②その期間に比してさらに長期間にわたり遅延が続き、かつ、③その間、処分庁として通常期待される努力によって遅延を解消できたのに、これを回避するための努力を尽くさなかったことが必要」であるとした（番号付加）。

①が不作為の違法確認訴訟における違法判断と同内容であるから、国賠違法につき①以外に②③まで評価すべきとする平成3年最判は、違法性相対論に立っているかに思える。国賠違法と抗告訴訟の違法の意味内容は異なるとする違法性相対論の立場からは当然の結論であるが、他方で当該事案では許可申請の応答遅延に起因する財産的損害ではなく、内心の静穏な感情を害されたという精神的損害の賠償が求められているケースであったから、そもそも抗告訴訟と国賠訴訟の違法判断の内容が一致していない（したがって平成3年最判は違法性相対論に立っているわけではない）とも評価できる。

現代社会が高度に複雑化するにつれ、私人が単独では対処不能な様々な危険が存在するようになり、その危険に対処するため様々な規制行政法が制定されている。私人が別の私人から危害を加えられた場合に、国や自治体はその被害発生に積極的に関与しているわけでなくとも、そのような被害発生を防止するための規制権限が被害者との関係で適切に行使されなかったとして、国家賠償請求されることがある。通常、加害者よりも国や自治体の方が賠償能力が高いためであるが、これが規制権限不行使型である。行政立法の制定権限の不行使が問題となる場合もある（最判平16.4.27民集58・4・1032［筑豊じん肺訴訟］、最判平26.10.

第 3 節　国家賠償　　213

9 民集68・8・799 [大阪泉南アスベスト訴訟])。

　規制権限不行使が問題となる場面は法の条文構造に応じて様々である。行政処分を例に取ると、①規制権限が存在しているかどうか（薬事法上明文のなかった医薬品の製造承認の撤回権限を認めたクロロキン訴訟：最判平7.6.23民集49・6・1600)、②規制権限は存在しているとして、要件が充足しているかどうか、③要件も充足しているとして効果が充足しているかどうかが問題になる。規制法が、ある要件を充足した場合にはある監督処分をしなければならないと規定している場合には、規制権限の不行使が違法であるのは明らかである。これに対し、従来、規制権限不行使について問題となってきた主要な場面は、規制権限の行使に効果裁量が認められる場合に、規制権限不行使が国賠法上違法と評価できるのはどのような場合かという点である。

　かつては、裁量が認められる以上処分庁は権限行使を義務づけられていないとして国賠違法を否定する考え方（行政便宜主義／自由裁量論）も存在したが、その後、行政便宜主義を是認つつも、①重要な法益に対する危険が切迫しており（法益侵害の切迫性)、②行政庁が右危険を予見でき（予見可能性)、③規制権限の行使により被害発生を防止でき（結果回避可能性)、④行政庁が権限を行使しなければ結果発生を防止できず（補充性)、⑤被害者が規制権限行使を期待することが社会的に容認される場合（期待可能性）には（以下、5要件と呼ぶ)、行政庁の裁量権は零に収縮し規制権限の行使が義務づけられる（東京地判昭53.8.3判時899・48 [東京スモン訴訟第一審])、あるいは、規制権限の不行使が著しく不合理であれば裁量権の逸脱濫用になるため「違法」となる（東京地判昭55.5.20判時981・92)、といった議論が展開されてきた。

　これに対し最高裁は、違法判断の要件をあらかじめ指定することはせず、「規制権限……を定めた法令の趣旨、目的や、その権限の性質等に照らし、具体的事情の下において、その不行使が許容される限度を逸脱して著しく合理性を欠くと認められるとき」に、その不行使により被害を受けた者との関係において、国家賠償法1条1項の適用上違法となるという考え方を提示している（最判平16.10.15民集58・7・1802 [関西水俣病訴訟])。考慮・重視すべき具体的事情は規制権限の趣旨・目的や事案に応じて様々であり、5要件に尽きるものではない

214　第 5 章　行政救済法

からであろう。

　個別法の「趣旨・目的」「権限の性質」については、それが被害者の権利利
益を保護することを直接の目的とするものか否かといった点を検討する必要が
ある。例えば関西水俣病訴訟は、水質 2 法所定の規制権限につき、「当該水域
の水質の悪化にかかわりのある周辺住民の生命、健康の保護をその主要な目的
の一つとして、適時にかつ適切に行使されるべきものである」と評価する一方、
最判平元11.24民集43・10・1169（京都宅建業者事件）では、宅地建物取引業法の
監督処分権限の趣旨・目的は、「直接的には、宅地建物取引の安全を害するお
それのある宅建業者の関与を未然に排除することにより取引の公正を確保し、
宅地建物の円滑な流通を図る」に過ぎず、「免許を付与した宅建業者……の不
正な行為により個々の取引関係者が被る具体的な損害の防止、救済」を制度目
的とするものではないと指摘している。

　5 要件は、事案における具体的事情の抽出と評価において参考になる考え方
である。ただし、規制権限を行使すべき積極要因だけでなく、権限不行使の違
法性を否定する方向にはたらく消極要素も取り上げるべきである。関西水俣病
訴訟最判が主として 5 要件のうち①から③に依拠して判断を行っているのは、
それらの事案の核心が生命身体といった性質の利益の保護にあり、権限を行使
しない理由に特に言及する必要がなかったからであろう。これに対し京都宅建
業者事件最判は、法の目的が被害者の財産上の利益を保護することよりも宅地
建物取引の円滑な流通確保にあると評価して、権限行使の障害事情（消極要素）
も考慮に入れて規制権限不行使の賠償責任を判断している。

　なお規制権限不行使は、予見可能性と結果回避可能性が違法判断の主要な要
素となるため、国賠法 1 条の「違法」と「過失」は実質的に一元的に判断され
る。

（8）反射的利益論（保護範囲論）

　国・自治体は、（特に規制権限不行使に関する）国賠請求への反論として、仮に
権限不行使に問題があったとしても、同権限は被害者の利益を保護することを
目的とするものではないから、国・自治体は被害者に対する関係で責任を負う

ことはないとする主張（反射的利益論）をしばしば行っている。

　前掲・最判平元11.24も、反射的利益という表現は用いていないが、免許の付与・更新「それ自体は、法所定の免許基準に適合しない場合であっても、当該業者との個々の取引関係者に対する関係において直ちに国家賠償法1条1項にいう違法な行為に当たるものではない」と述べており、抗告訴訟の原告適格における反射的利益論に通じる考え方を示している。なお同最判がこのような国家賠償請求における保護規範の範囲に関する問題を「違法」要件で述べているのは、最高裁が、公務員の活動が国家賠償法1条1項の適用上違法となるかどうかを「国又は公共団体の公権力の行使に当たる公務員が個別の国民に対して負担する職務上の法的義務に違背して当該国民に損害を加えたとき」（前掲・最判昭60.11.21）に見出しているため、公務員が被害者に対して「職務上の法的義務」を負担していなかったとすれば、そもそも国賠「違法」ではないからである。

　公務員が「職務上の法的義務」を負担していたかどうかは、規制権限を規定した法がどのような利益を保護することを目的としているかを考える必要がある。但し国家賠償訴訟では、すでに損害が生じたことを前提に提訴されるのであるから、抗告訴訟の場合と異なり、濫訴の弊をおそれて法の保護範囲をことさら慎重に解する必要はない。特に、規制目的が国民の生命・身体の保護にあるのであれば、行政庁は被害者との関係で当該権限を適時かつ適切に行使すべき「職務上の法的義務」を負っていると解される。また法の目的が国民の生命・身体の保護であるか不明であっても、裁判実務は「当時の危機的状況」に鑑み「柔軟かつ実質的な」解釈を行う場合がある。例えば前掲・最判平16.10.15（関西水俣病訴訟）は、熊本県の責任部分において、熊本県漁業調整規則の直接の目的は文理上「水産動植物の繁殖保護」とされ、県民の生命・身体は反射的利益に過ぎないとも解されるにもかかわらず、「それを摂取する者の健康の保持等をもその究極の目的」とするものであるという目的論的解釈を示した。これは抗告訴訟の原告適格において近年の最高裁が採用する解釈方法論に通じるものがある。

　最近の事例としては、建築基準法上、建築主事は建築確認に際して建築主と

216　第5章　行政救済法

の関係でも違法な建築物の出現を防止する職務上の法的義務を負うとした最判平25.3.26裁集民243・101がある。

2　国家賠償法2条

　公共施設の設置・管理に瑕疵があることが原因で公共施設の利用者に損害が生じた場合、当該施設を設置・管理する国や自治体は国賠法2条により賠償責任を負う。前述のとおり、戦前の大審院はこの場合に民法717条を適用していたため、国賠法2条の制定は、1条の場合とは異なり、営造物責任が成立する余地を改めて確認した点に歴史的意義を有することになる。ただ国賠法2条についても、1条と同じく、金銭的救済機能と並んで瑕疵の発生抑止機能を踏まえた解釈論が要請される。

（1）「公の営造物」

　国賠法2条1項は、「道路、河川その他の公の営造物の設置又は管理に瑕疵があつたために他人に損害を生じたときは、国又は公共団体は、これを賠償する責に任ずる。」と規定する。民法717条1項本文は、「土地の工作物の設置又は保存に瑕疵があることによって他人に損害を生じたときは、その工作物の占有者は、被害者に対してその損害を賠償する責任を負う。」と規定するところ、両条の適用関係は、「道路、河川その他の公の営造物」の設置または管理に瑕疵があったかどうかによって決まる。

　国賠法2条が適用されなくても民法717条の適用の余地がある点は国賠法1条の場合と同様である。ただ国賠法2条が適用されるならば、占有者免責規定（民717①但書）の適用はなく（この点は他有公物（都園16③、道91・4参照）の場合に意味がある）、さらに、公の営造物の設置・管理者以外に費用負担者も賠償責任を負うこと（国賠3）は、被害者の国民にとってメリットである。また「土地の工作物」は「公の営造物」より概念が狭く、すべての救済問題をカバーするものではない。

　では「公の営造物」とは何か。「公の営造物」とは、「国又は公共団体により直接に公の目的のために供用されている有体物ないしは物的設備」などと定義

されている（東京地判平18.4.7判時931・83）。この定義は、講学上の「公物」概念と差し当たり一致する（「公物とは国・地方公共団体その他これに準ずる行政主体により、直接、公の目的のために供用される個々の有体物をさす……」（原龍之助『公物営造物法〔新版〕』（有斐閣、1974年）61頁）。

したがって「公の営造物」は人工公物（道路、公園、港湾）に限定されるものではない。直接に公の目的のために供用されている有体物である限り、民法717条１項と異なり自然公物（河川、海岸、湖沼）も含まれ、また動産でもよい（例えば公用車（札幌高函館支判昭29.9.6判時40・11）や警察官の拳銃（大阪高判昭62.11.27判時1275・62）、公立中学校のテニス審判台（最判平５.3.30民集47・４・3226）など）。他方で、直接に公の目的のために供用されていなければ、「公の営造物」ではない（池沼につき、東京高判昭50.6.23判時794・67参照）。

但し「公の営造物」は賠償法上の概念であるから、理論上の「公物」と必ずしも一致しない場合がある。例えば裁判例の中には、そもそも自然のままで放置された自然公物は、たとえ国家主権が及び、また個別管理法の規制対象になっているとしても、公の営造物ではないとするものがある（海浜につき、大津地判昭55.8.6訟月26・12・2092、自然公園法の地域制公園につき、広島高判平11.9.30訟月46・９・3598）。

また一般に公物の成立には行政主体が所有権その他の権原をもっていなければならないとされているが、「公の営造物」については、その「管理者は、必ずしも当該営造物について法律上の管理権ないしは所有権、賃借権等の権原を有している者に限られるものではなく、事実上の管理をしているにすぎな」くても良いとされている（最判昭59.11.29民集38・11・1260）。

（２）「設置又は管理に瑕疵があつた」

国賠法２条の文理上、賠償請求権は「公の営造物の設置又は管理に瑕疵」があって「他人に損害を生じ」れば成立し、違法性や管理者の故意・過失は要求されていない。国賠法２条は「危険責任の法理に基づき被害者の救済を図ることを目的」（最判平７.7.7民集49・７・1870、最判昭50.11.28民集29・10・1754）としているからである。そして判例によれば、「設置又は管理に瑕疵があつた」とは、「営造物が通常有すべき安全性を欠いていることをいい、これに基づく国および公

218 第5章 行政救済法

共団体の賠償責任については、その過失の存在を必要としない」(最判昭45.8.20民集24・9・1268［高知落石事件］)。したがって、営造物の設置・管理責任は無過失責任である。

　しかし判例はまた、営造物の物理的性状から損害が生じれば、いかにそれが不可抗力でも賠償責任が認められるとしているわけではない(前掲・最判昭45.8.20)。条文は「公の営造物の設置又は管理に瑕疵」にあったかどうかを問題とするものであるから、「営造物が通常有すべき安全性を欠いている」かどうかにつき、管理者の行動の適切性を瑕疵の判断要素に入れざるをえない。そこで「当該営造物の利用に付随して死傷等の事故の発生する危険性が客観的に存在し、かつ、それが通常の予測の範囲を超えるものでない限り、管理者としては、右事故の発生を未然に防止するための安全施設を設置する必要がある」(最判昭55.9.11判時984・65)とされるように、実際には過失責任を問う場合と判断の構造が類似することになる。

　判例によれば、瑕疵の存否については、「当該営造物の構造、用法、場所的環境及び利用状況等諸般の事情を総合考慮して具体的個別的に判断」される(最判昭53.7.4民集32・5・809、最判昭59.1.26民集38・2・53)。したがって瑕疵判断にあたっては、これら諸般の事情を総合的に考慮しつつ、①個々の営造物から危険が生じたかどうか、②当該危険を管理者が通常予見しうるものであったか、③予見できたとしても回避措置を執ることが可能だったか、といった視点から「営造物が通常有すべき安全性を欠いている」かどうかを問うこととなる。

　(1)　**予見可能性**　同じ営造物であっても、利用者の個々の性格や状況に応じ、管理者が通常予見すべき危険性は相対的に変わりうる。例えば、事理弁識能力を有する大人と、保護者の監督下にある乳幼児については、危険は自身で、あるいは保護者によって回避できるとしても(最判昭53.12.22判時916・24)、注意力を欠き道に不案内な観光客である場合(最判昭63.1.21裁集民153・79)、好奇心に富む児童、高齢者、また視力障害者などについては、営造物の状況次第では必ずしも自ら危険を回避できるとは限らないので、管理者としてはそれが予見できる限り、状況に応じた何らかの安全措置を講じる必要がある。

　他方で管理者が危険性を予見できたとしても、利用者が容易に回避できる程

度の危険であれば、管理者は利用者が自ら回避することを期待してよい（最判平22.3.2判時2076・44、東京高判平14.8.7判時1795・110）。そもそも危険が被害者自らの異常かつ無謀な行動により招来したものである場合には、予見可能性自体が否定される場合もある（最判平2.11.8裁集民161・155）。

(2) **営造物の構造、用法、場所的環境および利用状況その他**　営造物の管理者は、個々の営造物の状況に応じて通常生じる危険性を予測し、それに対応した安全措置をとらなくてはならないが、営造物の構造としては、営造物自体が被害者に危険を誘発しやすいものだったか、また損害を回避する設備がどの程度整っていたかなどが評価される（大阪高判昭54.5.15判時942・53）。

　営造物の場所的環境については、まず営造物の周辺の状況から当該営造物の危険性を想定することになる。例えば小学校敷地内のプールに隣接して児童公園が存在する場合、児童公園で遊ぶ幼児がプールに誘惑されて接近することを設置管理者は予見すべきである（最判昭56.7.16判時1016・59）。

　自然公物（河川、海浜、港湾、自然公園）の管理瑕疵が問題となるケースでは、もともと自然公物が自然の状態で危険性を内包するものとして公衆の自由使用（道路の通行、河川・海岸での水泳・通航・散策など）に供されているから、その自由使用に伴う危険（転落・溺死）は自己責任が妥当するとして責任否定ないし軽減の論拠とされる場合がある（高知地判平8.3.29判タ937・124、東京地判昭57.5.10判時1067・69など）。裁判例上、管理者に責任が認められるのは、①管理者が公物管理のために各種工事を行うなどして公物の従前の状況に変更を加えた場合（高松高判昭48.12.21判時739・84）、②公物の利用施設（例えば河川の親水施設、海浜の海水浴場、自然公園内の遊歩道）を設置するなどして、公衆の公物利用を積極的に誘導したことにより事故の危険性を高めた場合（前橋地判平21.7.17判時2072・116）、③自由使用といっても、河川管理用通路での事故のように人工公物（公用物）で、かつ一般道路と部分的に接続し、公衆が容易に立ち入ることができる管理施設での事故の場合などである。

　しかし公物の自然性と自己責任論をあまりに強調すると、公物自由使用に伴うリスクは基本的に管理者の責任の範囲外であるとの議論が生じてしまうが、これは次に見る「通常の用法」論と方法論的に同様の問題点がある。

220 第5章 行政救済法

••●━ コラム15 　自然公物の自由使用と国家賠償 ━●••

　近年、国や自治体は自然のオープンスペースの利用を推進する施策を積極的に実施している。例えば、親水護岸、親水公園といったハード面での施設整備の拡充を図っている。また公衆の側も経済不況を反映してか、レクリエーションを求めて国内の自然公物の積極的な利用に関心を寄せる傾向が報道されている（富士山登山のレジャー化や、より手近な例としては河川敷でのバーベキューなど）。

　このように自然公物の自由使用が多様化し、公衆が公物空間に接する機会が増えれば、公物利用者に何らかの損害が生じた場合の営造物管理責任の問題が浮上してくることになる。そのため公物管理者としては、裁判例が営造物責任を否定する論拠のひとつとして述べる自己責任論に強い魅力を感じることと思われる。確かに公物管理者にとって、自己責任論を説くことで公衆に公物利用の注意力を持続させ、損害発生を回避しようと試みることは、望ましい公物管理戦略である。またこの場合に管理瑕疵責任が肯定されれば、親水公園の場合や河川管理用道路の解放といった、公物の多様な価値創造インセンティブに及ぼす萎縮効果も生じてしまう（最判平5.3.30民集47・4・3226）。

　他方で、自己責任論に過大に依拠すること

によって公物管理者があらかじめ自己の管理責任を限定する思考をとることにより、本来責任を負うべき領域についてまで注意義務を減退させ、結果として事故を招来させてしまうおそれもないではない。問題の本質は二項対立ではなく、公物管理者には公物の自由使用と調和するような危険防止策を講じることが求められている。

　国立公園内の遊歩道付近において、観光客が落下したブナの木の枝の直撃を受け傷害を負った事例においてであるが、「国有林の木について、落木、落枝による人への危害防止の観点からの管理を国有林管理者に要求するならば、管理者としてその負担に耐えられず、結果的に国有林を自然公園等として国民に提供すること自体が困難になる」旨の被告側の主張に対し、東京高判平19.1.17判タ1246・122は、「樹木の安全性に対する社会的な期待のレベルは、人の参集度、通行量などに応じて決まるものであり、人が接近する可能性のある樹木のすべてについて、落木、落枝が生じさせないという安全管理が当然に期待されているわけではない……（管理者には、人への危険をより少なくし、しかも、自然公園の設置目的を活かせる適切な管理が求められている。）」と述べている。

　特に議論があるのは「営造物の用法」についてである。時に判例は、被害者が営造物を「通常の用法」ないし「本来の用法」に即しないで利用した結果生じた（例えば通行時の転落防止のための防護柵に腰かけて転落した）事故につき、管理者の予見可能性がないとして営造物の瑕疵を否定することがある（前掲・最判昭53.7.4［神戸夢野台高校校庭転落事件］、最判昭63.1.21裁集民153・79、前掲・最判平5.3.30）。しかし諸般の事情次第では「通常の用法」ではない利用方法に伴う危険がすべて管理者の予見可能性を超えるものとは限らないから、形式的な「通常の用法」のみで結論を左右すべきではない。もちろん、過失相殺により賠償額が減額される余地があることは別である。

　営造物の利用状況についても、例えば営造物を誰がどの程度利用していたの

か（最判昭61.3.25民集40・2・472）といった視点以外に、営造物の実際の使われ方がどうであったかが重視される場合がある（最判昭55.9.11判時984・65）。

(3) 結果回避可能性　通常生ずる危険性について予見できるのであれば、営造物の管理者はそれに適合した安全措置を取る必要がある。例えば転落を防止するには、転落・侵入防止用の柵を設けるか、侵入経路上に注意喚起の警告の看板を設けることが考えられる。警告板には幼児でも容易に危険を理解できるように表記を工夫したり、自治会や学校などの地元組織を通じて保護者や住民に危険性を周知する広報活動を行うことも望ましい措置である。

但し、回避措置の手法や程度は、営造物の性格と予想される危険に応じて様々である。例えば営造物自体が文化財や景観施設であるなどの「場所的環境」にあるために、予想される危険に対処するための結果回避措置がこれら自然・文化的環境に適合したものでなければならないという意味で限定される場合がある（最判昭58.10.18判時1099・48［大阪城壕転落事故事件］）。また事故発生時の避難体制のあり方が問題となる場合もある（東京高判平5.6.24判時1462・46）。

他方で、何らかの事情で上記のような措置を取ることができないのであれば、結果回避可能性がないとして瑕疵は否定される。例えば、①時間的に営造物を安全良好な状態に保つことが不可能であった場合がある（最判昭50.6.26民集29・6・851と最判昭50.7.25民集29・6・1136を比較参照）。また②事故防止に有効な安全設備（例えば視力障害者のための点字ブロック）が新たに開発されていても、当該営造物の利用者に生じる事故発生の危険性が低いため、いまだ当該安全設備は普及途上にあったと評価される場合もある（最判昭61.3.25民集40・2・472、東京地判昭54.3.27判時919・77参照）。

③損害回避措置をとるための予算不足については、前掲・最判昭45.8.20は、道路管理者が落石防止のために道路の斜面に防護柵を設置する予算措置に困却することは賠償責任を免れる理由にならない、とした原審の判断を是認する。他方で最判昭59.1.26民集38・2・53（大東水害訴訟）は、河川管理は道路管理の場合と異なる要素が強いことから、昭和45年最判の議論は「河川管理の瑕疵については当然には妥当しない」と述べている。両判決を比べれば、道路管理の場合には財政的困難性を理由とする結果回避不可能性は認められないかのよ

222　第 5 章　行政救済法

うである。しかし道路管理の場合、落石防止のための防護柵の費用が高ければ、最終的には危険な区間を一時閉鎖（道46）するといった簡易な危険回避措置を取ることが可能である。したがって道路の場合でも、財政的困難性を理由として瑕疵が否定されることも、事故の危険性次第では有りえないことではない（前掲・最判平22.3.2参照）。

(4)　河川水害と供用関連瑕疵　　河川水害（水難ではない）の場合と供用関連瑕疵については、判例はさらに固有の瑕疵基準を提示している。

　まず河川水害に関する河川管理の瑕疵の有無について、前掲・最判昭59.1.26は、河川管理は道路管理の場合と異なる諸制約（時間的制約、財政的制約、社会的制約、技術的制約、手段的制約）が存在すること等を理由に、「過去に発生した水害の規模、発生の頻度、発生原因、被害の性質、降雨状況、流域の地形その他の自然的条件、土地の利用状況その他の社会的条件、改修を要する緊急性の有無及びその程度等諸般の事情を総合的に考慮し、前記諸制約のもとでの同種・同規模の河川の管理の一般水準及び社会通念に照らして是認しうる安全性を備えて」いれば足りるとした。また具体的に改修中河川の未改修部分から溢水した点について、改修計画が全体として格別不合理なものと認められない限り、改修がいまだ行われていないだけで河川管理に瑕疵があるとはいえないとした。一言でいえば河川改修計画の合理性を問題にしたといえる。

　また多摩川水害訴訟（最判平2.12.13民集44・9・1186）は、改修済み河川についても大東水害訴訟の基本的考え方が妥当するとした上で、具体的に改修後に基本計画に定める計画高水流量規模の流水により破堤の危険が生ずることを予測できた時点から災害時までの間に安全対策を講じなかったことが、同種・同規模の河川の管理の一般的水準および社会通念に照らして是認しうる安全性を欠いていたことになるかどうかを判断すべきとした。

　「公の営造物」が本来の用法に沿って利用者に供用されることにより、利用者以外の第三者（周辺住民）に事業損失が生じることがある。例えば空港や道路の供用による騒音、排ガス、振動の発生である。このような瑕疵は上述の物的性状瑕疵と区別して供用関連瑕疵と呼ばれるが、判例は、国賠法 2 条 1 項の営造物の設置・管理の瑕疵には「営造物が供用目的に沿って利用されることと

の関連においてその利用者以外の第三者に対して危害を生ぜしめる危険性がある場合」も含まれるとし、損失補償ではなく損害賠償の問題として、また国賠法1条ではなく2条の問題として処理している。「通常有すべき安全性に欠けていること」の具体的な判断基準は、違法性（受忍限度）である（空港の騒音について、最大判昭56.12.16民集35・10・1369［大阪国際空港訴訟］、道路騒音について、最判平7.7.7民集49・7・1870参照）。

3 賠償責任者

国賠法1条1項により賠償責任を負う「公務員の選任若しくは監督……に当る」国または公共団体と、「公務員の俸給、給与その他の費用……を負担する」国または公共団体とが異なるとき（例として、警37①Ⅰ、給与負担1・2参照）は、選任・監督者と並んで費用負担者も賠償責任を負う。同様に、国賠法2条1項により賠償責任を負う「公の営造物の設置若しくは管理に当る」国または公共団体と、「公の営造物の設置若しくは管理の費用を負担する」国または公共団体とが異なるとき（例として、道13①・50②、河9・60参照）、設置管理者と並んで費用負担者も賠償責任を負う（国賠3①）。

国賠法3条1項の趣旨は、「被害者たる国民が、……賠償の責に任ずべき者の選択に困難をきたすことがありうるので、対外的には……双方に損害賠償の責任を負わせることによつて右のような困難を除去」することにある（最判昭50.11.28民集29・10・1754［吉野熊野国立公園名勝鬼ヶ城事件］）。

では、選任監督者（設置管理者）または費用負担者のいずれか一方のみが国賠訴訟を提起され、賠償責任を負った場合、その後の最終的な賠償責任者は誰になるのか。国賠法3条2項は、「損害を賠償した者は、内部関係でその損害を賠償する責任ある者に対して求償権を有する。」と規定するところ、最判平21.10.23民集63・8・1849は、損害賠償の費用は事務経費に含まれるから、経費負担について定める法令（本件では市町村立学校職員給与負担法、地方財政法、学校教育法）の解釈上、損害賠償の費用を事務経費として負担すべきとされている者が「内部関係でその損害を賠償する責任ある者」にあたるとした（費用負担者説）。本判決の考え方によれば国賠法2条の営造物責任の場合も、法令の解

224 第5章 行政救済法

釈上、公の営造物の設置管理事務費用を負担する者が最終的な賠償責任者ということになろう。

第4節 損失補償

1 損失補償の概念

国や自治体は道路・河川・鉄道・空港など社会資本を整備するために公共事業を行っている。その過程で、われわれは所有地からの立ち退きを強いられ、あるいは所有地の利用を制限される場合がある。もちろん、このような活動は侵害行政であるから、法律の根拠に基づき適法に実施されなければならないが、しかしたとえ行政活動が適法であれ、社会全体の利益増進のために個人がひとりだけ負担を甘受するのは、彼個人も一市民としてそこから利益を受けるにしても公平なことではないし、場合によっては生活基盤を失う場合すらある。そこで憲法29条は財産権を保障するとともに損失補償制度を用意している。損失補償とは、伝統的に「適法な公権力の行使によって加えられた財産上の特別の犠牲に対し、全体的な公平負担の見地からこれを調節するためにする財産的補償」をいうと定義されてきた（田中二郎『新版行政法上巻〔全訂第二版〕』（弘文堂、1974年）、211頁）。国家賠償と金銭的救済機能は共通するが、損失補償は適法な侵害活動の結果を利益調整する機能を果たす点で国家賠償と異なる。さらに政府の財政支出面に着目すれば、損失補償は政府が財政錯覚（fiscal illusion）に陥り非効率な公共事業を濫発するのを抑止する機能も見出される。

訴訟手続 損失補償請求権および請求手続は法定されている場合も多い。例えば土地収用法第4章第3節と第6章は財産権を剥奪し使用する場合の補償について詳細な規定を置いている。財産権を制限する場合にも、多くの立法例は「通常生ずべき／受けるべき損失」の補償請求権規定を置いている（例えば、自然公園64）。

損失補償請求の訴訟形式については、公法上の当事者訴訟の選択が法定されている場合がある（収用委員会の裁決のうち損失補償に関する訴えを規定する土地収用法133条など。形式的当事者訴訟（行訴4前段）と呼ばれる。本章第2節Ⅲ2）。訴訟形式

が法定されていない場合は、実質的当事者訴訟としての公法上の給付訴訟（行訴4後段）となる。

　ところで、実定法に補償請求権が法定されていない場合には、そもそも損失補償は請求できないのであろうか。最大判昭43.11.27刑集22・12・1402（名取川河川附近地制限令事件）は、制限令（当時）による罰則つきの砂利採取制限に補償規定が無いから同令は違憲無効である、との刑事被告人の主張に対して、補償の規定がなくとも「その損失を具体的に主張立証して、別途、直接憲法29条3項を根拠にして、補償請求をする余地が全くないわけではない」から、制限令の各規定を「直ちに違憲無効の規定と解すべきではない。」と述べており、憲法29条3項が請求権の根拠となる点を、刑事事件の傍論においてではあるが大法廷判決の全員一致の意見として述べている。したがってこの立場（請求権直接発生説）に依れば、個別法に補償規定が存在しない、あるいは法定の補償内容が不十分であると考える場合、被害者は憲法29条3項に基づいて過去の被害損失を過不足無く請求することができる。

　しかし国民の状況次第では、補償規定を欠く制定法は直ちに違憲無効であると解する方が（違憲無効説）、制定法を維持したまま補償を受けるよりも魅力的な場合もあり、一概に請求権直接発生説が権利救済に資するとはいえない。

2　損失補償の要否

　では補償の要否はどのようにして決まるのだろうか。とりわけ請求権発生説に立つ場合には、究極的には憲法29条3項の理解によって補償の要否が決することになる。しかし憲法29条3項は、「私有財産は、正当な補償の下に、これを公共のために用ひることができる。」と定めるだけで、具体的な補償基準を示すものではない。われわれは適法な公的活動に起因して常に何らかの損失を被って日々生活を送っているわけで、些細な被害損失にまですべて補償を要するとなれば国家財政はおよそ立ちゆかなくなる。とりわけこの問題は、財産権剥奪までには至らない、財産権制限の場合に大きな問題となる。判例は一般に、「公共の福祉のためにする一般的制限であり、何人もこれを受忍すべきである場合」には補償不要であるが、「特定の人に対し、特別に財産上の犠牲を強い

226　第5章　行政救済法

る場合」には補償が必要であると述べるが、「一般的制限」も「特別な犠牲」もそれだけでは何も答えが出ない。そこでわが国の学説は様々な補償理論を提示してきた。現在では概ね、事案に即した諸般の個別事情を総合判断して補償の要否を決定すべきと考えられている（裁判実務も同様である）。以下では、そのような補償の要否判断に影響する個別事情について概観しよう。

（1）損失補償の要否の個別基準

(1)　規制の態様　①一般に、規制が国民全体に及ぶ一般的なものであれば補償の必要性は小さく、逆に特定人に対する個別的なものであれば補償の要請は高まる。②規制が国民の現在の既得利益を不利益的に変更するものであれば補償の要請は高まるが、現状の財産利用状態をそのまま固定するだけであれば補償の必要性は小さい（自然公園35（現64）の通損補償の要否につき、東京地判平2.9.18判時1372・75参照）。③財産権規制に服する期間の長短も考慮される（後掲の最判平17.11.1判時1928・25）。

(2)　損失の程度　①規制の程度が弱ければ補償の要請は低くなる（最判昭57.2.5民集36・2・127）。他方で、②規制が財産権を剥奪し、または財産権の本来の効用の発揮を妨げる程度に至っていれば、財産権の本質的内容を侵すものとして補償を要する。財産権の本来の効用の発揮を妨げるとは、具体的に土地であれば、形質変更や建築行為などを単に制限するだけでなく完全に禁止すれば、財産権の剥奪に匹敵する強度な規制であると考えられる。

③しかしそもそも財産価値が無い、または消滅している場合には、たとえ財産権を剥奪・破壊しても補償の必要は無い（消防29①・②参照）。例えば、行政財産本来の目的のために行政財産の使用許可が撤回（国財19・24、自治238の4⑨）されても、「行政財産たる土地につき使用許可によって与えられた使用権は、……当該行政財産本来の用途または目的上の必要を生じたときはその時点において原則として消滅すべきもの」であるから、使用権者は使用権相当額の権利対価補償を受けることはできない（もっとも、建物・工作物の移転費や営業損失等、使用権の価値そのもの以外の損失については補償を求める余地がある（最判昭49.2.5民集28・1・1［東京都中央卸売市場事件］））。

また④規制による負担が規制により得られる利益と釣り合うかどうかも考慮されるべきである（黙示的補償論。東京高判昭56.4.16判時1005・99など参照）。

(3) **規制の原因**　　①公共の安全や秩序に対する障害を予防または排除するための消極目的規制（警察制限）については補償を要しないが、特定の公益目的のための積極目的規制（公用制限。例えば、重要文化財の保全、国立公園内における自然風物維持のための制限など）については補償を要する。②特に、自己の所有物から公共の安全を害する状態が生じたときは、それが自身の故意または過失に基づいて生じたか否かを問わず、たとえ権利剝奪があっても所有物の損失について補償を要求しえない（状態責任）。但し政策的理由（例えば予防原則規制の実効性確保）から、補償規定を個別法に設けることは可能である（政策上の補償という。例えば家畜伝染病予防法58条の手当金）。その他、③規制を受忍しなければならない理由が権利者側にある場合（刑19、食品衛生54）には補償を要しないが、そうでなければ補償を要する（消防29③参照）。

（2）総合的な評価

　以上の個別事情は単独で評価するのではなく、制度に即して総合的に観察すべきである。以下判例を参照してこの点を検討しよう。

（1）刑事事件であるが、かんがい用に供する貯水池の破損、決かい等による災害を防止するため、ため池の堤とうに農作物を植える行為等を罰則をもって禁止した条例について、最大判昭38.6.26刑集17・5・521（奈良県ため池事件）は、「ため池の提とうを使用する財産上の権利を有する者は、本条例1条の示す目的のため、その財産権の行使を殆んど全面的に禁止されることになる」としつつも、「結局それは、災害を防止し公共の福祉を保持する上に社会生活上已むを得ないものであり、……憲法29条3項の損失補償はこれを必要としない」と述べている。つまり、昭和38年最大判では、規制自体は(2)②の権利剝奪に匹敵する「全面利用禁止」に該当するものの、「権利者に受忍する原因」があるから(3)①により補償が不要と判断された。

　確かに規制目的論は補償要否の推定に役立つが、昭和38年最大判はややこれを原理的なものとして捉える向きがあった。既存の土地利用の状況に対し新規

228　第 5 章　行政救済法

制がどのような影響を与えるのかを評価すれば、警察制限であっても補償を要
する場合がある。最高裁自体も、前掲・最大判昭43.11.27で、「従来、賃借料を
支払い、労務者を雇い入れ、相当の資本を投入して営んできた事業が営み得な
くなるために相当の損失を被る……とすれば、……特別の犠牲を課したものと
みる余地が全くないわけではな」いと述べ、(1)②の既得権保護の視点を加味し
た評価をしている。

（ 2 ）次に、国の道路工事により地下道がガソリンスタンド近隣に設置された
ため、スタンド経営者が消防法10条 4 項の位置基準に適合させるために行った
地下貯蔵タンク移設工事費用の補償を求めた事案（高松ガソリン地下タンク移設事
件）について見る。最判昭58. 2 .18民集37・ 1 ・59は、「道路工事の施行の結果、
警察違反の状態を生じ、危険物保有者が右技術上の基準に適合するように工作
物の移転等を余儀なくされ、これによつて損失を被つたとしても、それは道路
工事の施行によつて警察規制に基づく損失がたまたま現実化するに至つたもの
にすぎ」ないと述べている（傍点追加）。ここでは、所有物の危険性を理由とし
た規制には補償を要しないとする(3)②状態責任の考え方が垣間見える。確かに、
タンク所有者に新たに生じた消防法上の離隔距離維持義務は道路工事という所
有者が左右しえない後発的偶然的事情によるものであるが、危険物の所有者は、
そのような場合を含め所有物を危険性がない状態に保つ義務を許可を受けた時
点ですでに負っているのである（消防12）。但し、公平の観点から道路管理者が
費用負担を負うべきとの見解もある。

（ 3 ）最後に、都市計画道路に関する都市計画決定（都計11①Ⅰ・13・19）によっ
て、都市計画施設の区域に課される建築制限（同53・54。いわゆる狭義の都市計画制
限）を60年以上にわたって受けてきた土地所有者が憲法29条 3 項により損失補
償を請求した事案（盛岡都市計画制限損失補償事件）を取り上げる。狭義の都市計
画制限に補償の規定はないが、これは、都市計画制限の内容が建築一般を禁止
するものではなく、都市計画法54条に定める基準の範囲内で建築物を建築する
ことは可能であることから、(2)①権利制限の程度が比較的強度でないことが理
由とされている（盛岡地判平13.9.28判例集未登載）。しかし、都市計画決定後、財源
不足や市街地化のために都市計画が事実上頓挫し、(1)③の建築制限がかなり長

期間（60年以上）にわたって課されている場合に、権利制限の程度だけで補償の要否を考慮してよいのかという疑問もある。

最判平17.11.1判時1928・25は本件で補償を不要と判示した。しかし、あくまで「原審の適法に確定した事実関係」における事例判断に過ぎない。では、いかなる事情が考慮されたのであろうか。この点について藤田宙靖裁判官補足意見は、建築制限が無補償で認められるのは、「あくまでも、その制限が都市計画の実現を担保するために必要不可欠であり、かつ、権利者に無補償での制限を受忍させることに合理的な理由があること」を要するとし、また「受忍限度を考えるに当たっては、制限の内容と同時に、制限の及ぶ期間が問題とされなければならない」と述べている。この事件では、土地所有者の土地が所在する地域は高度な土地利用が行われていた地域ではなく、もともと法53条1項ただし書1号および法54条3号により許可される程度の建築物しか建築できない地域であった。そこでそのような事実関係の下では、土地所有者が法53・54条の建築制限によって受けた損失は、当該制限が60年にわたっていることを考慮に入れても特別の犠牲とまでいうことはできないとしたのである。したがって、土地の周辺地域が高度利用される地域であるにもかかわらず、長期間にわたり建築制限を受け続ければ、補償の対象となる可能性があることになろう。

以上のように、現在の通説および裁判実務は様々な個別事情を総合的に考察することで損失補償の要否を決定しようとしている。ただわが国では、自然公園法のごとく公用制限規制に補償規定があったとしても、裁判例で実際に損失補償を肯定した事例は無い。裁判所が土地利用規制に補償を認めたがらない理由のひとつには、損失補償の個別事情の拾い方や個別事情間の比較の仕方に方法論的曖昧さが残ることも一因である。そこで損失補償の要否を総合衡量で決するにしても、(2)制限の程度論を中心に判断すべきであるとの見解もある。

3　損失補償の内容

（1）「正当な補償」の意義

損失補償の要否論の次に、補償の内容が検討されなければならない。財産権

230　第5章　行政救済法

を公共の用に供する場合の「正当な補償」（憲29③）とはどのような内容を指す
のか。まずは損失補償が適用される典型である土地財産権の剥奪の場合（収用
補償）について検討する。

　自作農創設特別措置法6条3項（当時）によって市場価格よりも著しく制限
された農地買収の対価が憲法29条3項の「正当の補償」にあたるか、という問
題を扱った最大判昭28.12.23民集7・13・1523は、「正当な補償」とは、「その
当時の経済状態において成立することを考えられる価格に基き、合理的に算出
された相当な額をいうのであつて、必しも常にかかる価格と完全に一致するこ
とを要するものでない」と述べている。同判決は、損失補償の内容は客観的な
市場価格である必要は無いとの見解を示したため、いわゆる相当補償説をとる
ものといわれる。

　但し同判決は、農地改革を断行すべく農地諸法によって不在地主の農地所有
権に著しい制限を加えた（憲29②）土地についての「正当な補償」に関する判断
であるから、その射程は一般的なものではない。通常の土地収用の場合、財産
権保障および公平負担の見地からして、「正当な補償」とは以前の経済状態に
復帰できる程度の補塡であることが必要であると解される（完全補償説）。

　最判昭48.10.18民集27・9・1210（倉吉都市計画街路事業用地収用事件）は、旧・
建築基準法の建築制限の存する土地については、かかる建築制限を受けた土地
として補償の評価算定をすれば足りるかという解釈問題に関して、土地収用法
における補償の内容に関してであるが完全補償を要する旨を述べている。

　当時の土地収用法は、「損失は、収用委員会の収用……裁決の時の価格によ
って算定して補償しなければならない」（旧71）、「収用する土地に対しては、近
傍類地の取引価格等を考慮して、相当な価格をもって補償しなければならな
い」（旧72）、と規定していたところ、同判決は、①「土地収用法における損失
の補償は、……完全な補償、すなわち、収用の前後を通じて被収用者の財産価
値を等しくならしめるような補償」を要し、また②「金銭をもって補償する場
合には、被収用者が近傍において被収用地と同等の代替地等を取得することを
うるに足りる金額の補償を要する」と述べた上で、結論として旧72条の「相当
な価格」とは、「被収用地が、右のような建築制限を受けていないとすれば、

裁決時において有するであろうと認められる価格」でなければならないとした。

　その後、土地収用法は裁決時主義（旧71）を改め、「収用する土地……に対する補償金の額は、近傍類地の取引価格等を考慮して算定した事業の認定の告示の時における相当な価格に、権利取得裁決の時までの物価の変動に応ずる修正率を乗じて得た額とする。」として、収用地の補償の算定方法と基準時を改めた（昭和42年法律第74号）。補償額算定の基準時が事業認定時に変更されたのは、開発利益の適正化と、ゴネ得防止にあるとされる。従前の制度の下では、事業認定（収用20）から収用裁決（同48）の間に地価が物価上昇率以上に値上がりした場合、被収用者はその値上がり分（開発利益）まで補償の内容に含めてしまうことができ、またそれゆえ、被収用者は補償額を積み増そうと、収用裁決まで任意買収交渉を引き延ばしがちであった。しかし「特別の犠牲」を全体の負担で解消すべきであるのと同様に、公共事業に伴う特別な開発利益は公衆の手に渡るのが公平であることから、土地収用法が改正されたものである。

　他方で昭和48年最判は、②損失補償の内容は近傍で被収用地と同等の代替地を取得できる程度の金額であることを要すると述べていたが、新制度の下では②の実現は困難である。土地収用法71条の規定が憲法29条3項に違反するかどうかが争われた事案（関西電力変電所予定地収用事件）で、最判平14.6.11民集56・5・958は、土地収用法の先例事案である昭和48年最判ではなく、昭和28年最大判の趣旨に従って判断すべきものとした。平成14年最判は、②については、土地収用法46条の2第1項、同46条の4第1項による補償金見積額支払制度「を利用することにより、所有者が近傍において被収用地と見合う代替地を取得することは可能」であり、「これにより、被収用者は、収用の前後を通じて被収用者の有する財産価値を等しくさせるような補償を受けられる」と述べる。平成14年最判が昭和28年大法廷判決を引用した意図は、憲法論として補償の内容が完全補償でなくてよい、と述べるためではなく、特別の受益を防ぎ、便益をいかに公衆一般で享受するかという土地収用法のしくみの合理性を是認するためと考えられる。

232　第 5 章　行政救済法

（2）権利対価補償以外の補償の内容

　上述の「正当な補償」に関する完全補償説と相当補償説の論議が実際に念頭に置いているのは、財産権自体に対する補償（権利対価補償）についてである（収用71）。しかし土地収用法は、その他、残地補償（同74）、みぞかき補償（同75）、移転料補償（同77）といった付随的損失の補償項目を規定し、さらに「離作料、営業上の損失、建物の移転による賃貸料の損失その他土地を収用し、又は使用することに因つて土地所有者又は関係人が通常受ける損失」を補償しなければならないと一般的に規定しており（同88）、完全補償か否かの議論はこれらの条文が規定する補償請求権の具体的内容の理解も踏まえられなければならない。

　なお、この通損補償（あるいは憲法上の補償）請求の内容として文化財価値や精神的損失が含まれるかについては、最判昭63.1.21判時1270・67は消極に解している。また公共事業により破壊された生活基盤を包括的に再建するための補償請求についても裁判例は同様に消極的である（東京高判平 5.8.30判タ863・168など）。

　以上に対し、公共事業に伴い第三者に損害が生じた場合（事業損失）については、財産上の補償については土地収用法93条、道路法70条、河川法21条等の規定の適用の余地があるにとどまる。それ以外の騒音や振動、地盤沈下といった事業損失については、裁判実務は損失補償の対象とせず、国家賠償の問題として処理している（最大判昭56.12.16民集35・10・1369［大阪国際空港訴訟］、名古屋高判平23.11.30判自366・26参照）。

（3）公用制限の損失補償

　財産権制限が補償を要するとされた場合、その「正当な補償」の内容は、公用収用の場合と同じく完全補償であることを要する。しかし、では何をもって完全補償とするかについては、判例の趣旨からすれば、補償制度の合理性を問う余地がある。

　この問題については、自然公園法上の公用制限に伴う不許可補償（自然公園64）の内容を中心に、①土地の利用価値の低下は利用制限によって生じた地価の低

下に反映されるから、客観的な地価低落額を補償の内容とする地価低落説（東京地判昭57.5.31判時1047・73）、②離作料、物件移転費など予期しない出費を現実に余儀なくされた場合における積極的かつ現実的な出費を補償の内容とする積極的実損説（東京地判昭61.3.17行集37・3・294）のほか、①②に加えて逸失利益をも含みうるとする③相当因果関係説、④地役権設定費用説（地代説）などがそれぞれ有力に主張されている。しかし実例が少なく、有力な立場はいまだ形成されていないのが実情である。

4　国家補償の谷間

　これまで国家賠償（第3節）と損失補償（第4節）を検討してきたが、これらの金銭的救済制度は、必ずしも被害に対して網羅的なものではない。例えば、医者が注意を尽くしても予防接種に伴い何らかの副作用が身体に発生することがあるが、その場合に予防接種法による補償措置以上の補償を求めることを仮定してみよう。しかし損失補償は憲法29条の文言表現からして、適法かつ意図的な財産権侵害の場合にのみ適用されるとすると（東京高判平4.12.18判時1445・3）、生命・身体に対する偶然的被害については憲法29条を根拠に直接補償を請求することはできない。また国家賠償は違法ではあるが無過失な公権力の行使については賠償請求できない。憲法29条3項の適用は否定され、国家賠償も問えない状況を、国家補償の谷間と呼ぶことがある。

　しかし国の活動に起因して、国民に、その責に帰すべき事由がない不法な結果が発生しているにもかかわらず、それを放置して良いというのは、正義の感覚に反する。国家賠償と損失補償の金銭的救済機能としての共通性に着目する見地からは、さらに両制度では捕捉困難な事象に対して解釈論または立法論による救済の検討の場を提供しようとする試みがある。そのような検討の結果、現在では国家賠償と損失補償では対処できない「結果責任に基づく国家補償」法制が数多く制定されるに至っている（例えば被爆者援護法。最判昭53.3.30民集32・2・435は、（旧）原爆医療法について「実質的に国家補償的配慮が制度の根底にある」と述べている）。つまり国家賠償訴訟と損失補償訴訟には、結果責任法制を誘導するための固有の政策形成機能も期待されているのである。

234　　第5章　行政救済法

　なお予防接種被害については、学説は、生命・身体・健康への被害をも損失補償制度の射程内に収めるべきと（理由づけの相違を別として）強く主張している。しかし東京高判平4.12.18判時1445・3以来、予防接種被害に関する裁判例では生命・身体的被害への憲法29条3項の適用は否定され、国家賠償の枠組みで処理する実務で固まった。近年では予防接種以外の事案でも損失補償の対象を財産的利益に限定する方向で固まりつつある（東京高判平15.7.22判時1843・32、東京地判平15.3.26訟月51・7・1669など）。

参考文献

Ⅰ　行政法の教科書・概説書

塩野宏『行政法Ⅰ［第 6 版］』（有斐閣、2015年）、『行政法Ⅱ［第 6 版］』（有斐閣、2019年）、『行政法Ⅲ［第 4 版］』（有斐閣、2012年）

兼子仁『行政法学』（岩波書店、1997年）

磯部力『行政法［新訂］』（放送大学教育振興会、2012年）

芝池義一『行政法読本［第 4 版］』（有斐閣、2016年）

小早川光郎『行政法・上』（弘文堂、1999年）、『行政法講義・下Ⅰ』（弘文堂、2002年）、『行政法講義・下Ⅱ』（弘文堂、2005年）、『行政法講義・下Ⅲ』（弘文堂、2007年）

大浜啓吉『行政法総論（行政法講義Ⅰ）［第 3 版］』（岩波書店、2012年）『行政裁判法（行政法講義Ⅱ）』（岩波書店、2011年）

宇賀克也『行政法概説Ⅰ［第 6 版］』（有斐閣、2017年）、『行政法概説Ⅱ［第 6 版］』（有斐閣、2018年）、『行政法概説Ⅲ［第 5 版］』（有斐閣、2019年）

藤田宙靖『行政法入門［第 7 版］』（有斐閣、2016年）

兼子仁『自治体行政法入門［改訂版］』（北樹出版、2010年）

椎名慎太郎ほか『ホーンブック新行政法［3 改訂版］』（北樹出版、2010年）

稲葉馨ほか『行政法［第 4 版］』（有斐閣、2018年）

Ⅱ　第 3 章関係

藤田宙靖『行政組織法』（有斐閣、2005年）

佐藤功『行政組織法［新版・増補］』（有斐閣、1985年）

Ⅲ　第 4 章関係

碓井光明『公共契約法精義』（信山社、2005年）

碓井光明『行政契約精義』（信山社、2011年）

須藤陽子『行政強制と行政調査』（法律文化社、2014年）

高橋滋『行政手続法』（ぎょうせい、1996年）

宇賀克也『行政手続三法の解説［第 2 次改訂版］』（学陽書房、2016年）

宇賀克也『自治体行政手続の改革』（ぎょうせい、1996年）

Ⅳ 第5章関係

橋本博之ほか『新しい行政不服審査制度』〔弘文堂、2014年〕

大橋真由美『行政による紛争処理の新動向』〔日本評論社、2015年〕

南博方ほか編『条解行政事件訴訟法［第4版］』〔弘文堂、2014年〕

小幡純子『国家賠償責任の再構成―営造物責任を中心として』〔弘文堂、2015年〕

深見敏正『国家賠償訴訟』〔青林書院、2015年〕

西埜章『国家賠償法コンメンタール［第2版］』〔勁草書房、2014年〕

西埜章『国家補償法概説』〔勁草書房、2008年〕

宇賀克也『国家補償法』〔有斐閣、1997年〕

Ⅴ その他

ジュリスト増刊『行政法の争点』〔新・法律学の争点シリーズ8、有斐閣、2014年〕

別冊ジュリスト『行政判例百選Ⅰ・Ⅱ［第7版］』〔有斐閣、2017年〕

稲葉馨ほか編『ケースブック行政法［第6版］』〔弘文堂、2018年〕

高橋滋編『行政法Visual Materials』〔有斐閣、2014年〕

事項索引

ア行

意見公募手続等　　104, 120 〜
意見書　　145
違憲無効説　　225
一般競争入札　　96
委任命令　　56
違法行為の転換　　84
違法性一元論　　207
違法性相対論　　207, 212
違法性の承継　　84
訴えの利益　　160 〜, 164, 174 〜
　　狭義の―　　160, 164, 174 〜
延滞税　　129
公の営造物　　216
公の施設　　48
オンブズマン　　134

カ行

解除条件　　81
各省設置法　　44
確認　　69
加算税　　129
過失　　210
瑕疵の治癒　　84
河川水害　　222
課徴金　　129
下命　　68
仮の義務付け　　194
仮の救済　　181 〜
仮の差止め　　197
間接強制調査　　97
完全補償説　　230
機関訴訟　　202
期限　　81
規制制限不行使型　　212
規制的行政指導　　90, 114
羈束裁量処分　　71
羈束処分　　70
規程　　59
義務付け訴訟・義務付けの訴え　　158, 188 〜

客観訴訟　　156
給付拒否　　128
教示　　164
教示制度　　149
行政官庁　　30
行政官庁（法）理論　　30
行政機関情報公開法　　20
行政規則　　16, 55
行政客体　　28
行政計画　　49, 51
行政刑罰　　130
行政裁判所　　153 〜
行政事件訴訟　　157 〜
行政事件訴訟特例法　　154
行政事件訴訟法　　21, 154
行政指導　　24, 88, 114
行政指導指針　　118
行政主体　　28
行政上の強制執行　　122
行政上の契約・協定　　24
行政情報の公開原則　　4
行政処分　　23, 61
　　――の瑕疵　　82
　　――の発効　　88
行政組織　　41
行政組織法定主義　　19
行政訴訟　　157 〜
行政代執行法　　21
行政庁　　30 〜
強制調査　　97
強制徴収　　126
行政手続条例　　120
行政手続等における情報通信の技術の利用に
　　関する法律　　104
行政手続法　　20
行政内規　　49, 55, 59
行政に対する信頼保護の原則　　18, 25
行政による平等取扱いの原則　　18, 25
行政の自己拘束論　　110
行政の情報公開・説明責任原則　　25
行政罰　　129

238　事項索引

行政不服審査会　149
行政不服審査法　21, 135 ～
行政便宜主義　213
行政法各論　12
行政立法　49, 55
供用関連瑕疵　222
許可　68
禁止　68
苦情申出制度　134
訓令　59
計画的進行　144
警察制限　227
形式的意味の行政　22
形成的行為　69
結果回避可能性　213, 220
結果不法論　207
原告適格　160, 164, 169 ～, 187, 191, 194
検証　148
原処分主義　159 ～
権力説　13
権力留保説　4
故意　210
行為不法論　207
公害防止協定　95
効果裁量　73, 213
公権力の行使　157 ～, 164, 200, 205
公権力発動要件欠如説　207
抗告訴訟　157 ～, 199 ～
抗告訴訟中心主義　156
公証　69
公正・透明な手続による行政　3
拘束力　152
公聴会　109
公定力　64, 159
口頭意見陳述手続　147
公物　216
公用制限　227, 232
告示　16
国税徴収法　21
国家行政組織法　19, 43
国家賠償法　22
国家補償　202, 233
　──の谷間　233

サ行

裁決の取消しの訴え→取消訴訟
再審査請求　140
再調査の請求　139
裁量処分　70
差止訴訟・差止めの訴え　158, 195 ～
作用法的行政機関概念　30
参加民主主義　4
参考人陳述・鑑定手続　148
恣意抑制機能　102 ～
自己責任説　204
事情判決　180
自治組織権　47
自治体　9
執行機関　36, 47
執行機関多元主義　47
執行停止　181 ～
執行停止手続　143
執行罰　127
執行命令　56
執行力　66
実質的意味の行政　22
実質的確定力　65
実体法　11
司法国家　5
事務配分的行政機関概念　36
指名競争入札　96
氏名の公表　128
諮問機関　35
自由裁量処分　71
自由使用　219 ～
重大かつ明白な瑕疵　82
住民訴訟　201
重要事項留保説　4
主観訴訟　156 ～
主権無答責の法理　203
主体説　13
首長制　47
出訴期間　162, 184
受理　69
準法律行為的行政行為　69
省　43
消極行政　6
条件　80

事項索引　　239

状態責任　　227〜
条理解釈　　19
職務行為基準説　　207
所掌事務　　44
助成的行政指導　　90
職権主義　　135
職権探知主義　　146
処分基準　　59, 110
処分性　　160, 164〜
処分の取消しの訴え→取消訴訟
侵害留保説　　4
審査基準　　59, 106
審査請求　　139
審査請求期間　　143
申請応答義務　　108
申請不作為　　211
人事院　　43
審理員制度　　142
随意契約　　96
水道法　　94
請求権直接発生説　　225
政策上の補償　　227
正当な補償　　229
責任行政　　3
積極行政　　7
設置又は管理の瑕疵　　217
説明責任　　5
先願主義　　108
争点訴訟　　183, 185〜
相当補償説　　230
訴願前置主義　　154
即時強制　　97, 99
損失補償　　224

タ行

代位責任説　　203
代執行　　122
対審的構造　　135
宅地開発等指導要綱　　94
秩序罰　　130
地方公共団体　　9
地方自治の本旨　　8
地方自治法　　19
地方税法　　21
中央省庁再編　　44

調整的行政指導　　90
調達契約　　95
聴聞手続　　112
直接強制　　100, 126
陳情書　　143
通達　　59
通知　　69
停止条件　　81
適正手続（デュー・プロセス）の保障　　96
撤回　　85
撤回権の留保　　81
手続法　　11
当事者訴訟　　158, 183, 185〜, 197〜
徳島市公安条例事件　　9
特殊法　　12
特別な犠牲　　225
特許　　69
届出　　113
取り消しうべき行政処分　　82
取消訴訟　　158〜, 191
　　——の排他的管轄　　64, 159

ナ行

内閣　　42
内閣官房　　43
内閣府　　43
内閣法制局　　43
二元代表制　　47
二重効果的規制行政　　7
二重効果的処分　　66
任意調査　　97
認可　　69

ハ行

反射的利益論　　214
反論書　　145
標準処理期間　　107
比例原則　　18
不可争力　　65, 163
不可変更力　　65, 151
附款　　80
不作為の違法確認訴訟・不作為の違法確認の
　　訴え　　158, 186〜, 189, 191
不受理　　108
附属機関条例主義　　16

240　　事項索引

2つの「行政機関」概念　　29
負担　　81
不服申立適格　　140
不服申立便宜機能　　102
不利益処分　　110
分担管理事務　　44
分担管理の原則　　43
文理解釈　　5，19
弁明書　　145
弁明手続　　113
法規　　14
法規命令　　15，55
法律行為的行政行為　　68
法律上の利益　　170〜，177，194，196
法律上保護された利益説　　170〜
法律による行政　　3，4
法律の留保　　4
法令　　15
補助機関　　34

マ行

民間委託（アウトソーシング）　　96
民衆訴訟　　201
無効（等）確認訴訟・無効等確認の訴え
　　　158〜，163，181，183〜，188〜，191
無効な行政処分　　82
命令　　15
命令的行為　　68
免除　　68

ヤ・ラ行

要件裁量　　73
要綱　　59
要綱行政　　16
予見可能性　　213，218
利益説　　13
理由の提示　　109，111
例規　　15

ホーンブック　行政法

2016年5月2日　初版第1刷発行
2019年4月1日　初版第2刷発行

著　者　安達和志・嘉藤　亮
　　　　木藤　茂・友岡史仁
　　　　福永　実・三浦大介

発行者　木　村　哲　也

・定価はカバーに表示　　印刷　恵友社／製本　カナメブックス

発行所　株式会社　北 樹 出 版

URL:http://www.hokuju.jp

〒153-0061　東京都目黒区中目黒1-2-6　電話(03)3715-1525(代表)

©Kazushi Adachi et al., 2016, Printed in Japan

ISBN978-4-7793-0505-4

(落丁・乱丁の場合はお取り替えします)